Torsten Walter
Staat und Recht im Werk Christoph Martin Wielands

Torsten Walter

Staat und Recht im Werk Christoph Martin Wielands

DUV **DeutscherUniversitätsVerlag**
GABLER · VIEWEG · WESTDEUTSCHER VERLAG

Die Deutsche Bibliothek – CIP-Einheitsaufnahme

Walter, Torsten:
Staat und Recht im Werk Christoph Martin Wielands / Torsten Walter. –
Wiesbaden : DUV, Dt. Univ.-Verl., 1999
   (DUV : Literaturwissenschaft)
   Zugl.: Freiburg (Breisgau), Univ., Diss., 1997
   ISBN 978-3-8244-4341-3   ISBN 978-3-322-99702-9 (eBook)
   DOI 10.1007/978-3-322-99702-9

Alle Rechte vorbehalten
© Deutscher Universitäts-Verlag GmbH, Wiesbaden, 1999

Lektorat: Claudia Splittgerber / Monika Mülhausen

Der Deutsche Universitäts-Verlag ist ein Unternehmen der
Bertelsmann Fachinformation GmbH.

http://www.duv.de

Höchste inhaltliche und technische Qualität unserer Produkte ist unser Ziel. Bei der
Produktion und Verbreitung unserer Bücher wollen wir die Umwelt schonen. Dieses
Buch ist deshalb auf säurefreiem und chlorfrei gebleichtem Papier gedruckt. Die Ein-
schweißfolie besteht aus Polyäthylen und damit aus organischen Grundstoffen, die
weder bei der Herstellung noch bei der Verbrennung Schadstoffe freisetzen.

Die Wiedergabe von Gebrauchsnamen, Handelsnamen, Warenbezeichnungen
usw. in diesem Werk berechtigt auch ohne besondere Kennzeichnung nicht zu der
Annahme, daß solche Namen im Sinne der Warenzeichen- und Markenschutz-Ge-
setzgebung als frei zu betrachten wären und daher von jedermann benutzt werden
dürften.

ISBN 978-3-8244-4341-3

Vorwort

Die vorliegende Arbeit fragt nach dem Staats- und Rechtsverständnis des Spätaufklärers Christoph Martin Wieland. Anhand eines diachronen Längsschnitts durch sein publizistisches und literarisches Werk ist zu zeigen, daß Wieland im Verlauf einer langjährigen Beschäftigung mit seinem Erkenntnisgegenstand seine anfängliche Parteinahme für den spätabsolutistischen Obrigkeitsstaat aufgibt und sich in seinem Spätwerk für den liberalen Rechtsstaat einsetzt. Er nimmt keineswegs den ihm in der Sekundärliteratur vielfach zugeschriebenen metakritischen oder unpolitischen Standpunkt bei der Diskussion staatlicher und rechtlicher Fragen ein; ebensowenig „verfilzt" sich sein Denken in späteren Jahren mit der Ideologie der überkommenen Feudalordnung. Vielmehr grenzt es sich in Übereinstimmung mit den Interessen eines nach originärer politischer, wirtschaftlicher und gesellschaftlicher Geltung strebenden Bürgertums sowohl von den restaurativen Kräften des Ancien régime als auch von den besitzlosen „unterbürgerlichen" Klassen ab.

Staat und Recht haben für Wieland die Aufgabe, den einzelnen im Sinne des Humanitätsideals der Aufklärung zur sittlichen Vervollkommnung zu führen. Dieser von ihm als „Fortgang der Kultur zur Humanität" beschriebene Zweck läßt sich für unseren Autor am besten durch eine konstitutionelle Monarchie verwirklichen. In seinen frühen politischen Schriften ist Wielands Bekenntnis zu dieser Staatsform allerdings in vielem noch von der Theorie des aufgeklärten Absolutismus beeinflußt. Weil der unmündige Bürger im absolutistischen Verständnis autoritär zu einer gemeinwohlkonformen Lebensführung zu erziehen ist, fehlen in Wielands Ausarbeitungen eines idealen Gemeinwesens staatszweckneutrale - und damit freiheitswahrende - Daseinsbereiche. Bedingt durch die überlegene Einsicht des absolutistischen Herrschers in das „gemeine Beste" ist der einzelne Untertan einschränkungslos der obrigkeitlichen Bevormundung und Fürsorge unterworfen, während der Fürst als

Repräsentant der Staatsgewalt lediglich einer ethischen Selbstbeschränkung unterliegt.

Wieland konnte sich jedoch nicht der Erkenntnis verschließen, daß der Feudalstaat des ausgehenden 18. Jahrhunderts seinem insbesondere in der apologetischen Staatspublizistik gespiegelten Selbstbild nicht entsprach, sondern im Gegenteil die sittliche und wirtschaftliche Entfaltung der Herrschaftsunterworfenen behinderte und dadurch gerade die Erwartungen des aufstrebenden Bürgertums enttäuschte. Aus diesem Grund wendet Wieland sich alternativen Staats- und Gesellschaftsentwürfen zu, in denen unter Berufung auf unantastbare Individualrechte die Beseitigung der allgegenwärtigen obrigkeitlichen Gängelung eingefordert wird. Im Gegensatz zu der sich damals konstituierenden politischen Romantik sieht Wieland nach Maßgabe der liberalen Staatsidee durch eine konsequente Trennung des Staates von der Gesellschaft eine wesentliche Voraussetzung effektiver individueller Besitz- und Freiheitswahrung gewährleistet. Danach haben die Staats- und die Rechtsordnung nur noch den äußeren Rahmen für die ungestörte ideelle und materielle Entwicklung des politisch und moralisch emanzipierten Staatsbürgers herzustellen. An die Stelle der vorkonstitutionellen, nur ethisch begründeten Selbstbeschränkung des Herrschers tritt bei ihm die institutionalisierte Herrschaftskontrolle des Verfassungsstaats. Der Staat wird zwar weiterhin monarchisch regiert, seine Ordnung enthält aber im Rahmen einer Mischverfassung zugleich aristokratische und gemäßigt demokratische Elemente. Die Erkenntnis des Allgemein-Vernünftigen verlagert sich von der staatlich-absolutistischen Autorität auf die vom Bürgertum getragene öffentliche Meinung. Dagegen bleibt der Parlamentsgedanke unentwickelt; Volkssouveränität und numerische Repräsentation der Bevölkerung nach dem Beispiel der revolutionären französischen Republik werden abgelehnt.

Der staatstheoretische Verständniswandel Wielands ist im Medium seiner politischen Dichtung als zeitgleicher ästhetischer Konfigurations-

wechsel nachweisbar. Der Weiterentwicklung seiner politischen Philosophie vom Absolutismus zum Liberalismus korrespondiert eine veränderte Konzeption seiner literarischen Arrangements im Sinne einer
„Entstaatlichung" der Handlung und „Verbürgerlichung" der Handlungsträger bei gleichzeitiger Herausbildung einer außerhöfischen politischen
Öffentlichkeit.

Wielands politische Dichtungen vor der Französischen Revolution
ästhetisieren eine Zweiteilung des Gemeinwesens in Regierung und Volk,
ohne dadurch die in seinen späteren Schriften geforderte funktionelle
Trennung von Staat und Gesellschaft zum Ausdruck zu bringen. Der
„bürgerliche Verein", von dem Wieland spricht, wird begrifflich noch als
ständisch gegliedertes Staatsvolk gefaßt, das sich einer monarchischen
oder republikanischen Regierungsform unterwirft. Die politisch maßgeb-
lichen Handlungsträger in den vorliegend behandelten „vorrevolutionären" Dichtungen „Der goldne Spiegel" (1772), „Schach Lolo" (1777)
und „Der Stein der Weisen" (1788) sind morgen- oder abendländische
Herrscher; Handlungsraum und Ansatzpunkt der bürgerlichen Einflußnahme ist die höfische Öffentlichkeit.

Gemäß der Einheit von gesellschaftlicher Transformation und struktureller Transformation der Künste vollzieht sich in der Dichtung Wielands
nahezu zeitgleich mit der Französischen Revolution eine fortschreitende
„Vergesellschaftung" von Stoffwahl und Handlungsverlauf. In Ansätzen
bereits in der „Wasserkufe" (1795) und endgültig im „Hexameron von
Rosenhain" (1805) erschaffen sich seine Handlungsträger einen autonom
geregelten gesellschaftlichen Binnenraum jenseits jeglicher hoheitlichen
Einflußnahme. Im Briefroman „Aristipp" (1800-02) wird neben diesen
staatszweckneutralen Daseinsbereichen eine „République des lettres", eine
Gelehrtenrepublik als bürgerliche Gegenöffentlichkeit räsonnierender
Privatleute geschaffen, die das staatliche Geschehen aus dieser
gesellschaftlichen Perspektive diskutiert und politisch beeinflußt.

VIII

Mit dieser Arbeit liegt die überarbeitete Fassung meiner Dissertation vor, die 1997 von den Philosophischen Fakultäten der Universität Freiburg als Promotionsschrift angenommen wurde. Fundstellenhinweise ohne Titelangabe beziehen sich auf die Hamburger Reprint-Ausgabe der „Sämmtlichen Werke" Wielands von 1794 ff. Die Rechtschreibung wurde den heute geltenden Regeln angeglichen (Nation, Freiheit usw. statt Nazion, Freyheit usw.), Kommasetzung und Grammatik wurden beibehalten. Die zahlreichen S p e r r u n g e n im Originaltext sind hier *kursiv* wiedergegeben.

An dieser Stelle möchte ich meinem Lehrer, Herrn Prof. Dr. Rüdiger Scholz, ganz besonders für seine vielfältige Unterstützung bei der Entstehung meiner Dissertation danken. Für Kritik und Anregungen bin ich auch meiner Frau Karen Sokoll, Herrn Dr. Jörg Plath und dem Zweitkorrektor der Arbeit, Herrn Prof. Dr. Alexander Hollerbach verbunden.

Torsten Walter

Inhalt

X

E. Literaturverzeichnis

A. Einführung

I. Forschungsbericht

1. Forschungsgeschichte

Wieland zählt außerhalb literatur- und gesellschaftswissenschaftlicher Fachkreise zu den vergessenen Autoren[1]. Sein Werk galt bereits zu Beginn des 19. Jahrhunderts als ästhetisch und philosophisch von der Klassik und Romantik überholt und begann aus dem Bewußtsein des Lese- und Präsenzpublikums zu verschwinden[2].

Demgegenüber wurde und wird dem bedeutenden Spätaufklärer nach der Etablierung der Germanistik als Wissenschaft und der Vergrößerung der deutschen Universitäten im Kaiserreich seit den 80er Jahren des vergangenen Jahrhunderts eine stetig wachsende fachwissenschaftliche Aufmerksamkeit zuteil. Innerhalb der einschlägigen Forschungsliteratur nehmen die Untersuchungen, die Wieland „als Politiker" zum Gegenstand haben, im Vergleich zu anderen Dichtern auffallend breiten Raum ein. Sie tragen dem Umstand Rechnung, daß ein am politischen Zeitgeschehen anteilnehmender (Vor-)Klassiker in der deutschen Literaturgeschichte Ausnahmecharakter hat.

Ein Forschungsbericht über die wissenschaftliche Interpretation des politischen Werks unseres Autors liegt noch nicht vor. Es wird deswegen im folgenden zunächst versucht, die Forschungsgeschichte anhand einzelner ausgewählter Arbeiten nachzuzeichnen:

---

[1] Einzelheiten zu den Ursachen, u.a. zu der von den Romantikern betriebenen Diffamierung Wielands als Plagiator, finden sich bei Sommer, Christoph Martin Wieland (1971), S. 53.

[2] Schlaglichter auf die Rezeptionsgeschichte des Werks Wielands werfen - neben Sommer (aaO, Kapitel III: Wirkungsgeschichte, Stand und Aufgaben der Forschung, S. 53 ff.) - Hans Werner Seifert, Zu einigen Fragen der Wieland-Rezeption und Wieland-Forschung (1984), S. 425 ff., und Thomas Höhle, Revolution, Bürgerkrieg und neue Verfassung in Cyrene. Betrachtungen zu Wielands "Aristipp" und den Nachspielen der Französischen Revolution (1989), S. 591 ff.

Der präludierenden Arbeit von Seuffert[3], die sich u.a. mit dem politischen Programm im „Goldnen Spiegel" und seinen Auswirkungen auf die Erziehung des Prinzen Carl August von Weimar befaßt, folgt die Dissertation von Koskull[4] zu Wielands Aufsätzen über die Französische Revolution. Koskull beschränkt sich im wesentlichen auf eine Wiedergabe der von Wieland behandelten Themen und ihre zeitgeschichtliche Einordnung. Die sich anschließende Arbeit von Oskar Vogt[5] erörtert neben Fragen der Entstehung und Form des „Goldnen Spiegels" sehr fundiert Wielands Staatsdenken bis zur Französischen Revolution. Es schließen sich die Arbeiten von Martin Leinert[6] und Walter Siegers[7] an. Während Leinert umfassend die politische Entwicklung Wielands seit seiner Jugend nachzuzeichnen versucht, arbeitet Siegers die Bedeutung von Humanitätsideal und Weltbürgertum für sein Denken heraus. Zwischen den dreißiger und fünfziger Jahren setzt lediglich die ausführliche Biographie Friedrich Sengles[8] in bezug auf unser Thema Akzente und befaßt sich in einem eigenen Kapitel mit Wielands Verhältnis zur Französischen Revolution. Erst ein gutes halbes Jahrhundert nach Vogt unternimmt Würzner[9] einen weiteren umfassenden Versuch über das politische Denken Wielands, das er - im Gegensatz zu Vogt - als weltanschaulich neutral interpretiert. In den 1970er Jahren folgen die Arbeiten von Schaefer[10], Weyergraf[11] und von Stoll[12], die wiederum in Entgegensetzung zu Würzners These den

[3] Bernhard Seuffert, Wielands Berufung nach Weimar (1888).
[4] Harald v. Koskull, Wielands Aufsätze über die Französische Revolution (1901).
[5] Oskar Vogt, „Der goldene Spiegel" und Wielands politische Ansichten (1904).
[6] Martin Leinert, Wieland als Politiker (1920).
[7] Walter Siegers, Menschheit, Staat und Nation bei Wieland (1929).
[8] Friedrich Sengle, Wieland (1949).
[9] Hans Würzner, Christoph Martin Wieland - Versuch einer politischen Deutung (1957).
[10] Klaus Schaefer, Das Problem der sozial-politischen Konzeption in Wielands „Geschichte des Agathon" (1766/67). Ein Beitrag zur Untersuchung des idealen Menschenbildes in der Literatur der deutschen Aufklärung (1970).
[11] Bernd Weyergraf, Der skeptische Bürger. Wielands Schriften zur Französischen Revolution (1972).
[12] Karin Stoll, Christoph Martin Wieland. Journalistik und Kritik. Bedingungen und Maßstab politischen und ästhetischen Räsonnements im „Teutschen Merkur" (1978).

3

bürgerlichen Klassenstandpunkt Wielands herausarbeiten. Ratz[13] untersucht in zwei Aufsätzen vor allem den sozialphilosophischen Zusammenhang, in dem das Denken Wielands steht. Seit dem zweihundertsten Geburtstag des Dichters und der Reemtsma-Ausgabe der „Sämmtlichen Werke" hat das Fachinteresse am Gesamtwerk, insbesondere auch an den politischen Schriften Wielands zugenommen. Zu nennen sind hier, neben den von Herbert Jaumann[14] und von Reemtsma/Radspieler[15] besorgten Ausgaben der politischen Schriften, eine Reihe von Aufsätzen zum Gegenstand[16], sowie die Arbeit von Sahmland[17], die Wielands Verständnis der Nation beleuchtet und damit an der jüngsten Nationalismusdiskussion teilnimmt.

Obwohl sich das politische Denken Wielands anhand einer Untersuchung seines Staats- und Rechtsverständnisses herausarbeiten und ideengeschichtlich verorten läßt, werden diese Kategorien und ihre Zuordnung zur bürgerlichen Ideologie in den genannten Arbeiten ganz überwiegend vernachlässigt. Dieser Befund wiederholt sich spiegelbildlich in den bekannteren, vorwiegend von Juristen verfaßten Abhandlungen, die sich zwar ausschließlich mit dem Thema „Staat, Recht und Dichtung" befassen, Wieland aber nur kursorisch behandeln:

Das Werk des Rechtshistorikers Fehr „Das Recht in der Dichtung", dessen Materialreichtum ansonsten beeindruckt, vernachlässigt unseren Autor und verwendet auf das umfangreiche Oeuvre des „Martin Wieland" - so

---

13 Alfred E. Ratz, Ausgangspunkt und Dialektik der gesellschaftlichen Ansichten C. M. Wielands (1971), S. 14 ff; ders., Freiheit des Individuums und Gesellschaftsordnung bei Christoph Martin Wieland. Ein Beitrag zur Weimarer Klassik (1974).

14 Der „goldne Spiegel" und andere politische Dichtungen, hrsg. mit Anmerkungen und Nachwort von Herbert Jaumann (1979).

15 Politische Schriften, insbesondere zur Französischen Revolution, 3 Bde, hg. v. J. P. Reemtsma, H. u. J. Radspieler (1988).

16 Z.B. Thomas Höhle, Revolution, Bürgerkrieg und neue Verfassung in Cyrene (1989) sowie die Beiträge zum Christoph Martin Wieland Symposion 1983, in: MLN (Modern Language Notes) 99/1984, S. 421 ff. Die Wieland-Bibliographie von Günther/Zeilinger (1983) führt nur einen Titel zum Thema dieser Arbeit auf.

17 Irmtraut Sahmland, Christoph Martin Wieland und die deutsche Nation - Zwischen Patriotismus, Kosmopolitismus und Griechentum (1990).

die Kapitelüberschrift - weniger als zwei Seiten. Besprochen werden lediglich zwei Episoden aus der „Geschichte der Abderiten". Fehr vermutet, daß Wieland beruflich wenig an schwierige rechtliche Aufgaben herangetreten sei, die „Abderiten" aber gleichwohl zeigten, daß er vom Recht und seinen Problemen etwas verstanden habe[18].

Georg Müller erwähnt in seiner Arbeit „Recht und Staat in unserer Dichtung"[19] im Vorfeld von Klassik und Romantik neben Lessing, Klopstock und Herder auch Wieland und stellt fest, daß bei diesem „Sänger des heitren Lebensgenusses" entgegen verbreiteter Auffassung nüchterne Dinge wie Staat und Recht allerorten zu finden seien. Allerdings erfährt das Rechts- und Staatsdenken Wielands, das sich jeder Unterordnung unter rassistische Kategorien entzieht, bei Reichsgerichtsrat Müller nur flüchtige Behandlung. Für Müller berührt beispielsweise Lessings „Nathan der Weise" „Grundauffassungen vom Volkstum und damit vom Staat". Die „Berechtigung staatsbürgerlicher Unterschiede" werde dort aber im Glauben „gesucht", und

„die nach langem Irrtum endlich in der Gegenwart, allzuspät vielleicht, erkannte Bedeutung der Rasse für den lebendigen Inhalt eines Staatswesens völlig beiseite gelassen." (S. 42)

Infolgedessen verweist Müller auch bei Wieland nur kursorisch auf einzelne Werke wie „Die Abderiten", „Oberon", „Geschichte des Agathon" oder „Göttergespräche", in denen „Gedanken des Rechts (...) leuchten".

Wohlhaupters[20] groß angelegte Sammlung von Einzeluntersuchungen zu sogenannten Dichterjuristen behandelt schwerpunktmäßig Autoren des 19. Jahrhunderts. In dem Kapitel „Juristen als Künstler"[21], einem diachronen Exkurs über namhafte deutsche Dichterjuristen seit der Renaissance,

---

[18] Hans Fehr, Das Recht in der Dichtung (1930), S. 402.
[19] Georg Müller, Recht und Staat in unserer Dichtung (1924), S. 44.
[20] Eugen Wohlhaupter, Dichterjuristen, 3 Bde., hg. v. Seiffert (1953/55/57).
[21] Wohlhaupter, Bd. 3, S. 403 ff.

erfolgt zwar eine kurze Einordnung von Person und Werk Wielands (S. 413), ohne daß Wohlhaupter aber die seinen Untersuchungen zugrundeliegenden Fragestellungen - (1) Was haben Rechtswissenschaft und Juristenberuf für die Entfaltung der Dichterpersönlichkeit bedeutet?; (2) Wie spiegeln sich Recht und Staat in seinen Werken? - hier weiter vertieft (S. 404).

Eingehender hat der Staatsrechtslehrer Schnur das Rechtsdenken des einstigen Tübinger Jurastudenten Wieland gewürdigt[22]. Schnur subsumiert einzelne Ausführungen aus Wielands Publizistik zu Staat und Recht unter heutige öffentlich-rechtliche bzw. staatsrechtliche Kategorien und zieht Parallelen zum Grundgesetz der Bundesrepublik Deutschland. Auf diese Weise arbeitet Schnur traditionelle und fortschrittliche Elemente im politischen Denken Wielands heraus, verzichtet aber auf eine entwicklungsgeschichtliche Darstellung seines Staats- und Rechtsverständnisses, insbesondere die Fortentwicklung vom Absolutismus zur frühliberalen Ideenlehre. Nichtsdestoweniger kommt der Arbeit Schnurs das Verdienst zu, Wielands Verständnis von einzelnen Grundrechten und Staatsorganisationsnormen erstmals eingehend dargestellt zu haben.

Schneider setzt sich anhand des „Goldnen Spiegels" mit dem literarisch vermittelten Verhältnis zwischen Utopie, Verfassung und Verfassungswirklichkeit auseinander[23]. Wielands durchaus als modern zu bezeichnende Staatstheorie, in der Souveränität an ein Verfassungssystem gebunden werde und die so der deutschen Geschichte des 19. Jahrhunderts vorgreife, bereichere zum einen unser Bild vom aufgeklärten Staatsdenken am Endes 18. Jahrhunderts. Zum anderen sei die erzählerische Stimmigkeit des literarischen Arrangements von besonderem Interesse:

„Durch die bizarr paradoxe Komposition von orientalischen Verfremdungseffekten, komödiantischer Dramaturgie, poetischem Schäferspiel

22 Roman Schnur, Tradition und Fortschritt im Rechtsdenken Christoph Martin Wielands. Festschrift, gewidmet der Tübinger Juristenfakultät (1977), S. 91-112.
23 Peter Schneider, Jurisprudenz, Utopie und Rhetorik (1991), S. 339.

und ermüdender Belehrungsprosa, skurrilen und grausigen Szenarien, Satire und Märchenmagie wird die Geschichte der Umsetzung von utopisch-poetischer Imagination zur politischen Aktion ‚erzählt'." (S. 345)

Wieland sei als „Geschichtenerzähler im literarischen Raum" gewissermaßen dem „Geschichtenerzähler im Rechtsraum" (Kläger, Angeklagter, Anwalt, Richter) vergleichbar. Beide übten sich in der Kunst der Rede mit dem Ziel, ihr Publikum zu überzeugen. Damit widerspricht Schneider der verbreiteten Ansicht, Wielands politische Ästhetik sei „Rede ohne Überzeugungskraft"[24]; vielmehr stellt er sich in die Reihe derjenigen, die die besondere Erkenntnisqualität von (utopischer) Literatur betonen[25]. Allerdings erscheint sein Versuch, die politische Modernität Wielands aus einem seiner „vormodernen" Werk abzuleiten, nicht unproblematisch. Da sich die Stimmigkeit einer „Rede" vor allem aus ihrem Inhalt speist, wäre der Rekurs auf eine der späten Utopien Wielands möglicherweise überzeugender ausgefallen.

2. Forschungsergebnisse

Das politische Denken Wielands und mit ihm sein Staats- und Rechtsverständnis werden in der Sekundärliteratur höchst kontrovers gedeutet. Nachfolgend sollen die unterschiedlichen Deutungsversuche zunächst systematisiert dargestellt (a - d) und im Anschluß daran um das eigene Deutungsmodell (e) erweitert werden.

a) Absolutismusthese

Ein Teil vor allem der älteren Forschungsliteratur (Seuffert, Vogt,

---

[24] Vgl. unten I 2 d, S. 10.
[25] Vgl. unten II 2, S. 15 f.

McNeely) bewertet Wielands Politik- und Staatsverständnis als eine Apologie des Absolutismus.

Bereits im „Goldnen Spiegel" sei - wie Vogt meint - „in nuce" ausgeführt, was Wieland zu Politik, Staat und Recht zu sagen habe. Obwohl Vogt betont, daß Wielands Denken auch liberale Momente enthalte, und obwohl im „Goldnen Spiegel" die Verfassung Tifans Wielands Ideal der konstitutionellen Monarchie vorstellt, wird Wieland - vielfach bei unscharfer Begriffsverwendung - als unerschütterlicher Verfechter der „absoluten Staatsform"[26] bzw. der „absoluten Monarchie"[27] eingestuft. Für Wolff ist Wieland

„in praktischer Hinsicht (...) unbedingter Anhänger der absoluten Staatsform und, wie alle Denker der deutschen Aufklärung, schroffer Gegner jeder Mitwirkung des Volkes an der Regierung. Pufendorf blieb fast im ganzen 18. Jahrhundert der Weisheit letzter Schluß."[28]

Darauf aufbauend wird etwa von Sengle die Ansicht vertreten, Wielands Heldengedicht „Cyrus" und „Der goldne Spiegel" seien als Ergebenheitsadressen an die damaligen preußischen und österreichischen Monarchen zu verstehen[29].

b) Unparteilichkeitsthese

Ein anderer Teil der Forschungsliteratur (Koskull, Siegers, Würzner, Jaumann, Höhle) wendet sich gegen jeden Versuch, Wieland ideologisch festzulegen, und behauptet eine „metakritische" ideengeschichtliche Position des Autors.

---

26 Hans M. Wolff, Die Weltanschauung der deutschen Aufklärung, Bern 1949, S. 9; zit. nach McNeely S. 279, Fußnote 14.
27 McNeely, S. 279.
28 Wolff, aaO.
29 Vgl. W. Daniel Wilson, Intellekt und Herrschaft. Wielands „Goldner Spiegel", Joseph II. und das Ideal eines kritischen Mäzenats im aufgeklärten Absolutismus (1983), 479 ff., 479.

Siegers betont, daß das Fundament des politischen Denkens Wielands das Humanitätsideal der Aufklärung sei. Staat und Gesetzgebung hätten diesem weltbürgerlichen Ideal der Menschheitsentwicklung zu dienen[30]. In diesem Zusammenhang setze Wieland dem Staat einen

„absoluten, sich stets gleichbleibenden Zweck, der nicht an dem wirklich vorhandenen Staat orientiert ist, sondern lediglich von dem Staat, wie er sein sollte, ausgeht." (S. 56)

Würzner stellt fest, daß Wieland „in hohem Maße die Mitte wirklich redlicher Urteile und eine im gewissen Sinne unparteiische Haltung" (S. 171) gewonnen habe. Jaumann[31] sieht im Lichte der Unparteilichkeitsthese die Festlegung Wielands auf einen ideologischen Standort zwar als „wissenschaftsgeschichtlich hoch symptomatisch" an, dieser Ansatz gehe jedoch an Wielands Eigenart bzw. „Standpunktlosigkeit" im Umgang mit politischen Fragen vorbei.

c) Verfilzungsthese

Materialistische Ansätze (Weyergraf, Stoll, Mattenklott/Scherpe usw.) kommen zwar ebenfalls zu dem Ergebnis, daß Wieland kein Anhänger feudalabsolutistischer Politik gewesen sei. Dies folge allerdings aus seiner Zugehörigkeit zur bürgerlichen Klasse und nicht aus einer vermeintlichen Überparteilichkeit des Autors. Gleichwohl „verfilze" sich sein konservatives Denken mit der feudalistischen Ideologie und sei infolgedessen reaktionär.

Namentlich Weyergraf[32] widerspricht der angeblichen Unparteilichkeit Wielands und stellt die These auf, sein nach Ansicht Würzners offenes,

---

[30] Siegers, S. 56, 139.

[31] Herbert Jaumann, Politische Vernunft, anthropologischer Vorbehalt, dichterische Fiktion. Zu Wielands Kritik des Politischen (1984), S. 460 ff, 462 f.

[32] Bernd Weyergraf, Der skeptische Bürger (1972); kritisch auch Martini, Meine Antworten, S. 134.

9

nicht auf letzte Urteile festgelegtes Verhältnis zur Wirklichkeit sei

„in Wahrheit ein Festhalten an einer obsoleten Realität, deren unüber-
brückbare Widersprüche gerade mit dem Sturz der alten Feudalordnung
aufbrachen" (S. XIII).

Für Weyergraf ist Wielands Bemühen um die Sicherung bürgerlicher
Rechte zwar „durchaus fortschrittlich" (S. 27). Allerdings eröffne er seiner Klasse damit „keine Perspektive (...), die über die Sicherung der privaten Existenz hinausging" (aaO.). Wieland habe, seinem evolutionären
Standpunkt gemäß, den konsequenten Kampf gegen die Institutionen und
Parteigänger der alten Ordnung zum Hauptfeind des Fortschritts erklärt.
Diese Auffassung und eine angebliche „Angst vor dem Volk" (S. 45) trägt
ihm den Vorwurf Weyergrafs ein, sich zum Instrument der Reaktion
gemacht zu haben:

„So sehr Wieland selbst überzeugt war, lediglich der Stimme der Vernunft Gehör zu verschaffen, so zeigen doch seine Schriften der Revoluti-
onszeit, daß aufklärerische Intention ohne entschiedene Parteinahme für
die Interessen des Volkes objektiv zum Instrument der Restauration und
selbst der Reaktion werden kann. Indem sich in ihnen bürgerliche Vernunft mit feudaler verfilzt, werden sie zur bloßen Rede ohne Überzeugungskraft und für bürgerliche Belange wirkungslos." (S. 85)

Auch Stoll[33] vertritt die Verfilzungsthese und kommt zu dem Ergebnis,
daß das deutsche Bürgertum sowohl zur Sicherung seiner ökonomischen
Expansion als auch, um die eigenen politischen Ideen durchsetzen zu können, das Bündnis mit aufgeklärten Fürsten gesucht habe. Dies dokumen-
tiere sich bei Wieland in der damals überhaupt häufig anzutreffenden
Verknüpfung von schriftstellerischer Tätigkeit mit Staats- und Hofämtern.
Batscha[34], der an die Untersuchung Weyergrafs anknüpft, widerspricht

---

[33] Stoll, S. 50 f.
[34] Zwi Batscha, Die Kontroverse zwischen Christoph Martin Wieland und Martin Ehlers. Ein Zwiespalt
im deutschen Frühliberalismus (1981).

10

ebenfalls der „angeblichen Neutralität" (S. 134) Wielands und ordnet seine politische Philosophie zwar dem konservativen bzw. traditionalistischen Flügel des deutschen Frühliberalismus zu, betont aber zugleich die apolitische Tendenz seines Denkens. Der „Traditionalismus" Wielands sei zwar nicht mit politischem „Konservativismus" gleichzusetzen. Er bedeute aber „Flucht in den Schoß der traditionellen Gewalten, in die Verinnerlichung und ins Privatleben" (S. 132 f.). Vor diesem Hintergrund bezwecke die Trennung von „Politik und Staat vom Publikum oder der Gesellschaft" (S. 133) eine Entpolitisierung der bürgerlichen Öffentlichkeit[35], die die „moralische Tätigkeit" des Lesens und der Bildung als Ersatz für Politik begreife und „Kritik an den festgefügten Formen von Herrschaft und ständischer Gliederung als subversive Tätigkeit verurteilt." (aaO)

d) These der Wirkungslosigkeit

Schließlich ist eine These vorzustellen, die weniger den Versuch unternimmt, das literarische Wirken Wielands einer politischen Strömung zuzuordnen, als vielmehr auf seine Bedeutung für die gesellschaftliche Praxis abstellt. Hier hat sich eine die weltanschaulichen Gegensätze der Interpreten überspannende Koalition gebildet, die dem Werk Wielands jede politische Relevanz abspricht und es als „unverbindliches Salongespräch" (Sengle), „Flucht in die Verinnerlichung" (Batscha), „politisch-öffentliche Abstinenz" (Sahmland) bzw. „Rede ohne Überzeugungskraft" (Weyergraf, Höhle) deutet. Während Sengle damit allerdings einem entpolitisierten Verständnis auch der dezidiert politischen Arbeiten Wielands das Wort redet, kritisiert namentlich Weyergraf Wielands Mangel an klassenkämpferischem Bewußtsein.

---

[35] Sahmland (S. 368) spricht ebenfalls von einem Rückzug ins Private und von „politisch-öffentlicher Abstinenz".

e) These des politischen Humanismus

Anders als die oben dargestellten Ansätze versucht die vorliegende Untersuchung zunächst, anhand der von Wieland über mehrere Jahrzehnte
geführten Staats- und Rechtsdiskussion den Entwicklungsgang seiner politischen Philosophie vom Absolutismus zum Liberalismus nachzuzeichnen
und damit auch den konkreten ideologischen Standort dieses Schriftstel-
lers zu bestimmen.

In der Forschungsliteratur wird Wielands Staats- und Rechtsauffassung
- im Widerspruch zu seinem aufklärerischen Fortschrittsideal - als gleich-
bleibend interpretiert, ohne im einzelnen herauszuarbeiten, welche Elemente im Denken insbesondere des späten Wieland diese Einschätzung
rechtfertigen. Es wird ein einzelnes Werk des Autors, zumeist der
„Goldne Spiegel", herausgegriffen und als archimedischer Punkt seines
politischen Denkens betrachtet. Teilweise werden die eigenen Ansichten
der Interpreten durch zusammengewürfelte Zitate aus Wielands politischer Philosophie zunächst konstruiert und die aufgestellten Thesen damit
zugleich bewiesen, ohne daß der Zusammenhang beachtet wird, in dem
Wielands Äußerungen stehen.

Die häufig festgestellten Widersprüche in seinem politischen Denken
sind Folge der verbreiteten Fehleinschätzung, daß Wieland seine Kernaus-
sagen zur Funktion von Staat und Recht nicht revidiert habe. Diese nur
scheinbaren Antinomien werden als dialektische Gegenüberstellung von
These und Antithese gedeutet, und daraus wird eine unparteiische bzw.
metakritische Position Wielands abgeleitet.

Demgegenüber wird in dieser Arbeit die Ansicht vertreten, daß Wielands Staats- und Rechtsverständnis weder unparteiisch noch systemkonform ist und seine Parteinahme für eine Trennung von Staat und Gesellschaft auch kein Ausweichen in die Innerlichkeit als Folge der aufgezwungenen politischen Abstinenz des Bürgertums im Absolutismus bedeutet.
Wieland hat im Verlauf seiner Beschäftigung mit Staat und Recht die kon-

12

stitutiven Elemente des westlichen rationalistischen Staatsdenkens im wesentlichen in seine politische Philosophie aufgenommen und zum Bezugspunkt seiner politisch engagierten Literatur gemacht, so daß er zu den Vertretern des politischen Humanismus[36] westlicher Prägung gezählt werden kann. Sein Eintreten für die konstitutionelle Monarchie bei vehementer Ablehnung der repräsentativen Demokratie offenbart alles andere als die behauptete Standpunktlosigkeit bei der Erörterung politischer Fragen. Wieland befürwortet bereits im „Goldnen Spiegel" eine verfassungsmäßig verbürgte politische Gewaltenteilung und später auch die Trennung von Staat und Gesellschaft und wendet sich damit gegen den absolutistischen Feudalstaat. Sein nur scheinbar selbstloser Einsatz für die Rechte des Menschen im Namen von Natur und Aufklärung stellt einen ideologischen Angriff auf die feudalabsolutistischen Herrschaftsverhältnisse des 18. Jahrhunderts dar und zielt auf die Absicherung des bürgerlichen Erwerbsinteresses. Wohlfahrtsstaatlichen Eingriffen in die Privatautonomie setzt er das Persönlichkeitsrecht sowie die Bildungs-, Berufs- und Eigentumsfreiheit entgegen. Wieland fordert die Abschaffung der Pressezensur und damit die Beschneidung eines zentralen staatlichen Repressionsmittels. Die von ihm befürworteten gesellschaftlichen Selbstorganisationen - Geheimgesellschaft der Kosmopoliten und Gelehrtenrepublik - sind Konkurrenzmodelle zur damaligen Staatsorganisation.

Wielands antirevolutionäre, „defensive" Position ist nicht konterrevolutionär. Sie ist kein Festhalten an einer obsoleten Realität, wie Weyergraf meint, sondern vor allem anderen ein klares Nein zu gewaltsamen Veränderungen. Es mag zutreffen, daß sich im Umfeld des „Schleswigschen Journals" eine progressivere bürgerliche Position als die Wielands herausgebildet hatte, die ihrerseits kritisch auf die Arbeiten Wielands reagierte. Dies schmälert jedoch nicht die dezidiert antifeudalistische Substanz seines Staats- und Rechtsdenkens in späteren Jahren.

---

[36] Zum Begriff: Plessner, Die verspätete Nation (1959), S. 32 ff, 1. Kapitel: „Deutschlands Protest gegen den politischen Humanismus Westeuropas." Der Begriff wird im Zusammenhang dieser Arbeit verstanden als die politische Dimension des aufklärerischen Humanitätsideals.

13

Weyergrafs These, daß sich bei Wieland bürgerliche mit feudaler Vernunft verfilze, weil er nicht konsquent die Interessen des Volkes, insbesondere der unterbürgerlichen Schichten vertrete, erscheint bei einem Blick auf die Sozialgeschichte Deutschlands zur Zeit der Französischen Revolution mehr als fraglich. Die Angehörigen des vierten Standes forderten in Notzeiten, in denen die Härten der allmählich Gestalt annehmenden kapitalistischen Wirtschaftsweise bereits deutlich hervortraten, vielfach eine Wiederbelebung des Wohlfahrtsstaatsgedankens. Weyergraf verkennt, daß eine Parteinahme für diese rückwärtsgewandte Position eher dem feudalen Machterhalt als dem bürgerlichen Klasseninteresse zugearbeitet hätte.

Batscha ordnet das Denken Wielands zutreffend der politischen Strömung des deutschen Frühliberalismus zu. Allerdings verzichtet er auf eine Beweisführung und setzt insbesondere die den Liberalismus kennzeichnende Trennung von Staat und Gesellschaft im politischen Denken Wielands als gegeben voraus. Batschas These, daß die liberale Trennung des Staats von der Gesellschaft bei Wieland einen Rückzug ins Private bzw. eine Entpolitisierung der bürgerlichen Öffentlichkeit bedeute, findet im politischen Werk Wielands keine Grundlage. Die bürgerliche Öffentlichkeit hat für Wieland im Gegenteil die zentrale Aufgabe, die bestehenden Herrschaftsverhältnisse dem kritischen öffentlichen Räsonnement zu unterwerfen. Seine Forderung nach einer von staatlichen Einflußnahmen freien gesellschaftlichen Sphäre ist nicht als Rückzug ins Private zu verstehen. Vielmehr wird sie in der Absicht erhoben, die staatliche Allgewalt des Absolutismus zurückzudrängen und ein Medium zu schaffen, das eine repressionsfreie (politische) Diskussion genauso zuläßt wie die Erprobung der erörterten utopischen Entwürfe. Wielands politisches Denken seit den 1790er Jahren erfolgt vor diesem Hintergrund vom Boden eines grundsätzlich staats- bzw. herrschaftskritischen Liberalismus aus, der eine Flucht in den Schoß der spätabsolutistischen Gewalten notwendig ausschließt.

Unter Liberalismus wird vorliegend die politische und wirtschaftstheo-
retische Strömung seit dem Ende des 18. Jahrhunderts verstanden, die aus
der absolutistischen, anstalts- und obrigkeitsstaatlich organisierten Ordnung nach Maßgabe des abstrakt-individuellen Freiheitsbegriffs heraus-
drängte[37]. Den Liberalismus kennzeichnet ein spezifischer Forderungska-
talog: die Fixierung von Menschen- und Bürgerrechten, eine auf dem
Repräsentationsgedanken und dem Prinzip der Gewaltenteilung beruhende
Verfassung, die Herrschaft der Gesetze, Presse-, Meinungs- und Informa-
tionsfreiheit, Vereins- und Versammlungsfreiheit. Huber[38] unterteilt die
politischen Strömungen des Vormärz in Konservatismus, Liberalismus
und Radikalismus. Diese Klassifizierung trifft im wesentlichen bereits auf
die Zeit zwischen der Französischen Revolution und den Befreiungskrie-
gen zu. Dabei ist festzustellen, daß Wieland sich nicht nur gegen den im
„Schleswigschen Journal" vertretenen Radikalismus und seine Idee von
der Volkssouveränität abgrenzt, sondern zugleich gegen einen Großteil
der konservativen und traditionalistischen Elemente im deutschen Staats-
und Rechtsdenken.

Als Ergebnis ist festzuhalten, daß Wielands Bekenntnis zum (ständisch-)
gewaltenteiligen, monarchisch regierten Verfassungsstaat zum einen die in
der Forschungsliteratur vertretene Absolutismus- und Unparteilichkeitsthese widerlegt. Zum anderen sind die Verfilzungsthese und die These
eines apologetischen Liberalismus zu korrigieren. Es ist zu zeigen, daß
das Denken Wielands weit weniger staatsloyal bzw. systemkonform ist, als
dies vielfach behauptet wird. Schließlich sind die Vertreter der Wirkungs-
losigkeitsthese mit der Frage zu konfrontieren, ob sie an die politischen
Dichtungen Wielands nicht uneinlösbare Forderungen im Hinblick auf

---

[37] Vgl. Gall, Artikel „Liberalismus", in: Staatslexikon, Bd. 3 (1987); Vierhaus, Artikel „Liberalismus",
in: Geschichtliche Grundbegriffe, Bd. 3 (1982).
[38] Ernst Rudolf Huber, Deutsche Verfassungsgeschichte seit 1789, Bd. 2 (1967), §§ 30-32.

15

ihre gesellschaftliche Funktion stellen und hierbei die relative Autonomie des literarischen Kunstwerks außer acht lassen.

II. Recht und literarische Ästhetik

1. Autonomie des dichterischen Kunstwerks

Die vorliegende Arbeit macht es sich zur Aufgabe, den feststellbaren politischen, staats- und rechtstheoretischen Verständniswandel nicht nur anhand der Publizistik Wielands, oder den entsprechenden literarischen Diskursen, sondern auch anhand des ästhetischen Konzepts seiner Dichtungen nachzuzeichnen. Dabei ist zunächst zu beachten, daß Aussagen über Recht und Gerechtigkeit im Kontext seiner Dichtungen nicht als unmittelbare Zeugnisse des realgeschichtlichen Rechtsdenkens der Aufklärung im allgemeinen und der Rechtsauffassung des Autors im besonderen betrachtet werden können. Vielmehr besteht das literarische Kunstwerk grundsätzlich unabhängig von unmittelbaren gesellschaftlichen Zwecken; Themen und Gestaltungsformen sind in die freie Entscheidung des Künstlers gelegt[39]. Gleichwohl läßt sich der Autonomiestatus der Kunst nicht absolut setzen. Literatur hat ihren Entstehungsgrund in Geschichte und Gesellschaft. Folglich bezieht sich die dichterische Gestaltung von Staat und Recht über den textimmanenten Zusammenhang hinaus immer auch auf die historische gesellschaftliche Situation des phantasierenden Subjekts[40]. Die Autonomie des Kunstwerks ist somit nur eine relative, die sich insbesondere in der Einheit von gesellschaftlicher Transformation und struktureller Transformation der Künste (Metscher) erweist. So korrespondiert der Entwicklungsgeschichte des politischen Denkens Wielands

---

39 Scholz, Die Parteilichkeit fiktionaler Literatur (1996), S. 218.
40 Ders., Die beschädigte Seele des großen Mannes. Goethes „Faust" und die bürgerliche Gesellschaft (1982/93), S. 2.

eine veränderte Konzeption seiner dichterischen Sujets, die die geforderte Trennung von Staat und Gesellschaft im Medium der Dichtung abbilden.

2. Literatur als „gesteigerte Realität"

Nichtsdestoweniger besitzt Kunst aufgrund der Autonomie des Ästhetischen eine eigene Erkenntnisqualität und eine darauf beruhende gesellschaftliche Funktion. Dies verkennt die in Teilen der Forschungsliteratur vertretene These von der Folgenlosigkeit des politischen Denken Wielands.

Lüderssen charakterisiert fiktionale Literatur mit dem Begriff der *gesteigerten* Realität[41]. Der Autonomiestatus des literarischen Kunstwerks erzeuge auch im Hinblick auf die Kategorie Recht Erkenntnispotentiale, die über die erkenntniskritische Erfahrung hinausgingen. Die in diesem Zusammenhang nicht absolut, sondern relativ zu sehende Autonomie des Ästhetischen wird in der Begriffsbildung Lüderssens dadurch berücksichtigt, daß er Literatur als gesteigerte *Realität* bezeichnet[42].

Hieran anknüpfend läßt sich sagen, daß die besondere Erkenntnisqualität der untersuchten Dichtungen im Gegensatz zur vorwiegend erkenntniskritischen Publizistik Wielands darin liegt, daß im Medium der Dichtung die gesellschaftlichen Auswirkungen des gewandelten Staats- und Rechtsverständnisses quasi „in vitro" erprobt werden können. In der fiktionalen Wirklichkeit der Literatur lassen sich Verhaltensstandards vorformulieren, die in der historischen Wirklichkeit nicht mit derselben Konsequenz herausgebildet werden können. Somit wird die hier behandelte Literatur Wielands weniger als Nachahmung[43] denn als Vorwegnahme der gelunge-

---

[41] Lüderssen, Literatur - gesteigerte Realität?, in: ders., Produktive Spiegelungen (1991), S. 11 ff.

[42] Ähnlich argumentiert aus literaturwissenschaftlicher Sicht Christian Enzensberger (Literatur und Interesse [1978], S. 205 ff.), der Literatur als Versuch einer strukturellen Nachahmung der gelungenen Gesellschaft wertet.

[43] So die Formulierung Enzensbergers, oben Fußnote 42.

nen Gesellschaft im Sinne eines utopischen Gegenentwurfs zu den damaligen Verhältnissen verstanden.

3. Interdependenz von Stoff, Form und außerliterarischem Bewußtsein

Die vorliegende Arbeit versucht zu zeigen, daß sich die aus der relativen Autonomie des Kunstwerks folgende Interdependenz von Stoff, Form und außerliterarischem Bewußtsein maßgeblich auf die motivische Gestaltung der von Wieland behandelten Rechtsstoffe auswirkt. Die von Wieland in der publizistischen und literarischen Rechtsdiskussion ausgetragene Kontroverse zwischen absolutistischem Staat und bürgerlicher Gesellschaft, Polizeistaat und Rechtsstaat, kehrt in der ästhetischen Konzeption seiner Werke wieder. Wielands Annäherung an die politische Theorie des Liberalismus kommt durch literarische Sujets zum Ausdruck, die sich insonderheit durch eine funktionelle Trennung des Staates von der Gesellschaft und den weitgehenden Verzicht auf staatlicher Intervention auszeichnen.

Die politischen Dichtungen Wielands aus der Zeit vor der Französischen Revolution haben die höfische bzw. feudalabsolutistische Öffentlichkeit zum Handlungsort. Zwei Gestaltungsformen des Stoffs treten hervor: Entweder versucht ein bürgerlicher Protagonist an die Vernunft des Regenten zu appellieren („Agathon"; „Der goldne Spiegel"), oder es wird uneinsichtige Herrscherwillkür durch einen Akt poetischer Gerechtigkeit überwunden („Schach Lolo"; „Der Stein der Weisen").

Nach der Französischen Revolution haben die literarischen Protagonisten Wielands die höfische Öffentlichkeit verlassen. Als „räsonnierende Privatleute", die die öffentliche Meinung konstituieren, denken sie „laut" über eine politische Ordnung nach, die ihre natürlichen Eigentums- und Freiheitsrechte effektiv gewährleisten soll. Zugleich sind sie dazu übergegangen, den von ihnen besetzten gesellschaftlichen Raum jenseits der staatlichen Einflußsphäre nach eigenen vernünftigen Regeln zu gestalten

(„Die Wasserkufe"; „Agathodämon"; „Aristipp"; „Das Hexameron von Rosenhain"). Damit setzen sie sich kritisch vom absolutistischen Obrigkeitsstaat ab, der die individuelle Glückseligkeit als materialen Staatszweck sieht und deswegen gestaltend in die berufliche, soziale und private Sphäre der Herrschaftsunterworfenen eingreift.

Im Vergleich mit einer publizistisch geführten Diskussion stellt die (politische) Ästhetik ungleich subtilere Möglichkeiten zur Verfügung, sich mit seinem Erkenntnisgegenstand auseinanderzusetzen. Während etwa der „Zerbrochene Krug" Kleists die offene Gestaltung eines juristischen Sachverhalts bietet, lassen sich Rechtsfragen auch verdeckt als literarischer Konflikt behandeln. Beispielsweise hat Meyer-Krentler mit seiner Interpretation des Inzestmotivs in Goethes „Die Geschwister"[44] herausgearbeitet, daß der rechtliche Konfliktgehalt des Dramas zwar den Zeitgenossen des Autors unausgesprochen offensichtlich war, der Nachwelt aber verloren ging. Erst nach der Vermittlung des erforderlichen Vorverständnisses werde dem heutigen Leser deutlich, daß der Autor auf der Grundlage eines gewandelten Rechtsbewußtseins soziale Figurationen umgestaltet habe.

Dem heutigen Leser der Dichtungen Wielands erschließt sich deren an unterschiedlichen politischen Theorien orientierte Stoffdisposition ebenfalls nicht unmittelbar. Erst durch den Vergleich der „vorrevolutionären" mit den „nachrevolutionären" Schriften, und durch Herausarbeiten des jeweiligen Staats- und Rechtsverständnisses, läßt sich die Umgestaltung sozialer Figurationen bei Wieland verdeutlichen.

---

44 Ekkhart Meyer-Krentler, Erdichtete Verwandtschaft. Inzestmotiv, Aufklärungsmoral, Strafrecht in Goethes „Die Geschwister" (1982). Unten, IV (Exkurs) 4 c, S. 32ff.

19

III. Gegenstand und Methode

1. Erkenntnisgegenstand

Wielands bedient sich bei der Darstellung juristischer Probleme verschiedener Genres und Techniken, die sich wie folgt systematisch auffächern lassen:

a) Dichtung und Publizistik

Wielands Ästhetik unterscheidet nicht streng zwischen literarischen und publizistischen Genres. Seiner aufklärerischen Intention gemäß ist Literatur zugleich Instrument der Moralerziehung und Medium politisch-moralischer Diskussion[45]. In das literarische Kunstwerk finden durch die Briefform, den Dialog oder den Reisebericht auch diskursive Elemente Eingang, denen Wieland bisweilen eigene literarische Qualität zuschreibt. So kann er in der Platon-Kritik des „Aristipp" hervorheben, daß Platon nicht nur Philosoph, sondern auch Dichter war[46].

Auf diese Weise werden auch politische Zeitfragen der dichterischen Gestaltung zugänglich, sowohl durch die konkrete motivische Umsetzung, etwa durch die Bildung von (historischen) Vergleichen, als auch in abstrakter Form durch den zeitgemäßen philosophischen Diskurs. Wieland, dem jedes „dunkle Wort" zuwider war, verschließt seinen Ausdrucksmitteln dagegen den Bereich poetischer Symbolik. Seine Sprachkunst ist zu sehr dem aufklärerischen Postulat einer transparenten Sprache verbunden, um das Symbol mit seinem Netz vager Bezüge als poetische Möglichkeit anerkennen zu können[47]. Mit der Verdrängung seines poetologischen Konzepts durch die epische Prosa der Klassik verschwand auch

---

[45] Zu dieser Unterscheidung: Peter Bürger, Institution Literatur und Modernisierungsprozeß, in: Zum Funktionswandel der Literatur, S. 18.
[46] Höhle, S. 603.
[47] Vgl. dazu Manger, S. 200, Fußnote 117, mit weiteren Nachweisen.

Wielands Beitrag zur Staats- und Rechtsdiskussion aus dem Bewußtsein des Publikums.

b) Abstrakte und konkrete Behandlung juristischer Sachverhalte im literarischen Kontext

Rechtsfragen lassen sich im literarischen Kunstwerk abstrakt und konkret behandeln.

aa) Diskursive Behandlung von Rechtsfragen

Bei der abstrakten Erörterung eines juristischen Sachverhaltes werden Positionen zu Recht und Gerechtigkeit diskursiv vermittelt. Sie stehen oft in Zusammenhang mit einem konkreten Rechtsfall, wie z. B. in Reinhold Schneiders Werk „Las Casas vor Karl V." (1938). Dort bietet die juristische Fragestellung, ob die südamerikanischen Indianer als Menschen oder als Sklaven zu behandeln seien, Anlaß für Schneider, die Gleichheit der Menschen naturrechtlich zu begründen und damit zum unveräußerlichen Menschenrecht zu erklären.

Die theoretisch-abstrakte Dimension rechtsrelevanter Sachverhalte wird bei Wieland außerhalb der Publizistik überwiegend in Dialogform gestaltet, wie in der „Lustreise ins Elysium", den „Göttergesprächen" und den „Gesprächen unter vier Augen", im „Aristipp" usw. Durch die Einbeziehung diskursiver Elemente in die Dichtung fließen die motivische Gestaltung des rechtlichen Themas und seine diskursive Behandlung vielfach ineinander. Die ästhetische Überformung tritt hierbei teilweise so stark hinter die abstrakte Erörterung rechtsphilosophischer Fragen zurück, daß es sich - wie etwa bei den „Gesprächen unter vier Augen" - anbietet, solche Texte im Zusammenhang der politischen Publizistik zu untersuchen.

bb) Fiktionale Behandlung von Rechtsfragen

Im Vergleich zur Publizistik wird das Spektrum der Auseinandersetzungsmöglichkeiten mit Staat und Recht durch die künstlerischen Gestaltungsmittel der Dichtung vielfältig erweitert. Hier tritt neben die theoretisch-abstrakte Erörterung eines rechtlich relevanten Sachverhalts die Möglichkeit, ihn im Medium der Dichtung konkret zu gestalten und so Potentiale auszuschöpfen, die weder der theoretische Diskurs noch die gesellschaftliche Wirklichkeit bereitstellen („gesteigerte Realität").

Konkrete bzw. motivische Gestaltung bedeutet, daß der Autor einen juristischen Sachverhalt anschaulich macht. Die anschauliche Darstellung, so ist im Verlauf dieser Untersuchung zu zeigen, transportiert das Rechtsverständnis des Autors aber nicht nur inhaltlich. Stoffdisposition und literarische Form werden gleichermaßen durch das Rechtsverständnis des phantasierenden Subjekts beeinflußt.

Im Bereich der konkreten Darstellung ist eine weitere Klassifizierung möglich: Die konkrete Darstellung eines juristischen Sachverhalts in der fiktionalen Literatur läßt sich - einem Rechtssatz vergleichbar - in „Tatbestands"- und „Rechtsfolgen"-Beschreibung unterteilen. Als typische Beispiele dieser beiden Gestaltungsvarianten sind die Kriminalerzählung und das Rechtsdrama zu nennen.

Bei der Kriminalerzählung liegt der Handlungsschwerpunkt auf der Tatbestandsseite. Sie schildert den Tathergang als kriminalistisches Rätsel, dessen Auflösung keine rechtliche Würdigung erfordert. Hoffmanns „Fräulein von Scudéri" (1819) ist exemplarisch für dieses literarische Genre.

Das Rechtsdrama gestaltet die Rechtsfolgenseite oder die rechtliche Würdigung eines Tathergangs literarisch. Kleist hat diese Produktionstechnik virtuos verwendet. „Der zerbrochene Krug" setzt mit einer Gerichtsverhandlung ein, in deren Verlauf der wahre Sachverhalt bzw. Tatbestand ans Licht kommt. Der „Prinz von Homburg" erzählt den Sachverhalt einer kriegsnotwendigen Insubordination Homburgs mit der ebenso notwendigen Rechtsfolge der Bestrafung des Helden. Kleist gestaltet hier den tragischen Konflikt zweier unversöhnlicher Prinzipien, die schließlich durch das Gerechtigkeitsprinzip der Gnade miteinander versöhnt werden.

Wieland wählt bei der konkreten Darstellungsform juristischer Sachverhalte sowohl die Tatbestands- als auch die Rechtsfolgenbeschreibung. In „Schach Lolo" werden die Deviationen absolutistischer Herrschaft anhand eines Beispiels willkürlicher Rechtsfindung gezeigt und bieten Anlaß, Geltung und Richtigkeit von Recht zu erörtern. Der Streit über den Schatten des Esels in den „Abderiten" gestaltet und ironisiert juristische Spitzfindigkeit und rechtlichen Dogmatismus.

Beide Darstellungsformen, die abstrakte und die konkrete, sowie ihre Untergruppen treten häufig miteinander kombiniert auf: Die Exposition des Rechtsfalls bietet zugleich den Rahmen für eine abstrakte Erörterung von Rechtsfragen; die Sachverhaltsmitteilung kann juristische Implikationen enthalten, aus denen sich die Spannung bzw. Dramatik des Vorgangs entwickelt, usw.

„Schach Lolo" ist als Beispiel für die Verbindung beider Gestaltungsformen zu nennen. Bevor die Verserzählung ein Beispiel absolutistischer Herrscherwillkür literarisch gestaltet, d. h. der eigentliche Sachverhalt geschildert und rechtlich eingeordnet wird, problematisiert Wieland zunächst in einer ebenfalls in Versform gehaltenen Abhandlung die gesellschaftliche Bedingtheit von Recht und Gerechtigkeit.

2. Fragestellung

Die vorliegend untersuchten Texte werden auf ihren juristischen Informationsgehalt hin analysiert. Gefragt wird hierbei hauptsächlich nach der politischen Dimension bzw. Funktion der Kategorien Staat und Recht im Rahmen der Sozialgestaltung.

Den Gang der Untersuchung bestimmen folgende rechtsphilosophische Fragestellungen maßgeblich[48]:

(1) Worin liegt für Wieland der spezifische Charakter einer Rechts- bzw. Staatsordnung, insbesondere:

- welche Aufgaben haben Staat und Recht?

- wodurch unterscheiden sich Recht und Moral?

(2) Welche Legitimationsgrundlage(n) nimmt Wieland für die Existenz einer politischen Ordnung an, insbesondere: welche intersubjektiv verbindlichen Maßstäbe stehen für die inhaltliche Ausgestaltung einer Rechtsordnung zur Verfügung?

Die Eingrenzung der Fragestellung auf die Rechtspolitik bzw. politische Philosophie Wielands erfolgt im Interesse eines stringenten Untersuchungsganges. Dadurch müssen andere Dimensionen des Untersuchungsgegenstandes, die ebenfalls integraler Bestandteil der Rechtsauffassung Wielands sind, zwangsläufig außer Betracht bleiben oder können nur am Rande behandelt werden. Die Untersuchung wird hierdurch gleichwohl nicht beeinträchtigt. Zum einen ist über die Ermittlung der rechtsphilosophischen Aussagen die hier interessierende ideen- und gesellschaftsgeschichtliche Einordnung des politischen Denkens Wielands möglich. Zum anderen wäre eine Auseinandersetzung mit der rechtsdogmatischen oder rechtstechnischen Seite seines Denkens weniger von literatur- als von rechtsgeschichtlichem Interesse.

Verzichtet wird insbesondere auf eine Erläuterung spezifisch rechtstechnischer Inhalte, d. h. welche konkreten Rechtssätze, Rechtsinstitute und -lehren Wieland diskutiert (Rechtsdogmatik) oder welche Auslegungsmethoden des Rechts er kennt (Juristische Logik). Das Rechtsverständnis Wielands wird auch nicht im einzelnen dazu befragt, was der Autor zur Geltungsproblematik des Rechts - etwa im Lichte der Anerkennungstheorie - beiträgt (Rechtstatsachenforschung/Rechtssoziologie) oder

---

48 Vgl. Hoerster (Hg.), Recht und Moral. Texte zur Rechtsphilosophie (1987), Einleitung S. 5.

welche normlogischen Voraussetzungen für ihn ein Sollenssatz haben muß, um Rechtssatz zu sein (Rechtstheorie).

Das Werk Wielands bietet auch den hier ausgesparten Fragestellungen reichlich Stoff, wie allein ein Seitenblick auf die „Geschichte der Abderiten" (1774-81) verdeutlicht:

Im neunten Kapitel des ersten Buchs erlassen die Abderiten ein Gesetz, das die Reisefreiheit unterbindet, da die im Ausland gemachten Erfahrungen angeblich den inneren Frieden des Gemeinwesens stören. Zum Zeitpunkt des Erlasses befinden sich allerdings zwei Abderiten auf Bildungsreise, so daß sich die Frage stellt, ob das Gesetz zu ändern oder Dispens zu erteilen sei. Um die damit verbundenen Schwierigkeiten umgehen zu können, beschließt Nomofylax, der „Gesetzeshüter" der Abderiten, dessen Sohn von dem Vorgang betroffen ist, das mit einem schlafenden Löwen verglichene Gesetz stillschweigend nicht anzuwenden: „Und wer wird die Unverschämtheit oder die Verwegenheit haben, ihn gegen den Sohn des Nomofylax aufzuwecken?" (VI/19/95). Angesprochen sind hier unter anderem die rechtssoziologische Anerkennungsproblematik des Rechts und die gesetzgeberische Mißachtung des Verbots der Rückwirkung von strafrechtlichen Normen.

Im zweiten Kapitel des zweiten Buchs geht es um Fragen des Schuldprinzips bzw. der strafrechtlichen Zurechnungsfähigkeit: Demokrit wird des Verbrechens beschuldigt, etliche heilige Frösche „lebendig zergliedert" zu haben. Ein Verwandter entschuldigt ihn damit, daß er zum Tatzeitpunkt nicht bei Verstand und infolgedessen schuldunfähig gewesen sei. Dem Einwand, Demokrit mache auf den Außenstehenden einen durchaus normalen Eindruck, begegnet der Verwandte mit der Theorie des „lucidum intervallum" aus der auf Pufendorf zurückgehenden zivilrechtlichen Lehre von der Geschäftsfähigkeit:

„Es ist wahr, Demokrit hat seine hellen Augenblicke; und in einem solchen wird ihn der Prinz gesprochen haben. Aber leider! es sind nur Augenblicke -" (VI/19/183).

Das vierte Kapitel widmet sich der Profession der Rechtsbeistände, in Abdera Sykofanten genannt. Wieland schreibt hier die klassischen Vorurteile fort, die den Anwalt als „Rechtsverdreher" oder „Winkeladvokaten" disqualifizieren. Die Sykofanten verfügen über zwei „Hauptkunstgriffe":

„Entweder sie verfälschten das Factum, oder sie verdrehten das Gesetz. Weil diese Lebensart sehr einträglich war, so legte sich nach und nach eine so große Menge von müßigen Leuten darauf, daß die Pfuscher zuletzt die Meister verdrängten. Die Profession verlor dadurch von ihrem Ansehen." (VI/19/193)

Im vierten Buch, das ausschließlich den „Prozeß um des Esels Schatten" (VI/20/1ff.) thematisiert, entspannt sich anhand der Frage, ob die Vermietung eines Esels auch die Nutzung seines Schattens einschließe, ein Streit, der das Gemeinwesen der Abderiten zu spalten droht. Wieland läßt hierbei unterschiedliche Institute des römischen Rechts, Präjudizien und juristische Rhetorik mit dem Ergebnis zur Anwendung kommen, daß sowohl die eine als auch die andere Rechtsauffassung mit guten Gründen zu vertreten ist.

Andere, auch im Rahmen unserer Fragestellung relevante Aspekte der Staats- und Rechtsauffassung Wielands können vorliegend nur kursorisch behandelt werden. Hier wäre neben einer Erörterung der einzelnen Grundrechts- und Staatsorganisationsnormen[49], die Wieland kennt, und seinem Beitrag zur Entwicklung der (Urheber-)Persönlichkeitsrechte[50] insbesondere die Frage nach dem Verhältnis von Staat und Religion bzw. Politik und Sittlichkeit zu nennen.

---

[49] Hierzu im einzelnen Schnur, Tradition und Fortschritt im Rechtsdenken Christoph Martin Wielands (1977). Schnur stellt u.a. eine Reihe von politischen Rechten, die Wieland in seinen Schriften zur Französischen Revolution diskutiert, in den Kanon heutiger Grund- und Menschenrechte.
[50] Urheber- und persönlichkeitsrechtliche Fragen beschäftigten Wieland vor allem im Zusammenhang mit der im 18. Jahrhundert vieldiskutierten Frage des unautorisierten Buchnachdrucks, vgl. v. Ungern-Sternberg, C. H. Wieland und das Verlagswesen seiner Zeit, in: Archiv für die Geschichte des Buchwesens (AGB), XIV (1974), Sp. 1211.

3. Methode

a) Darstellung des Staats- und Rechtsdenkens

Der Autor wird zunächst „beim Wort genommen", d. h. es wird darge-stellt, welche Begriffe Wieland von Staat, Recht und Gerechtigkeit ent-wickelt und diskutiert. Hierbei werden die konstitutiven Elemente seiner allgemeinen Staatslehre und seines Rechtsdenkens anhand der staatsrechtli-chen und rechtsphilosophischen Aussagen über die genannten Kategorien herausgearbeitet, die sich in seinen literarischen und publizistischen Wer-ken finden.

Die Untersuchung des von Wieland publizistisch vermittelten Staats-und Rechtsbegriffs wird auf den ersten Blick dadurch erleichtert, daß er sich in seiner Essayistik unmittelbar bzw. unverfremdet mit der politi-schen Gegenwart befaßt. Allerdings erzwingt (nicht nur) im 18. Jahrhun-dert die Auseinandersetzung mit der Gegenwart erhebliche Rücksichtnah-men auf die Zensur. Es ist infolgedessen davon auszugehen, daß die herr-schaftskritische Dimension des Staats- und Rechtsdenkens Wielands in sei-nen Aufsätzen nur unvollständig wiedergegeben ist und durch die - aller-dings verschlüsselten - Aussagen in der Dichtung ergänzt wird.

Fiktionale Literatur auf Aussagen über Recht und Gerechtigkeit zu befragen begegnet aufgrund ihrer oben skizzierten relativen Autonomie gegenüber unmittelbaren gesellschaftlichen Zwecken methodischen Pro-blemen. Die fiktionale Behandlung eines rechtlich relevanten Sachverhalts ist zwar auch auf die historische Realität des Autors bezogen, sie ist es jedoch nicht ausschließlich. Fiktionale Literatur bildet nicht jedes Moment der historischen Realität und infolgedessen auch nicht jede Facette der Rechtsauffassung des Autors im ästhetischen Raum ab. Eine literaturwis-senschaftliche Untersuchung juristischer Kategorien trägt dem Autono-miecharakter der Kunst zudem nur Rechnung, wenn sie die genrespezifi-schen Kompositionsprinzipien des literarischen Kunstwerks beachtet.

Erleichtert wird der Zugriff auf den Untersuchungsgegenstand allerdings dadurch, daß die Aufklärungsliteratur den Autonomiestatus des literarischen Kunstwerks mit ihrem Anspruch, dem Publikum gesellschaftlich nützliche Inhalte vermitteln zu wollen, oft selbst durchbricht. Infolgedessen erfolgt die „ästhetische Verschlüsselung" fiktionaler Texte mit politischer Relevanz (exotische Einkleidung, Verlegung der Handlung in die Antike etc.) bei Wieland vielfach ausschließlich im Hinblick auf die Zensur und ist entsprechend transparent gestaltet.

Im Ergebnis läßt sich sagen, daß Wielands unverschlüsselten (publizistischen) Aussagen zu Staat und Recht nicht vollständig, die verschlüsselten (literarischen) politisch zwar weitergehend, aber nicht ohne weiteres übersetzbar sind. Die vorliegende Arbeit versucht, beiden Aspekten Rechnung zu tragen.

b) Einordnung in den ideen- und gesellschaftsgeschichtlichen Kontext

Die Erörterung von Problemen des Rechts steht bei Wieland in engem Zusammenhang mit seinem Staatsdenken, weil für ihn der Staat das Recht gewährleistet. Sobald sich in seiner politischen Philosophie die Aufgaben des Staates wandeln, unternimmt Wieland auch eine Neubestimmung von Recht und Gerechtigkeit. Durch die Bestimmung der Aufgaben und des Inhalts von Recht bei Wieland läßt sich zugleich der Standort des Autors im damaligen politischen Meinungsspektrum ausmachen.

Das anhand des oben vorgestellten Fragenkatalogs herauszuarbeitende Staats- und Rechtsdenken Wielands wird im ideen- und gesellschaftsgeschichtlichen Zusammenhang des Zeitalters der Aufklärung untersucht. Ideen werden hier nicht überzeitlich im Sinne des philosophischen Idealismus verstanden, sondern als Ideologie, als Ideenlehre einer gesellschaftlichen Gruppierung im Kampf um die politische Herrschaft. So dient dem europäischen und nordamerikanischen Bürgertum die Naturrechtsidee zur

Kritik am feudalaristokratischen bzw. kolonialen Herrschaftsanspruch der überkommenen Machtelite. Da Wielands Naturrechtsbegriff in der bürgerlichen Weltanschauung wurzelt, macht dieser politische Standort eine konsequente Apologie des Bestehenden - bei aller behaupteten Nähe zum Ancien régime - unmöglich; dies führt dazu, daß Wieland letztlich das Staats- und Rechtsdenken des Absolutismus zugunsten bürgerlich-liberaler Positionen aufgibt. Während das Recht den einzelnen im „Goldnen Spiegel" zum Gegenstand obrigkeitlicher Fürsorge macht und staatliche Eingriffe in höchstpersönliche Rechtgüter zuläßt, dient es im „Aristipp" der Gewährleistung von Freiheit und Eigentum und dem Schutz vor staatlichen Interventionen.

4. Thesen

Als Ergebnis der bisherigen Überlegungen können folgende Thesen formuliert werden:

a) Wieland verwirft im Verlauf seiner publizistischen und literarischen Auseinandersetzung mit Staat und Recht als Ergebnis einer Selbstkritik der Aufklärung die Staatsidee des aufgeklärten Absolutismus zugunsten der bürgerlich-liberalen.

b) Das Staatsverständnis Wielands beeinflußt im Medium der Dichtung Stoffdisposition und literarische Form: Es kehren die konstitutiven Merkmale der jeweiligen Staats- und Rechtsauffassung in der ästhetischen Konzeption seiner Werke wieder.

5. Exkurs: Das Recht in der Literatur als multidisziplinärer Untersuchungsgegenstand

Staat und Recht in der Dichtung sind nicht ausschließlich Untersuchungsgegenstand der Literaturwissenschaft. Ein guter Teil der einschlägigen Forschungsliteratur stammt aus benachbarten geisteswissenschaftlichen Disziplinen, insbesondere aus der Rechts- und der Politikwissenschaft, die sich für die Behandlung ihres Erkenntnisgegenstandes in der fiktionalen Wirklichkeit der Literatur interessieren[51].

Bekannte Juristen wie Georg Jellinek[52], Gustav Radbruch[53] und Erik Wolf[54] sind mit literaturwissenschaftlichen Arbeiten hervorgetreten. Zu nennen sind auch die zum Teil schon erwähnten Untersuchungen von Fehr[55], Wohlhaupter[56], und aus jüngerer Zeit von Müller-Dietz[57], Schneider[58], Häberle[59], Lüderssen[60] und Schmidhäuser[61]. Aus politikwissenschaftlicher Sicht denkt beispielsweise Krippendorf „mit Goethe über die Politik" und in diesem Zusammenhang auch über Recht und Gerechtigkeit nach[62].

In vielen der genannten Arbeiten wird der Frage nach einem geeigneten methodischen Zugriff auf den komplexen Untersuchungsgegenstand „Recht und Dichtung" nachgegangen. Eine Erörterung der hier stattfin-

51 Vgl. Ehrlich, Recht-Sprache-Dichtung. Eine Titelzusammenstellung (1987).
52 Georg Jellinek, Ausgewählte Reden und Schriften, Bd. 1 (1911).
53 Gustav Radbruch, Vorschule der Rechtsphilosophie, Heidelberg (1946).
54 Erik Wolf, Vom Wesen des Rechts in deutscher Dichtung (1946).
55 Hans Fehr, Das Recht in der Dichtung (1930).
56 Eugen Wohlhaupter, Dichterjuristen (1953-57).
57 Heinz Müller-Dietz, Die Kreise der Dichter und der Juristen. Zur historischen Beziehung zwischen literarischem und juristischem Diskurs (1990); ders., Grenzüberschreitungen. Beiträge zur Beziehung zwischen Literatur und Recht (1990).
58 Peter Schneider, „...ein einzig Volk von Brüdern" (1987).
59 Peter Häberle, Begegnungen von Staatsrechtslehre und Literatur, in: Archiv des öffentlichen Rechts 115/1990, S. 83 ff.
60 Klaus Lüderssen, Produktive Spiegelungen (1991).
61 Eberhard Schmidhäuser, Verbrechen und Strafe. Ein Streifzug durch die Weltliteratur von Sophokles bis Dürrenmatt (1995).
62 Ekkehart Krippendorf, „Wie die Großen mit den Menschen spielen". Goethes Politik, S. 9.

denden Diskussion literatur-, politik- und rechtswissenschaftlicher Methoden[63] bietet (allein unter dem Gesichtspunkt fachwissenschaftlicher Voreingenommenheit) ausreichend Stoff für eine Einzelabhandlung. Nachfolgend seien daher nur Schlaglichter auf die Probleme einer adäquaten Gegenstandserfassung geworfen.

a) Beispiel Politikwissenschaft

Der Politikwissenschaftler Ekkehart Krippendorf bewahrt sich nach eigenen Angaben angesichts ganzer Bibliotheken voller einschüchternder und abschreckender - nämlich literaturwissenschaftlicher - Sekundärliteratur bei der Lektüre Goethes den unbefangenen Blick, indem er sie möglichst nicht zur Kenntnis nimmt[64] - ein wenig überzeugender Ansatz, den Krippendorf im Verlauf seiner Untersuchung auch nicht konsequent durchführt und wiederholt auf literaturwissenschaftliche Forschungsergebnisse zurückgreift.

b) Beispiel Rechtswissenschaft

Der Staatsrechtler Peter Schneider[65] scheut die Auseinandersetzung mit der germanistischen Forschungsliteratur nicht, begibt sich aber gleichwohl mit seinem Versuch, eine spezifische juristische Interpretation als Beitrag der Rechtswissenschaft zur literaturwissenschaftlichen Forschung zu etablieren, auf schwankenden Grund. So weist er dem Germanisten Wulf Segebrecht in dessen Untersuchung über den Juristen E.T.A. Hoff-

---

[63] Lüderssen (oben Fußnote 60) und Schneider (oben Fußnote 58) bieten mit zahlreichen Literaturangaben einen ersten Überblick über den Stand der Diskussion an.
[64] Krippendorf, S. 11.
[65] Oben, Fußnote 58.

31

mann[66] nach, daß Segebrecht mangels juristischer Kenntnis teilweise falsch argumentiere, und empfiehlt ihm deswegen die Hinzuziehung eines sachkundigen Beraters:

„Die Darlegungen Segebrechts sind ein Lehrstück dafür, daß in der Kooperation mit dem sachverständigen Juristen der Literaturwissenschaftler gegebenenfalls besser fahren würde als im Alleingang." (S. 22)

Diesen Schuh scheint Schneider sich - ähnlich wie Krippendorf[67] - bei seinen eigenen literaturwissenschaftlichen Untersuchungen selbst nur ungern anziehen zu wollen. Ihm genügt es aufgrund seines juristischen Vorverständnisses, sich in der Sprache der Literaturwissenschaft sachkundig zu machen:

„Das gleiche gilt für den Juristen, der Literatur auf's Recht hin befragt. Freilich fragt er nach dem, was er versteht. Doch er fragt innerhalb eines Gebietes, das von den Literaturwissenschaften bearbeitet wird. So muß er sich denn in ihrer Sprache sachkundig machen, wie sich der Literaturwissenschaftler in die Rechtssprache einfinden oder einführen lassen muß." (S. 22)

Schneider selbst verwendet bei seinen Untersuchungen weniger literaturwissenschaftliche als Kategorien der Allgemeinen Staatslehre und damit einer eher politikwissenschaftlichen als juristischen Wissenschaftsdisziplin[68]. Bei seiner Argumentation ist schwer nachvollziehbar, warum jemand, der bereits „versteht", dann überhaupt noch „fragt". Der Interpret, ob Jurist oder Germanist, fragt nach der Bedeutung des Rechts im literarischen Kontext. Hierauf zielt sein Erkenntnisinteresse, und nicht auf die Anwendung und Vermittlung fachlicher Kenntnisse. Schneider ist zwar darin zuzustimmen, daß der Fachjurist bei der Interpretation eines

---

66 Wulf Segebrecht, E. T. A. Hoffmanns Auffassung vom Richteramt und Dichterberuf (1967).
67 Oben, Fußnote 64.
68 Zur Theorie der Allgemeinen Staatslehre: Hans Herbert von Arnim, Ist Staatslehre möglich? Juristenzeitung (JZ) 4/1989, S. 158 ff.

literarischen Textes gefragt ist, sofern sein Verständnis juristisches Wissen voraussetzt. Er kann dem Nichtjuristen beispielsweise vermitteln, daß Wieland in einer Episode der „Abderiten" die namentlich auf Pufendorf zurückgehende Lehre von der Geschäftsfähigkeit aufgreift und ironisiert. Die Interpretation des Textes erschließt sich dagegen nicht erst über das juristische Verständnis dieser Episode; sie erhellt lediglich eine unter vielen Facetten im Gesamtgefüge des Romans.

Der Strafrechtler Klaus Lüderssen[69] fragt demgegenüber weniger nach der Bedeutung von Rechtskenntnissen für das Verständnis eines literarischen Textes. Für ihn erschließen sich im Gegenteil über die Literatur Erkenntnisse, die seiner fachwissenschaftlichen Disziplin verborgen bleiben. Insbesondere der Straf-Jurist werde mit Zuständen und Vorgängen konfrontiert, die in ihrem Kern irrational seien und sich gegen Logik und methodisch kontrollierte Empirie sperrten (S. 11). Hier helfe die „gesteigerte Realität" der fiktionalen Literatur weiter:

„Wenn man (...) sagen kann, daß die ‚Schönheit' eines Textes sich in seiner Verwobenheit mit real Anschaubarem am deutlichsten zeige, (...) dann ist *ein* Schlüssel für die ‚Autonomie des Ästhetischen' greifbar: diese Autonomie (nur wenigen verfügbar) bringt eine Ordnung in die Dinge, die nicht etwas anderes, sondern mehr ist als diejenige Erfahrung, mit der wir erkenntniskritisch umgehen." (S. 19 f.)

c) Beispiel Literaturwissenschaft

Die Schwierigkeiten, die bei der Befragung literarischer Texte auf juristische Inhalte auftreten, lassen sich exemplarisch anhand der Arbeiten von Reuchlein[70] und Meyer-Krentler[71] aufzeigen.

---

69 Lüderssen, Literatur - gesteigerte Realität?, in: ders., Produktive Spiegelungen (1991), S. 11 ff.
70 Georg Reuchlein, Das Problem der Zurechnungsfähigkeit bei E. T. A. Hoffmann und Georg Büchner (1985).
71 Eckhardt Meyer-Krentler, Erdichtete Verwandtschaft (1982).

Georg Reuchlein untersucht, ob Hoffmanns „Fräulein von Scudéri" „bestimmte Signale" enthält, die es erlauben, das genannte Werk als „Auseinandersetzung mit juristisch-medizinischen Problemen zu lesen oder die dazu anregen, dies gegebenenfalls zu tun." (S. 49)

Beleuchtet wird insbesondere, ob und inwieweit es bei Hoffmann zu einer differenzierten Diskussion von Fragen der Zurechnungsfähigkeit kommt. Ausgangspunkt der Arbeit von Reuchlein ist die Feststellung, daß Kriminalität und Psychopathologie die Dichtung seit alters beschäftigten und daher die Vermutung naheliege,

„daß sich die Literatur auch mit dem Mischbereich des Zusammenhangs von Verbrechen und Wahnsinn einerseits sowie mit jenem der juristisch-medizinischen Bestimmungen über die (Un)Zurechnungsfähigkeit andererseits auseinandergesetzt haben müsse" (S. 11 ff.),

zumal darüber gerade um 1800 eine hitzige Kontroverse geführt worden sei. Reuchlein versteht seine Untersuchung als Beitrag zur Aufhellung der

„Möglichkeiten und Grenzen der literarischen Auseinandersetzung mit dem Zurechnungsproblem, mit der Justiz und der Medizin im Zeitalter der Restauration" (S. 1).

Er kommt im Verlauf seiner Untersuchung „entgegen vorherrschender Überzeugung" zu dem für ihn enttäuschenden Ergebnis, daß Hoffmanns Dichtungen „Fragen der strafrechtlichen Zurechnung letztlich nicht thematisieren" (S. 2), obwohl sich der Kammergerichtsrat Hoffmann bekanntermaßen in seiner juristischen Praxis wiederholt gutachtlich mit der strafrechtlichen Zurechnungsfähigkeit von Angeklagten auseinandergesetzt habe. Reuchlein findet - darin übereinstimmend mit Arbeiten von Linder und Schönert - das Motiv der Zurechnungsfähigkeit entgegen der „potentiellen Brisanz des Themas" in der deutschen Literatur insgesamt nur sporadisch behandelt (S. 1). Weder Probleme des positiven Rechts noch eine kritische Auseinandersetzung mit der (ungenügenden) Berücksichtigung psychologischer Schuldausschließungsgründe in der damaligen Rechtsprechungspraxis (S. 29 f) stünden im Vordergrund der untersuchten Werke Hoffmanns, sondern das „Kriminelle" (S. 24) in Gestalt einer psychologisierten Verbrechensdarstellung (S. 33):

„Während aber für Dichtungen wie jene Schillers oder Meißners die Psychologisierung der Verbrechensdarstellung untrennbar verbunden war mit einem gleichzeitigen rechtspolitischen Engagement und diesem mit dienen sollte, blendet Hoffmann die potentiellen justizkritischen Implikationen der psychologischen Darstellungsweise, jedenfalls was die Zurechnungsproblematik betrifft, aus. Ihm geht es, anders als beispielsweise Schiller, sozusagen ausschließlich um die psychologischen Hintergründe der Verbrechen Cardillacs oder Medardus', nicht aber darum, mit deren Beispiel womöglich ‚auch die Gerechtigkeit' zu unterrichten und zu prüfen, ob Verbrecher wie diese nicht doch ein Recht hätten, an den ‚Geist der Duldung zu appellieren'"(S. 33 f.).

Hoffmanns Darstellungsweise zeige Medardus und Cardillac als strafrechtlich unzweifelhaft verantwortliche und zurechnungsfähige Verbrecher (S. 34). Reuchlein schließt daraus, daß Hoffmann sowohl in seiner juristischen als auch in seiner literarischen Praxis dazu tendierte, „die Bestimmungen und Bedingungen für die Aufhebung der sittlichen wie strafrechtlichen Zurechnung eher restriktiv auszulegen" (S. 33).

Mit diesem Ergebnis setzt Reuchlein sich selbst in Widerspruch zu seiner eingangs getroffenen Feststellung, daß Hoffmanns Dichtungen Fragen der Zurechnung überhaupt nicht thematisierten. Aus der fehlenden dichterischen Behandlung der Unzurechnungsfähigkeit kann jedoch unmöglich geschlossen werden, daß der Autor in seiner richterlichen Praxis Schuldausschließungsgründe restriktiv handhabe.

Vielmehr lassen sich die Gegensätzlichkeiten, die Reuchlein in seiner Untersuchung zwischen psychologisierender Verbrechensdarstellung bei Schiller auf der einen und Hoffmanns kriminalistischer Darstellung auf der anderen Seite herausstellt, durch den konstruktiven Unterschied erklären, der die untersuchten Texte auszeichnet.

Das „Fräulein von Scudéri" ist eine Kriminalgeschichte. Anders als etwa bei einer Tragödie, deren dramatische Exposition auf einem unlösbaren Wert- oder Interessenkonflikt beruht, ergibt sich die Spannung in diesem Genre - ganz im Gegenteil - aus der dramatischen Auflösung eines kriminalistischen Rätsels.

Ernest Mandel hat diesen konstruktiven Unterschied in seiner Untersuchung „Ein schöner Mord" anschaulich herausgearbeitet:[72]

„Der Held des klassischen Detektivromans führt, ähnlich wie seine Vorläufer, seinen analytischen Verstand gegen die kriminelle List ins Feld. Die Mörder haben alles getan, um ihre Spuren zu verwischen, und es herrscht solange Spannung, bis sie entdeckt sind und der Beweis ihrer Schuld vorliegt. Der Schlüssel für dieses konventionelle Schema von Verbrechen und Strafe ist weder in der Moral noch im Mitleid oder Verständnis zu suchen, sondern er liegt im formalen Schuldbeweis, der wiederum zu einem Schuldspruch vor Gericht führen wird. Der abstrakte, rationale Charakter der Handlung, des Verbrechens und der Aufdeckung des Verbrechers lassen die klassische Detektivgeschichte, mehr noch als ihre Vorläufer im 19. Jahrhundert, als Inbegriff bürgerlicher Rationalität in der Literatur erscheinen. Die formale Logik triumphiert. (...) Dies ist es, was den Detektivroman von der nicht-trivialen Literatur unterscheidet, soweit sie von Verbrechen handelt. Nicht das Rätsel der kriminellen Tat (Wer war's), sondern die tragische Vieldeutigkeit menschlicher Motive und menschlichen Schicksals stehen im Mittelpunkt von Werken wie Ricarda Huchs ,Der Fall Deruga' oder Dostejewskis ,Schuld und Sühne', ganz zu schweigen von ,Macbeth' oder ,König Ödipus'." (S. 34)

Bei der Kriminalerzählung Hoffmanns führt die Analyse des Verbrechens zum formalen Schuldbeweis. Sie verlangt kein tieferes Verständnis für die Ursachen der kriminellen Tat, um die dem Genre eigene Dramatik bzw. Spannung zu erzeugen. Ein Eingehen des Autors auf die psychologischen Hintergründe bzw. die Zurechnungsfähigkeit des Protagonisten, um an die Gerechtigkeit zu „appellieren", sprengt nicht nur den ästhetischen Rahmen einer Kriminalerzählung. Die Erörterung von Schuldausschließungsgründen ist geradezu kontraindiziert. Der formale Schuldbeweis verhilft der

---

[72] Ernest Mandel, Ein schöner Mord. Sozialgeschichte des Kriminalromans, Frankfurt a. M. 1987

Gerechtigkeit zum Sieg, ohne an den Geist der Duldung appellieren zu müssen.

Nichtsdestoweniger enthält die Erzählung Hoffmanns Hinweise auf ein verändertes bürgerliches Rechtsbewußtsein und Staatsverständnis, wie es in der vorliegenden Arbeit anhand der Dichtungen Wielands herausgearbeitet wird. Die zur Aufklärung des geschilderten Verbrechens erforderliche Vernunft bzw. Rationalität ist nicht im Feudalstaat Ludwigs XIV. zu finden, der ja seinerseits die Geheimhaltung als politisches Herrschaftsinstrument anwendet, sondern in der gesellschaftlichen Sphäre der Privatleute. Diese treten an, Übergriffen gegen die Eigentumsordnung, vor denen sie der Staat nicht zu schützen in der Lage ist, eigenverantwortlich zu begegnen und dadurch das Recht wiederherzustellen. Das Fräulein von Scudéri übernimmt infolgedessen als Privatperson die hoheitliche Aufgabe der Verbrechensbekämpfung. Damit formuliert Hoffmann das bürgerliche Ideal des gesellschaftlich verantwortlich handelnden Subjekts, das nicht bloßer Gegenstand staatlicher Fürsorge ist.

Überzeugender als Reuchlein kommt Meyer-Krentler in seiner Arbeit über das Inzestmotiv in Goethes „Die Geschwister" zu dem Ergebnis, daß Goethe in seinem Drama zur Lösung eines rechtlichen Problems seiner Zeit beiträgt, obwohl auch hier keine explizite Auseinandersetzung des Dichters mit der juristischen Dimension der behandelten Problematik erkennbar ist.

Marianne entdeckt ihre Liebe für Wilhelm, ihren Bruder, ohne im Gegensatz zu Wilhelm zu wissen, daß ihre Verwandtschaft keine biologischen, sondern lediglich familienrechtliche Gründe hat, da Marianne ein Adoptivkind ist. Die Geschwisterliebe wird von der fiktionalen Öffentlichkeit gebilligt, noch bevor Wilhelm bekannt macht, daß zwischen Marianne und ihm keine Blutsverwandtschaft besteht.

Meyer-Krentler belegt, daß der geschilderte Vorgang im 18. Jahrhundert (straf)rechtliche Relevanz hatte, denn auch Beziehungen zwischen zivilrechtlichen Verwandten waren damals als sog. incestus iuris civilis strafbar. Der Einakter von 1776 wird zunächst problemgeschichtlich „innerhalb einer umfassenden moralischen, juristischen und literarischen Diskussion" eingeordnet und als eine gezielte Absetzung Goethes von der überkommenen moralischen Position der literarischen Aufklärung gedeutet, weil das Stück den Konfliktgehalt des damals oft verwendeten Inzest-Motivs neu erfasse und positiv löse.

Anders als Reuchlein klopft Meyer-Krentler den Text nicht auf ausdrückliche juristische Stellungnahmen des Dichters zum Thema ab. Vielmehr sieht er im Stück eine aktive Umstrukturierung „sozialer Figurationen" (S. 232), die jedenfalls vom damaligen Leser verstanden worden sei. Aus der literarischen Argumentation leite sich ein neues Rechtsbewußtsein als Teil einer umfassenden Bewußtseinsverschiebung ab (S. 247). Dieser „literarische Figurationswandel" sei dem heutigen Rezipienten des Stücks indessen nicht ohne weiteres erkennbar, sondern bedürfe des Rekurses auf das historische Gesamtgefüge. Erschwert werde der Zugriff auf die juristische Bedeutungsebene dadurch, daß auf diese mit keinem Wort hingewiesen werde, obwohl der Verlauf des Stücks - das versucht Meyer-Krentler herauszuarbeiten - „genau auf juristische Sachverhalte abgestellt" sei (S. 248).

Meyer-Krentler kommt mit seiner Methode zu dem Ergebnis, das Reuchlein versagt bleibt:

„Goethes Stück (ist) keineswegs Juristerei mit anderen Mitteln: Hier spricht nicht ‚Goethe als Jurist‘, sondern ein mit Rechtskenntnissen ausgestatteter Literat weist Literatur als überlegene Form der Erfassung, Beurteilung und Förderung der Wirklichkeit aus." (S. 248)

Damit zählt auch Meyer-Krentler zu den Vertretern der Annahme, daß Literatur gesteigerte Realität sei. Anders als bei Lüderssen und Enzensberger hat sie für ihn aber nicht nur ergänzende oder kompensatorische Aufgaben. Sie greift vielmehr bewußt umstrukturierend in die Wirklichkeit ein.

38

Meyer-Krentler baut seine These von der stärkeren gesellschaftlichen Einflußnahme der Literatur vor dem Recht in einer anderen Arbeit weiter aus: Neben der Literatur

„ordnet auch die juristische Fallbeschreibung in ihrer auffällig moralischen Kommentierung abweichendes Verhalten auf die Folie einer moralischen Weltsicht an, ohne jedoch damit das Maß an Wirklichkeitsveränderung und Zukunftsträchtigkeit zu erreichen, das die literarischen Texte für sich in Anspruch nehmen. Nicht den Juristen, sondern den Literaten der Aufklärung kommt es zu, in Paradigmen zu reden und eine neue gesellschaftliche und persönliche Wirklichkeit in ihren besseren Möglichkeiten exemplarisch abzubilden."[73]

Meyer-Krentlers Annahme einer stärkeren gesellschaftlichen Wirksamkeit der Literatur vor dem Recht überzeugt nicht. Er verkennt, daß die moralisierenden Fallbeschreibungen nach Maßgabe der von ihm als Beispiel einer juristischen Fallbeschreibung erwähnten „Merkwürdigen Rechtsfälle" Feuerbachs lediglich literarisches Begleitprodukt der intensiven gesetzgeberischen und forensischen Tätigkeit des Genannten waren. Es ist zu bezweifeln, daß Feuerbach mit dieser Arbeit die Wirklichkeit „in ihren besseren Möglichkeiten exemplarisch abzubilden" suchte. Vielmehr legte der praktische Jurist Anselm Feuerbach mit seiner Neufassung des bayerischen Strafgesetzbuchs den Grundstein für ein modernes, an aufklärerischen Idealen orientiertes Strafrecht. Er schuf dadurch entgegen Meyer-Krentlers Sichtweise eine gesellschaftliche Wirklichkeit „in ihren besseren Möglichkeiten" par excellence.

Dagegen läßt sich Meyer-Krentlers These, daß einem veränderten Rechtsbewußtsein veränderte literarische Konfigurationen korrespondieren, anhand der Dichtungen Wielands bestätigen. Hier kommt die Anerkennung des liberalen Rechtsverständnisses in den literarischen Sujets durch die Trennung von Staat und Gesellschaft zum Ausdruck.

---

73 Ekkhart Meyer-Krentler, „Die verkaufte Braut" (1984), S.108.

IV. Entwicklungsgeschichte des neuzeitlichen Staats- und Rechtsdenkens

Die politische Philosophie Wielands steht schwerpunktmäßig im Kontext der westeuropäischen rationalistischen Staats- und Rechtslehre, die nachfolgend zunächst anhand einiger entwicklungsgeschichtlicher Koordinaten sowie in ihren bedeutendsten Vertretern dargestellt werden soll, bevor im einzelnen auf die deutsche Rechtsphilosophie des 18. Jahrhunderts einzugehen ist.

1. Die rationalistische Staats- und Rechtsauffassung

a) Mittelalterlicher Voluntarismus als Begründungsfundament absolutistischer Herrschaft

In einem Aufsatz[74] aus dem Jahr 1770 setzt Wieland sich mit Rousseaus Theorie vom Naturzustand des Menschen auseinander. Rousseau (1712-1778) betrachtet den angeblichen Naturzustand der Freiheit und Gleichheit als Idealzustand des Menschen und will eine Staatsform ausfindig machen, die diesem Naturzustand am ähnlichsten ist. Er verwirft die von Wieland vertretene Lehre von der Trennung der Gewalten und räumt der Regierung nur die Stellung eines Exekutivorgans der gesetzgebenden volonté générale ein, deren einzige Schranke darin besteht, daß alle von ihr erlassenen Gesetze generell sein müssen. Damit führt die durch den Gemeinwillen bestimmte totale Freiheit, mangels der inhaltlichen Bestimmbarkeit dieses Willens, bei fehlenden institutionellen Schranken letztlich zum totalen Staat[75].

Zu Beginn des Aufsatzes disqualifiziert Wieland die Philosophie allgemein als eine Disziplin von Narren, die es verstünden, ihre Narrheiten in

---

74 „Über die von J.J. Rousseau vorgeschlagenen Versuche den wahren Stand der Natur des Menschen zu entdecken. Nebst einem Traumgespräch mit Prometheus" (V/14/177 ff.).
75 Verdroß, S. 121.

ein System zu bringen und die deswegen ungleich belustigender seien als normale Narren (V/14/181). Wieland gibt sich mit seinem Narren-Verdikt als Fachmann zu erkennen:

„Ich habe mir seit vielen Jahren (ohne Ruhm zu melden) einige Mühe gegeben, diese sonderbare Art von Menschenkindern, die man (seit der Aufwartung, die Pythagoras bei einem kleinen Fürsten der Fliasier gemacht hat, den wir ohne diesen Umstand schwerlich zu kennen die Ehre hätten) Philosophen, zu deutsch Weisheitsliebhaber nennt, mit einem etwas mehr als gewöhnlichen Fleiße zu studieren; und ich schmeichle mir, sie (den Schotten Johannes Duns und die übrigen seines Gelichtes etwa ausgenommen) so ziemlich ausfindig gemacht zu haben." (V/14/179)

„Johannes Duns und die übrigen seines Gelichtes" meint die philosophische Schule des Voluntarismus um Duns Scotus (ca. 1266-1308) und Wilhelm von Ockham (1290-1349), die die Auflösung des Thomistischen Weltbildes einleitete. Thomas von Aquin, überragendster philosophischer Denker des Mittelalters und Neuinterpret der Lehren des Aristoteles, faßt Glauben und Vernunft, Theologie und Philosophie noch als Einheit. Der Voluntarismus bestreitet diese Übereinstimmung und behauptet, Gottes Wille entziehe sich menschlicher Vernunfteinsicht. Für Duns handelt Gott „frei und nach seinem Willen bezüglich aller Dinge, die außer ihm sind" (Opus Oxoniense I.d 2.q). Darauf aufbauend entwickelt Ockham das theologische Modell einer absoluten Herrschaftsgewalt ohne Rückbindung an vorgegebene Normen. Diese Form eines Herrschaftspositivismus hat seine Legitimationsgrundlage ausschließlich in den Entscheidungen Gottes als der obersten normsetzenden Autorität, in dessen normativer Allmacht auch seine irdische Gerechtigkeit steht.

Für Wieland, der stets den Pflichtencharakter jeder Herrschaftsform betont, ist dies ein unhaltbarer Standpunkt. Mit seiner Ablehnung des mittelalterlichen Voluntarismus gibt er sich zugleich als Kritiker des Feudalabsolutismus und seines auf voluntas gegründeten Herrschaftsanspruchs zu erkennen. Der Absolutismus hebt erst in seiner aufgeklärten Variante seinerseits die Pflichtenseite politischer Herrschaft hervor, wie das Diktum Friedrichs des Großen, erster Diener seines Staates zu sein, zeigt.

41

b) Säkularisation von Staat und Recht

Die Entstehung von Staat und Recht der Neuzeit sind als Vorgang der Säkularisation zu verstehen[76]. Recht wurde im Mittelalter als etwas göttlich Vorgegebenes und Bleibendes verstanden mit der Folge, daß die Aufgabe sowohl des weltlichen Herrschers als auch der Rechtspflege darin bestand, dieses Recht zu wahren und zu gewährleisten[77]. Der Glaube an die Einheitlichkeit des göttlich gestifteten Rechts schwand mit dem Verblassen der Idee des ständisch gegliederten und hierarchisch geordneten „Sacrum Imperium", in dem der einzelne sich als irdisches Glied des „Corpus Christi Mysticum" verstanden hatte[78]. Durch den Zerfall der einheitlichen religiösen Weltordnung in der Glaubensspaltung ging dem alten Recht zunehmend seine notwendige Ordnungskraft verloren. Vielmehr wurde es selbst Gegenstand und Mittel der europäischen Glaubenskriege[79]. Um dennoch ein Miteinander der verschiedenen Konfessionen in einer gemeinsamen politischen Ordnung zu ermöglichen, wurde die überkommene weltliche Ordnung nach und nach ihrer Einbindung in die Offenbarungstheologie entzogen, sie wurde säkularisiert.

c) Trennung von Politik und Moral

Die aus den Glaubenskonflikten gezogene Konsequenz, Religion und Politik zu trennen, bewirkt die Freisetzung einer Sphäre des Politischen aufgrund der Enttheologisierung des öffentlichen Lebens. Politik als „Wis-

---

[76] Böckenförde, Die Entstehung des Staates als Vorgang der Säkularisation (1967).
[77] Böckenförde, S. 148.
[78] Verdroß, Abendländische Rechtsphilosophie, S. 100.
[79] Böckenförde, Der Rechtsbegriff in seiner geschichtlichen Entwicklung, S. 154.

42

senschaft der zweckmäßigen Daseinsmeisterung" (Kluxen)[80] führt das Denken in Formen des Gleichgewichts und der Mechanik, der Technik des politischen Agierens und der rationalen Staatskonstruktion ein und setzt dies dem unerklärlichen göttlichen Willen und dem Mystizismus göttlichen Rechts entgegen. Für diese Entwicklung legten die Schriften von Bodin und Hobbes die staatstheoretische Grundlage.

d) Rationalistische Metaphysik

Hat sich im spätmittelalterlichen Denken die Erkenntnis des Naturrechts, und damit des Rechts- und Unrechtsbewußtseins, noch auf der Grundlage des Glaubens vollzogen, beginnt das neuzeitliche cartesianische Denken sich von dieser antik-mittelalterlichen Metaphysik abzulösen. Sein Ausgangspunkt sind keine aus einem göttlich gewollten und geordneten Ganzen resultierenden Prinzipien und Gesetze mehr, sondern ist die empirische Wirklichkeit. Deren Phänomene sind in ihre letzten rational feststellbaren Elemente zergliederbar und von diesen Elementen her wieder zusammensetzbar gestaltet und damit verstehbar und beherrschbar zu machen[81]. Die so gewonnene mathematisch-physikalische Naturerklärung wurde auf nicht naturwissenschaftliche Bereiche der Erfahrungswelt übertragen; dies führte auch methodisch zu einer säkularen Betrachtung von Staat, Recht und Politik[82].

e) Mechanistische Staatswissenschaft

Der voraussetzungslosen empirischen Methode folgend versucht die

---

[80] Kluxen, Die geistesgeschichtlichen Grundlagen des englischen Parlamentarismus, S. 103.
[81] Wieacker, Privatrechtsgeschichte der Neuzeit, S. 254 ff; Cassirer, Die Philosophie der Aufklärung (1932), S. 11 f.
[82] Verdroß, S. 103; Kluxen, S. 102.

mechanistische Staatswissenschaft, die konkrete Gesellschaft in die sie
bedingenden Bestandteile zu zerlegen, um aus der sich daran anschließenden Zusammenfügung Erkenntnisse über eine richtige Ordnung und deren
Gesetze zu gewinnen. Hobbes formuliert in diesem Zusammenhang:

„Die Wissenschaft, wie Staaten gegründet und erhalten werden müssen,
hat ebenso gewisse und ausgemachte Regeln wie die Arithmetik und
Geometrie."[83]

f) Naturrecht und Gesellschaftsvertrag

Die mechanistische Staatswissenschaft beruft sich wie zuvor schon die
Antike und das Mittelalter auf das Naturrecht und greift auf das der
Antike ebenfalls schon bekannte Modell des Gesellschaftsvertrags zurück.

Unter Naturrecht versteht die abendländische Rechtsphilosophie seit der
Antike ein System rechtlicher Normen,

„die für alle Menschen als Vernunftwesen, auch ohne und im Konfliktfall
sogar gegen alle positiven, insbesondere staatlichen Gesetze und Weisun-
gen, überall und jederzeit verbindlich sind."[84]

Die neuzeitlichen Staatsdenker leiten den Staat vom einzelnen und seinen
vorstaatlichen, naturrechtlich fundierten Freiheiten ab. Der sich entfaltende okzidentale Rationalismus (Max Weber) führt zum „Einbruch des
Individualismus"[85] in die überkommene, religiös bestimmte Sozialord-
nung und füllt die Ausformung eines neuen Begriffs von Staat, Recht und
Politik mit Inhalt. Die Staatsgewalt wird so zum Inbegriff ausdifferenz-
ierter und vertraglich zusammengelegter Individualrechte (Otto von Gier-
ke)[86].

---

[83] Der Leviathan, zitiert nach Verdroß, S. 115.
[84] Ilting, Art. Naturrecht, in: Geschichtliche Grundbegriffe, Bd. 4, 1978, S. 245.
[85] Verdroß, S. 255.
[86] Zitiert nach Loos/Schreiber, Art. Recht-Gerechtigkeit, S. 258.

44

g) Rationalisierung des positiven Rechts

Der Ausbildung des neuzeitlichen Staatsbegriffs korrespondiert die zunehmende Rationalisierung des positiven Rechts, die sich durch drei einander
zeitlich nachfolgende Merkmale näher bestimmen läßt:[87]

(1) Das Recht wird Satzung, also rationale und zweckgerichtete Vereinba-
rung zur Regulierung der sozialen Beziehungen. Als ordnende Regel wird
es bewußt auf die sich differenzierenden Lebensverhältnisse angewendet.
(2) Das Recht wird Satzung einer bestimmten Instanz. Es wird landesherrliche, königliche und schließlich staatliche Satzung. Vorerst wird die
an sich säkularisierte Rechtsordnung noch durch die landesherrliche
Autorität vermittelt, die ihrerseite durch das Gottesgnadentum an die religiöse Ordnung zurückgebunden ist. Die Majestät als Gesetzgeber verbürgt
die Richtigkeit des gesetzten Rechts und seinen Zusammenhang mit der
göttlichen Weltordnung.
(3) Das Recht, zunehmend in seiner Erscheinungsform als staatliches
Gesetz, wird Ausdrucksform von Souveränität. In dieser Gestalt hat es für
die der Souveränität Unterworfenen den Charakter einer befehlenden,
unbedingten Anordnung. Vom Souverän gesetzt, dient es sowohl der
Sicherung der Ordnung als auch der zweckgerichteten Sozialgestaltung.

h) Bürgerliche Öffentlichkeit im Absolutismus

Durch die Auflösung der feudalistischen Ständeordnung und den Aufstieg
der neuen bürgerlichen Gesellschaftsformation entsteht eine Konfronta-
tion zwischen nunmehr säkularem Staat und Gesellschaft aufgrund des
interessebedingten Gegensatzes seiner Trägereliten. Bis zur (gewaltsamen) Okkupation der Staatsgewalt durch das Bürgertum kommt der von

---

[87] Böckenförde, S. 154 f.

45

ihm dominierten literarischen Öffentlichkeit die politische Aufgabe zu, die Sphäre der öffentlichen Gewalt kritisch zu hinterfragen.

Mit Habermas ist zwischen repräsentativer und bürgerlicher Öffentlichkeit zu unterscheiden[88]. Repräsentative Öffentlichkeit bezeichnet den öffentlichen Charakter höfischer Repräsentanz. Die bürgerliche Öffentlichkeit entwickelt sich demgegenüber im familialen Binnenraum und bedient sich mit der Presse eines neuartigen Kommunikationsmittels. Diese zunächst literarische wird zu einer politischen Öffentlichkeit in dem Maße, in dem der Meinungsaustausch „räsonnierenden" Charakter annimmt und die öffentliche Gewalt zum Gegenstand einer kritischen Publizistik macht (S. 69 f.). Das Publikum der politisch räsonnierenden Privatleute, das in Deutschland vorwiegend in privaten Zusammenkünften seinen Ort hat, konstituiert die öffentliche Meinung. Für Habermas verläuft die Linie zwischen Privatsphäre und Öffentlichkeit „mitten durchs Haus":

„Die Privatleute treten aus der Intimität ihres Wohnzimmers in die Öffentlichkeit des Salons hinaus; aber die eine ist streng auf die andere bezogen. (...) Die Privatleute, die sich hier zum Publikum formieren, gehen nicht ‚in der Gesellschaft' auf; sie treten jeweils erst aus einem privaten Leben sozusagen hervor, das im Binnenraum der patriarchalischen Kleinfamilie institutionelle Gestalt gewonnen hat."(S. 63)

i) Inhaltliche Richtigkeit des Rechts

Das Selbstverständnis der politischen Öffentlichkeit spiegelt sich im Verständnis der Gesetzesnorm wider. Im öffentlichen Meinungsbildungsprozeß setzt sich das bessere Argument durch und stimmt infolgedessen mit der „Natur der Sache" überein. Deshalb können Gesetze, die Ausdruck der öffentlichen Meinung sind, neben den formellen Kriterien der Generalität und Abstraktheit auch Rationalität als materiales Kriterium für sich beanspruchen.

---

[88] Jürgen Habermas, Strukturwandel der Öffentlichkeit (1962), S. 17 ff.

„In diesem Sinn erklären die Physiokraten, daß allein opinion publique den ordre naturel erkennt und sichtbar macht, damit ihn dann der aufgeklärte Monarch in Gestalt genereller Normen zur Grundlage seines Handelns machen kann - Herrschaft soll auf diesem Wege mit Vernunft zur Konvergenz gebracht werden."(aaO, S. 73)

Der im Absolutismus geübten sogenannten Arkanpraxis der fürstlichen Autorität wird die öffentliche Meinung, dem Katalog geheimgehaltener Herrschaftspraktiken die Rationalität und Publizität des Rechts entgegengesetzt:

„Wie die Arkana einer Aufrechterhaltung der auf voluntas gegründeten Herrschaft, so soll Publizität der Durchsetzung einer auf ratio gegründeten Gesetzgebung dienen." (S. 72)

Die eingangs zitierte Polemik gegen Duns zeigt, daß Wieland die bürgerliche ratio der voluntas des Absolutismus entgegensetzt. Dies schließt gleichwohl für ihn in Übereinstimmung mit den Physiokraten nicht aus, daß der absolutistische Herrscher legislatorische oder exekutive Funktionen übernimmt. Die bürgerliche Forderung nach Rechtsstaatlichkeit umfaßt nach Habermas nicht notwendigerweise auch „die Konstitutionalisierung im Rahmen einer parlamentarischen (oder wenigstens parlamentarisch gebundenen) Regierungsform" (S. 102).

j) Trennung von Staat und Gesellschaft

Nach dem durch das Medium des (richtigen) Rechts zu vermittelnden bürgerlichen Freiheitsbegriff ist Freiheit die Abwesenheit von Fremdbestimmung und Möglichkeit zur Selbstbestimmung. Infolgedessen bedeutet Freiheit im politischen Bereich Staatsfreiheit, Freiheit vor staatlichem Zugriff. Während der absolutistische Polizeistaat noch keinen Begriff von einer vor staatlicher Intervention abgesicherten Gesellschaft im heutigen Sinne hatte, wird die Gesellschaft im bürgerlich-liberalen Verständnis zum Synonym der staatsfreien Sphäre. Zu ihr gehören die Bereiche Privatleben, Kirche und Religion, Kunst, Wissenschaft, Wirtschaft und öffentliche Meinung[89]. Die Trennung der Gesellschaft vom Staat soll die Scheidung von Privatheit und Öffentlichkeit gewährleisten und gilt bis heute als das Prinzip der Freiheitswahrung schlechthin[90].

Der Freiheit vom Staat korrespondiert die Freiheit zum Staat. Politische Partizipation, aktives und passives Wahlrecht, Vereins- und Koalitionsfreiheit sollen die Möglichkeit zur Selbstbestimmung im gesellschaftlichen Binnenraum durch Teilnahme an der politischen Willensbildung und den politischen Kontrollorganen sicherstellen.

2. Die Staatslehre westeuropäischer Prägung

Die rechtliche und staatliche Entwicklung der modernen Nationen Westeuropas und Nordamerikas im 16. bis 18. Jahrhundert fußt auf der Ideologie des politischen Humanismus[91]. Insbesondere die Lehren von Althusius, Locke und Montesquieu stehen stellvertretend für das Wertesystem des politischen Humanismus mit seinen Koordinaten Freiheit, Demokratie, Selbstbestimmungsrecht der Völker, Fortschritt und Weltfrieden.

Althusius (1557-1638), der als Begründer der Lehre von der Volkssouveränität gilt, verwarf die absolutistischen Herrschaftstheorien von Bodin und Hobbes. Dem Herrscher werde die höchste Gewalt durch das Volk lediglich anvertraut. Überschreite er seine Befugnis, nach gerechten Gesetzen zu verwalten und zu regieren, höre er auf, im Dienste Gottes

---

[89] Vgl. v. Arnim, Staatslehre, S. 37.

[90] Vgl. für Deutschland die kontroverse Auseinandersetzung zwischen Staatsrechtslehrern und Politikwissenschaftlern über Nutzen und Schaden dieser Unterscheidung Mitte der siebziger Jahre, zusammengefaßt bei: Böckenförde, in: Staat und Gesellschaft (1976).

[91] Vgl. Plessner, Die verspätete Nation, S. 32 ff.

und der politischen Gemeinschaft zu stehen[92]. Locke[93] entwickelte das Denken Althusius', das das ius divinum der Krone verwirft, weil die höchste Gewalt beim Volke ruhe, zu einer Theorie des Besitzindividualismus weiter. Anders als Bodin und Hobbes versteht Locke Freiheitsrechte zugleich als Abwehrrechte gegen den Staat, da die Existenz des Staates ausschließlich auf der Funktion gründe, die naturrechtlich verbürgte Trias Leben, Freiheit und Eigentum zu wahren. Locke wurde so zum prominentesten Vordenker des Liberalismus[94]. Bei Montesquieu (1689-1755) mündet die über Locke auf Althusius zurückgehende Gedankenverbindung: Freiheit - Selbstregierung des Volkes - Wahl von Volksvertretern und die daraus resultierende Forderung nach Gewaltenkontrolle in einem organisatorischen Schema: Gesetzgebende, vollziehende und richterliche Gewalt müssen voneinander getrennt sein[95].

Vorliegend wird die These vertreten, daß das politische Denken Wielands aufgrund seiner Distanz zur spekulativen Metaphysik der deutschen Naturrechtslehre und seiner Befürwortung der empirischen aristotelischen Sozialphilosophie in der eben skizzierten Traditionslinie des westeuropäischen Rationalismus und Liberalismus steht. Seine Verfassungsentwürfe knüpfen an das Gewaltenteilungsmodell Montesquieus an und unterscheiden zwischen legislativer und exekutiver Staatsgewalt. Der Idee, politische Freiheit durch die Selbstregierung des Volkes zu gewährleisten, vermag Wieland jedoch nur eingeschränkt zu folgen. Während er im „Göttlichen Recht der Obrigkeit" die Beteiligung des Volkes an der Staats- und Regierungsgewalt noch vollständig ablehnt, reklamiert er in seinen späteren Arbeiten zwar für alle Stände die Beteiligung an der politischen Willensbildung. Angesichts der in den Terror mündenden revolutionären Demokratie fordert er in seiner politischen Theorie aber vor allem die Freiheit vom, und weniger die Freiheit zum Staat.

---

[92] Althusius, Politica methodica digesta (1603/14), XVIII 41; vgl. Zippelius, Geschichte der Staatsideen, S. 106.

[93] John Locke, Zwei Abhandlungen über die Regierung (1690).

[94] Verdroß, S. 115.

[95] Montesquieu, De l'esprit des lois (1748), XI 6.

3. Entwicklung in Deutschland

a) Absolutistisches Naturrecht

Die deutsche Staatsrechtslehre des 18. Jahrhunderts unterscheidet zwischen natürlichem und positivem Staatsrecht.

Gegenstand der positiven Staatsrechtslehre ist das geltende, positive Staatsrecht in gewohnheitsrechtlicher oder kodifizierter Form, und hier vor allem das Reichsstaatsrecht. Das Heilige Römische Reich Deutscher Nation hatte sich im öffentlichen Recht seine verblaßte politische Bedeutung bewahrt, während das Recht der rückständigen deutschen Territorialstaaten wenig Anlaß für eine wissenschaftliche Bearbeitung bot.

Gegenstand der natürlichen Staatsrechtslehre ist nicht das positive, sondern das richtige Recht[96]. Hauptvertreter seiner älteren, absolutistischen Richtung sind Samuel Pufendorf (1632-1694) und Christian Wolff (1679-1754). Die rechtsphilosophischen Systeme dieser Autoren hatten großen Einfluß auf die entstehenden rationalistischen Gesetzeswerke ihrer Zeit.

Pufendorf[97] wählt anders als Hobbes und Locke nicht das isolierte Individuum und seine abstrakte schrankenlose Freiheit zum Ausgangspunkt seiner Lehre, sondern - darin der traditionellen Naturrechtslehre folgend - einen von Natur aus sozialen Menschen. Damit tritt für Pufendorf die Pflichtennatur des Individuums gegenüber dem Begriff des subjektiven Rechts in den Vordergrund[98]. Der Staat beruht wie bei Hobbes auf gegenseitigem Übereinkommen zum Schutz der Menschen voreinander (II.5).

---

[96] Vgl. Grimm, Die deutsche Staatsrechtslehre zwischen 1750 und 1945, in: ders., Recht und Staat der bürgerlichen Gesellschaft (1987), S. 291 ff.
[97] Samuel Pufendorf, De officio hominis et civis iuxta legem naturalem libri duo (1673), I, Kap. III.
[98] Verdroß, S. 125.

Die Erkenntnis des natürlichen Gesetzes wird jedoch nicht aus der Vernunft des Menschen abgeleitet, sondern mittels der Vernunft durch die Betrachtung der Natur des Menschen festgestellt[99]. In seinem Spätwerk versagt Pufendorf den Herrschaftsunterworfenen jedes Widerstandsrecht gegen fürstliche Willkür, da selbst der grausamste Fürst der Vater des Vaterlandes sei (II.9).

Wolff[100] nimmt die Existenz natürlicher Freiheitsrechte des einzelnen an, die dieser im Gesellschaftsvertrag zugunsten der fürstlichen Souveränität aufgibt. Der Herrscher ist lediglich an den Staatszweck des Gemeinwohls bzw. gemeinen Besten gebunden. Die Erkenntnis des natürlichen Rechts vollzieht sich bei Wolff ebenfalls aus der Anschauung der unveränderlichen Natur des Menschen, dessen höchstes Ziel seine Vervollkommnung ist. Den Herrschaftsunterworfenen wird ein Widerstandsrecht für den Fall eingeräumt, daß der „Oberherr" etwas „befehlen sollte, was dem gebietenden oder verbietenden natürlichen Gesetz entgegensteht"[101].

Pufendorf und Wolff integrierten das positive Recht ihrer Zeit in ihre naturrechtlichen Systeme, denn sie betrachteten das bestehende Recht als ein notwendiges Mittel zur Erreichung der menschlichen Ziele[102]. Infolgedessen findet die revolutionäre Stoßrichtung der englischen und französischen Sozialphilosophie in der deutschen Staatsrechtslehre des 18. Jahrhunderts wenig Anklang. Erik Wolf[103] hat diese Entwicklung auf einen griffigen Nenner gebracht:

„Es war nicht viel mehr als die Anregung zu einer neuen Gesetzgebung überhaupt, was von den französischen Schriftstellern dem deutschen Rechtsdenken zugekommen ist. 'Voulez-vous avoir de bonnes lois? Brûlez

---

[99] Verdroß, S. 124.
[100] Christian Wolff, Institutiones iuris naturae et gentium, in quibus ex ipsa hominis natura continuo nexu omnes obliationes et iura omnia deducuntur, 1752, 837.
[101] Wolff, 1079.
[102] Verdroß, S. 134.
[103] Erik Wolf, Große Rechtsdenker, S. 425.

les vôtres et faites-en de nouvelles'[104] hatte Voltaire im 'Dictionnaire Philosophique' gemeint. Dabei lag für ihn der Ton am stärksten auf der Destruktion der alten Nomoi, weniger dachte er an die Konstruktion der neuen. Anders in Deutschland. Hier hatte sich das Naturrecht zwar im Kampf mit den Theologen, aber nicht mit dem Staat entwickelt. Seit Grotius und Pufendorf suchte man es mit der überlieferten Praxis und mit dem geltenden Gesetz möglichst eng zu verknüpfen."

Den Grund hierfür sieht Wolf darin, daß die gedanklichen Grundlagen der literarischen Wegbereiter der Französischen Revolution auch von der älteren deutschen Naturrechtslehre Althusius', Leibniz' und Pufendorfs beeinflußt waren und die Rezeption der ersteren in Deutschland unter Vernachlässigung ihrer revolutionären Wendung an das Überkommene anknüpfen konnte (S. 424).

Die von Dilthey als „preußisches Naturrecht"[105] bezeichnete besondere Erscheinungsform des deutschen Rechtsdenkens bot schon Schiller Anlaß zu Spott:

„Verlaßt der wilden Wölfe Stand
und knüpft des Staates dauernd Band
So lehren vom Katheder
Herr Pufendorf und Feder."[106]

b) Aufgeklärt-absolutistisches Naturrecht

Zeitgleich mit der Durchsetzung des aufgeklärten Absolutismus in Preussen und Österreich spiegelt sich in der allmählichen Veränderung des Naturrechtsdenkens die Wendung vom Polizeistaat zum Wohlfahrtsstaat und vom Gottesgnadentum des Fürsten zum aufgeklärten Herrscher wider, der sich als Diener und Erzieher der ihm anvertrauten Untertanen

---

104 Franz.: „Wollen Sie gute Gesetze haben? Verbrennen Sie Ihre und machen Sie neue."
105 Zit. nach Wolf, S. 423. Die Formulierung von Dilthey bezog sich konkret auf das Preußische Allgemeine Landrecht von 1794.
106 Zit. nach Wolf, S. 465.

verstehen sollte[107]. Als Vertreter dieses aufgeklärten Naturrechtsdenkens sind K. A. v. Martini[108] und H. G. Scheidemantel[109] zu nennen.

Durch die Betonung der Pflichtenseite der fürstlichen Rechtsposition und die Herausbildung staatszweckneutraler Daseinsbereiche wuchs der individuelle Freiheitsraum. Aufgrund der überlegenen Einsicht des Herrschers in das „gemeine Beste" blieb die individuelle Glückseligkeit allerdings in den Staatszweck miteinbezogen, eine Selbstbestimmung der Individuen durch institutionelle Freiheitssicherung und politische Teilhaberechte noch ausgeschlossen[110].

c) Liberales Naturrecht

Die Französische Revolution gab dem liberalen Naturrecht westlicher Prägung auch in Deutschland vorübergehend Auftrieb[111]. Anders als im absolutistischen und aufgeklärt-absolutistischen Naturrecht übertragen die Individuen gemäß der liberalen Theorievariante Lockes ihre vorstaatlichen Rechte im Gesellschaftsvertrag nicht mehr vollständig auf den Staat; vielmehr wird er gerade im Hinblick auf den Schutz dieser als unveräußerlich betrachteten Rechte gegründet.

Zuvor hatte Kant die rationalistische Metaphysik von Descartes bis Wolff als „eine(r) ganz isolierte(n) spekulative(n) Vernunfterkenntnis, die sich gänzlich über Erfahrungsbelehrungen erhebt und zwar durch bloße Begriffe"[112], überwunden. Die rationalistische Sozialphilosophie bedroht für Kant die Freiheit, da sie unter Anwendung der mathematisch-naturwissenschaftlichen Methode die soziale menschliche Natur als einen

---

107 Wolf, S. 424.
108 K. A. v. Martini, Lehrbegriff des Natur-, Staats- und Völkerrechts (1784).
109 H. G. Scheidemantel, Das Staatsrecht nach der Vernunft und den Sitten der vornehmsten Völker betrachtet (1770-1773).
110 Vgl. Grimm, S. 292.
111 Grimm, S. 293.
112 Kant, Kritik der reinen Vernunft, 2. Aufl. 1787, Vorrede.

vom Kausalgesetz beherrschten Mechanismus ansieht. Durch dieses Denken würden Freiheit und Sittlichkeit letztlich verneint. Die Verbindlichkeit des Sittengesetzes sei infolgedessen nicht aus der Natur des Menschen abzuleiten, das Sollen folge nicht aus der vernünftigen Erkenntnis des Seins, sondern könne nur a priori aus der reinen Vernunft hergeleitet werden[113].

Kant unterscheidet in seiner „Kritik der reinen Vernunft" zwischen reiner Sensual- und reiner Intellektualphilosophie, zwischen naturalistischer und szientifischer (dogmatischer und skeptischer) Methode, denen er seine kritische Methode gegenüberstellt[114]. Seine Argumentation gegen eine spekulative Vernunfterkenntnis, die sich über jede Erfahrungsbelehrung erhebt, durchzieht auch das politische Werk Wielands[115], dessen erkenntnistheoretische Prämissen an der Empirie des Aristoteles und dem Sensualismus Epikurs orientiert sind.

Während Kant aber über seine Trennung der Erscheinungswelt von der Wirklichkeit an sich, über die Unterscheidung von homo phainomenon und homo noumenon[116] eine Metaphysik der bürgerlichen Freiheit entwickelt, begibt Wieland sich mit seiner (im Sinne Kants) naturalistischen Methode, wie er sie im „Göttlichen Recht der Obrigkeit" vertritt, in eine Sackgasse. Er muß erkennen, daß er dadurch ungewollt den realgeschichtlichen Status quo der individuellen Unfreiheit im Absolutismus legitimiert. Dieses Dilemma wird von ihm erst mit der Übernahme der liberalen Staatslehre und ihrer Trennung von Staat und Gesellschaft überwunden, ohne daß er hierfür seine erkenntnistheoretischen Prämissen aufgeben müßte.

In den politischen Theorien anderer Autoren des liberalen Naturrechts weist der Schutz der Individualfreiheiten, teilweise über Kant hinauswei-

---

113 Verdroß, S. 136, 138.
114 Kant, Kritik der reinen Vernunft, 1. Aufl. 1781, 4. Hauptstück, letzter Absatz.
115 Vgl. unten Teil C, S. 213, Fußnote 86.
116 Gr.-lat.: homo phainomenon = empirischer Mensch; homo noumenon = Mensch als Träger der Vernunft.

send, Rechtscharakter auf und zielt auf ihre institutionelle Verbürgung in einer Verfassung. Die jakobinischen Forderungen nach Volkssouveränität und Demokratie werden gleichwohl nicht vertreten[117].

---

117 K. H. Heydenreich, Grundsätze des natürlichen Staatsrechts, und seine Anwendung, I - II (1795); G. Hufeland, Lehrsätze des Naturrechts (1790).

B. Politische Publizistik

I. Einleitung

Wieland veröffentlichte in seiner belletristischen Zeitung, dem „Teutschen Merkur" (1773-1789) und später dem „Neuen Teutschen Merkur" (1790-1810), bis 1794 zahlreiche politische Essays, in denen er sich mit den Grund- und Menschenrechten, Rechtsstaatlichkeit, Gesetzgebung, Souveränität, Gewaltenteilung und anderen Fragen der richtigen Staatsform gleichermaßen auseinandersetzt wie mit den damals beliebten Spekulationen über den vorstaatlichen Zustand des Menschen und mit der Theorie des Gesellschaftsvertrages. Er diskutiert neben der politischen Philosophie der Aufklärung die antiken Staatsdenker und hier insbesondere die aristotelische Regierungslehre.

Wieland entwickelt sich erst im Verlauf einer jahrzehntelangen Auseinandersetzung mit Staat und Recht zu einem Vertreter des politisch aufgeklärten Liberalismus, der die Schaffung staatszweckneutraler Daseinsbereiche durch eine Trennung von Staat und Gesellschaft fordert. Die Institutionalisierung und Ausbalancierung politischer Herrschaft ist in seinen Verfassungsentwürfen zwar gewaltenteilig ausgestaltet, jedoch nicht im Sinne einer funktionellen Gewaltenteilung zwischen Legislative, Exekutive und Judikative. Sie erfolgt vielmehr nach Maßgabe der von Montesquieu modifizierten aristotelischen Mischverfassung, in der die politische Herrschaft im Staat zwischen Adel bzw. städtischem Patriziat, Bürgertum und Volk verteilt wird. Die Bedeutung weiterer Sicherungsmechanismen, etwa von Abwehrrechten der (bürgerlichen) Gesellschaft gegenüber dem (absolutistischen) Staat, wird zwar erkannt, ihre verfassungsmäßige Verankerung aber nicht diskutiert. Wieland lehnt numerische parlamentarische Repräsentation ab und verkennt die Funktion des Parlamentarismus, oppositionelle Kräfte in den Prozeß der politischen Entscheidungsfindung miteinzubeziehen. Allerdings geben die publizistischen Schriften das Verständnis Wielands von Politik, Staat und Recht nicht vollständig wieder bzw. lassen gewisse Defizite zutage treten, wie später der Vergleich mit der fiktionalen politischen Dichtung unseres Autors zeigt.

II. Die Texte im einzelnen:

Im Bereich der politischen Essayistik läßt sich die Entwicklung des Staats- und Rechtsdenkens Wielands schwerpunktmäßig anhand von vier Schriften nachzeichnen:

- „Über das göttliche Recht der Obrigkeit, oder über den Lehrsatz: „Daß die höchste Gewalt in einem Staate durch das Volk geschaffen sei" (1777)
- „Eine Lustreise ins Elysium" (1787)
- „Das Geheimnis des Kosmopoliten-Ordens"(1788) und
- „Gespräche unter vier Augen" (1798).

Den direktesten Bezug zur damaligen politischen und sozialen Wirklichkeit in Deutschland stellt die Aufsatzsammlung

- „Über die Französische Revolution" (1789-94)

her, die deshalb im Zusammenhang mit den anderen, überwiegend theoretischen Abhandlungen ergänzend einbezogen wird.

1. „Über das göttliche Recht der Obrigkeit"

Die Schrift „Über das göttliche Recht der Obrigkeit" entstand in der Auseinandersetzung Wielands mit den politischen Ansichten des Kasseler Professors Dohm, die mit einem Aufsatz Dohms im „Deutschen Museum" vom September 1769 einsetzt.

a) Inhalt

Dohm hatte es als „große Wahrheit" begrüßt,

„daß in einem Staat keine Gewalt von oben herab dem Volk aufgedrückt, sondern allemal von unten herauf durch das Volk (...) geschaffen sei."[118]

Dagegen vertritt Wieland die paternalistische Ansicht, daß das Volk, einem ewigen Kind vergleichbar, allein durch die väterliche Gewalt eines Monarchen regiert werden könne.

Im Zusammenhang mit der Frage nach der höchsten Gewalt im Staat, also der Souveränität, gelangt Wieland zu einer allgemeinen Ableitung politischer Herrschaft vom Recht des Stärkeren, das zugleich als göttlich bezeichnet wird. Er versucht damit einen Beitrag zu der Frage zu leisten, „ob die obrigkeitliche Gewalt Gottes Ordnung oder bloße Menschensatzung sei", d. h. von göttlichem Recht abgeleitet werde oder auf gesellschaftsvertraglicher Übereinkunft beruhe. Letztgenannte Ansicht wird er als rein akademisch verwerfen, während für ihn das (Herrschafts-)Recht des Stärkeren „Jure Divino" die wahre Quelle aller obrigkeitlichen Gewalt ist. Denn dieses Recht folge aus dem „höheren Recht der Natur der Dinge", also der natürlichen - und damit göttlichen - Weltordnung.

Zunächst stellt Wieland die Naturbedingtheit und -notwendigkeit einer Herrschaft von Menschen über Menschen heraus:

„Der Urheber der Natur hat also durch eben den Akt, durch den er Menschen machte, das ewige Gesetz der Notwendigkeit promulgiert: daß sie regiert werden müssen; und - so ist alle obrigkeitliche Gewalt an sich betrachtet göttlichen Rechts."

Sodann werden die Rollen der Herrscher und Beherrschten festgelegt:

---

118 Zit. nach Lenz (Hg.), Staatsdenken, S. 165 ff. Der Aufsatz ist nicht in den „Sämmtlichen Werken" abgedruckt.

„Die Natur gibt dem Schwächern im Stärkern einen Beschützer, einen Vater. Dies ist ihr großes Gesetz. (...) Sobald er nur einen Reiter auf seinem Rücken fühlt, der seiner mächtig ist, so gibt er sich zufrieden, folgt dem Zügel und duldet den Sporn."

Denn für Wieland liegt in der

„menschlichen Natur ein angeborener Instinkt, denjenigen für unsern natürlichen Obern, Führer und Regenten zu erkennen und uns willig von ihm leiten und meistern zu lassen, dessen Obermacht wir fühlen".

Dieser Zustand sei dem Verhältnis zwischen Eltern und Kindern vergleichbar:

„Ich habe behauptet: daß die Völker aus eben dem Grund natürlicher Notwendigkeit der obrigkeitlichen Gewalt unterworfen sind, um dessentwillen die Kinder natürliche Untertanen ihrer Eltern sind."

Der von Dohm aufgegriffene Gedanke der Volkssouveränität wird verworfen. Das Volk sei von „Natur und Notwendigkeit wegen" unvermögend, sich selbst zu regieren. Infolgedessen könne es nicht die höchste politische Gewalt im Staat innehaben. Vielmehr zeige die Geschichte, daß die Völker sich gerne „unter eine erbliche Regierung schmiegen". Das Volk verehre eine festgesetzte Folge von Kron- und Erbprinzen mit derselben Andacht, mit der die Heiligen Drei Könige das Knie vor Jesus Christus beugten. An dieser Tatsache änderten auch die „Herren Philosophen und Staatsgelehrten", die die „Welt regieren helfen" möchten, nichts, da sie nicht einmal der zehntausendste Teil des Volkes seien, „zu dessen ungebetenen Vertretern sie sich aufwerfen". Der „gemeine Mann"

„nimmt seinen Regenten, gut oder schlimm, als ihm von Gott gegeben an, und ein böser Herr müßte beinah der Dedschial selbst sein, bis dem Volk einfiele, die Frage aufzuwerfen: ob es auch wohl schuldig sei, alles von ihm zu leiden?"

59

Infolgedessen haben auch der mit der Volkssouveränität verknüpfte Repräsentationsgedanke (Selbstregierung des Volkes) und das Wahlrecht vor seinem Urteil keinen Bestand. Zum einen vergessen die vorgeblichen Repräsentanten einer Nation alle Augenblicke die Rolle,

„die man ihnen zu spielen gegeben hat, und auch, wenn sie's am besten zu machen scheinen, doch immer nur sich selbst repräsentieren."

Zum anderen sei es jedem (potentiellen Wahl-)Volk im Grunde „einerlei, ob der Oberherr, der ihm gegeben wird, dazu geboren oder erwählt sei."

Nach diesem geschichtlichen Befund kann Wieland nur noch die Empfehlung des Apostel Paulus geben:

„Ihr Kinder, seid gehorsam den Eltern in allen Dingen, denn dies ist dem Herrn gefällig! Ihr Väter erbittert eure Kinder nicht, auf daß sie nicht scheu werden!"

Die Gedankenführung der soeben skizzierten Schrift enthält mehrere logische Brüche, die Wieland auch in seinem späteren Rettungsversuch in „Eine Lustreise ins Elysium" nicht überbrücken kann.

Zunächst wird der Versuch unternommen, Herrschaft als ein naturgegebenes Recht des Stärkeren darzustellen. Sodann wird ausgeführt, daß sich die Völker gewohnheitsmäßig erblicher Herrschaft unterstellen. Die argumentativ unhaltbare Gleichsetzung von physischer und traditionaler Herrschaft scheint Wieland selbst so wenig zu überzeugen, daß er anschließend die Behauptung aufstellt, es sei dem Volk letztlich einerlei, welcher Herrschaft es unterstehe, um daran wiederum die paradoxe Forderung zu knüpfen, daß es seinem jeweiligen Herrn - wie ein Kind den Eltern - Gehorsam schulde.

Das „göttliche Recht" liest sich wie die Auftragsarbeit für einen frühabsolutistischen Fürsten und setzte Wieland der massiven Kritik der damaligen bürgerlichen Öffentlichkeit aus. Für den Literaten und Philosophen Friedrich Heinrich Jacobi (1743-1819) war die Schrift gar Anlaß, den

Kontakt zu Wieland abzubrechen. Seine Erwiderung erschien 1781 im von Dohm herausgegebenen „Deutschen Museum" unter dem Titel „Über Recht und Gewalt oder philosophische Erwägungen eines Aufsatzes von dem Herrn Hofrat Wieland über das göttliche Recht der Obrigkeit im deutschen Merkur, November 1777"[119]. Wieland distanzierte sich später von seiner Schrift und wollte sie als ironische Auseinandersetzung mit den aufklärerischen Vertragstheorien aufgefaßt wissen[120]. Die zentrale These vom Herrschaftsrecht des Stärkeren durchzieht indessen das gesamte politische Werk Wielands, so daß der Rückzug auf eine ironische Position nicht überzeugt. Obwohl Wieland der Auffassung war, Jacobi gehe in seiner Erwiderung mit 120 Kanonen gegen eine von ihm aufgerichtete „Rabenhütte" vor[121], sah er sich seinerseits veranlaßt, mit der klarstellenden Publikation „Eine Lustreise ins Elysium" zu reagieren. Während Wieland sich von seiner Schrift letztlich dadurch distanzierte, daß er von ihrer Aufnahme in die erste Göschen-Ausgabe der „Sämmtlichen Werke" (1794 ff.) absah, ist die das paternalistische Denken Wielands literarisch umsetzende Verserzählung „Schach Lolo" (1777) der ersten Ausgabe der „Sämmtlichen Werke" beigegeben.

b) Erkenntnistheoretische Grundlagen

Der Essay stellt durchaus keine politische „Entgleisung" Wielands dar, wie dies damals wie heute oft behauptet wird, sondern enthält zentrale und unrevidiert bleibende Elemente seiner politischen Philosophie und Erkenntnistheorie, die aus seinem aristotelischen, an der Welt der Erscheinungen orientierten Politikverständnis folgen.

Wieland will seine Ableitung politischer Herrschaft vom Recht des Stär-

---

[119] Deutsches Museum (1781), I S. 522-54.

[120] Zu den Reaktionen und Wielands Rechtfertigung ausführlich Jaumann, Politische Vernunft, anthropologischer Vorbehalt, dichterische Fiktion, S. 465 ff.

[121] Brief an Merck vom 8. Juni 1781; abgedruckt bei: Thomas C. Starnes, Christoph Martin Wieland, Bd. 2, S. 699 f.

keren infolgedessen als empirische Tatsache und nicht affirmativ verstanden wissen. Nichtsdestoweniger begibt er sich mit seinem erkenntnistheoretischen Ausgangspunkt in diametralen Gegensatz zur herrschaftskritischen spekulativen Gesellschaftsvertragstheorie der Philosophie der Aufklärung.

Kant arbeitet in seiner „Kritik der reinen Vernunft"[122] die Gegensätze der beiden Hauptrichtungen philosophischer Vernunfterkenntnis heraus. Mit Hilfe dieser Unterscheidung läßt sich auch Wielands Konflikt mit der spekulativen Naturrechtslehre verdeutlichen.

Kant differenziert die unterschiedlichen erkenntnistheoretischen Prämissen beider Richtungen in dreifacher Hinsicht:

(1) In bezug auf den *Gegenstand* reiner Vernunfterkenntnis ist zwischen Sensualphilosophie und der Intellektualphilosophie zu unterscheiden. Die Sensualphilosophie räumt nur dem sinnlich Erfahrbaren Wirklichkeit ein; als ihr Hauptvertreter ist Epikur zu nennen. Für die Intellektualphilosophie haben nur Verstandesbegriffe Realität, alles andere ist Schein; ihr Hauptvertreter ist Plato.

(2) In bezug auf den *Ursprung* reiner Vernunfterkenntnis. Dieser wird von den Empiristen aus der Erfahrung abgeleitet (Aristoteles, Locke); von den Noologisten aus der Vernunft selbst als eigentlicher Erkenntnisquelle (Plato, Leibniz).

(3) In bezug auf die *Methode* reiner Vernunfterkenntnis, die eine naturalistische und eine szientifische Richtung kennt. Der Naturalist behauptet, daß sich durch die

„gemeine Vernunft ohne Wissenschaft (...) in Ansehung der erhabensten Fragen (...) mehr ausrichten lasse als durch Spekulation."

Die szientifische Methode unterteilt sich in eine dogmatische (Wolff) und

---

122 Kant, Kritik der reinen Vernunft, 1. Ausgabe 1781, II. (Transzendentale Methodenlehre, Viertes Hauptstück: Die Geschichte der reinen Vernunft).

eine skeptische Richtung (Hume). Beiden Richtungen ist zu eigen, daß sie systematisch vefahren.

Der Einteilung Kants folgend, ist Wielands philosophisches Denken im Gegensatz zur spekulativ-dogmatisch verfahrenden rationalistischen Metaphysik sensualistisch-empirisch-naturalistisch. Für die Lehre vom Gesellschaftsvertrag finde sich in einer konkreten Gesellschaft kein empirischer Beweis. Infolgedessen spricht er der Gesellschaftsvertragstheorie die herrschaftskritische Stoßkraft ab und wirft ihren Vertretern Weltfremdheit vor.

c) Wissenschaftsgeschichtliche Einordnung

Die Stellungnahmen zweier bekannter Juristen zu Wielands „Göttlichem Recht der Obrigkeit" und seiner Auseinandersetzung mit Jacobi legen eine weitere Dimension dieser Schrift frei. Sie sind Ausdruck des sich in der zweiten Hälfte des 18. Jahrhunderts vollziehenden Verständniswandels im Hinblick auf die wissenschaftlichen Erkenntnismöglichkeiten von Recht und Politik, der in die Erkenntnistheorie Kants mündet und Wielands Ausführungen zum Gegenstand auch methodologisch in Frage stellen wird.

Der Schwager Goethes, Johann Georg Schlosser (1739-1799), schrieb im November 1781 an den Juristen und Publizisten Heinrich Christian Boje (1744-1806):

„Vor elf Monaten hatte ich einen großen Dialog für Sie über die Gesetzgebung. Aber als ich am Ende war, warf ich ihn selbst ins Makulatur. Ich hatte dabei ziemlich auf Wielands und Jakobis Fehde vom Königs Recht geritten. Als ichs aber am Licht besahe, fand ich non est tanti. Wieland und Jakobi sind beide keine - wenigstens gewiß keine politische - Philosophen, in der Sache wissen wenigstens beide gewiß nicht, was sie wollen(...)"[123].

---

123 Zit. nach Starnes, Bd. 2, S. 625.

Schlosser, politisch dem süddeutschen Liberalismus verbunden, war wie Wieland Anhänger der Aufklärung und Mitglied einer Geheimgesellschaft[124]. Seine 1789 veröffentlichten „Briefe über die Gesetzgebung überhaupt und den Entwurf des preußischen Gesetzbuchs insbesondere" kritisieren den Entwurf des preußischen Allgemeinen Landrechts (ALR) aus Sicht des bürgerlich-liberalen Rechtsdenkens. Der von ihm makulierte „Dialog über die Gesetzgebung" fügt sich thematisch in den Zusammenhang seiner späteren Publikation.

Das „non est tanti"[125] Schlossers verdeutlicht zunächst, daß die von Schneider[126] aufgeworfene Frage, welchen Beitrag Nichtjuristen zur Rechtsdiskussion leisten können, durchaus nicht neu ist. Unabhängig von der Frage nach der fachlichen Qualität der geführten Auseinandersetzung weist der scheinbar unzeitgemäße Disput zwischen Wieland und Jacobi jedoch darauf hin, daß sich zu dieser Zeit ein Funktions- und Methodenwandel in der Politik bzw. der Staatslehre vollzieht. Einen Anknüpfungspunkt für diese These bietet zunächst die oben zitierte abfällige Bemerkung Schlossers. Er behauptet, Wieland und Jacobi seien keine „- jedenfalls keine politische(n) - Philosophen". Konsequenterweise müßte dann aber auch der Jurist Schlosser freiwillig Verzicht bezüglich dieser Disziplin üben. Es ist aber zu zeigen, daß die Aussage Schlossers wissenschaftsgeschichtlich in eine Zeit fällt, in der die Politik bzw. politische Philosophie begrifflich als Allgemeine Staatslehre gefaßt und der Rechtswissenschaft zugeordnet wird. Infolgedessen konnte Schlosser sich hier für zuständig erklären.

Seit der frühen Neuzeit wurde unter der traditionellen „Politik" eine auf dem gleichnamigen Werk des Aristoteles aufbauende, zwischen Monarchie, Aristokratie und Demokratie unterscheidende Staats- oder Regie-

---

124 Zur Biographie Schlossers: Grimm, Recht und Staat der bürgerlichen Gesellschft, S. 85, unter Hinweis auf J. Jung, ADB 31, S. 544.
125 Lat. : „Es ist nicht der Mühe wert."
126 Oben, Kapitel A, IV 5 (Exkurs), S. 30.

rungslehre verstanden[127]. Im Verlauf des 18. Jahrhunderts kommt es zu einer Auffächerung der „Politik" in eine Mehrzahl von Staatswissenschaften. Am Ende des 18. Jahrhunderts wird nur noch von „Staatswissenschaft" und „Allgemeiner Staatslehre" gesprochen, wenn die institutionellen Aspekte von Staat und Verfassung erörtert werden.

Zugleich findet eine „Ent-Ethisierung"[128] der Politik statt. Die aristotelische Tradition der Verknüpfung von Politik und Ethik im Sinne eines umfassenden „guten Lebens" wird aufgegeben und unter Politik nur noch „Staatsklugheitslehre" (Wirtschaftspolitik, Agrarpolitik, etc.) verstanden. Das alte Kernstück der Politik, eine allgemeine politische Theorie, jetzt als „Allgemeine Staatslehre" bezeichnet, wird wiederum im Gegensatz zur Politik Aristoteles' ihres empirischen Bezugs beraubt und beschränkt ihre Aussagen auf den theoretischen philosophischen Diskurs[129] der rationalistischen Metaphysik.

Vor diesem Hintergrund verwendet der Jurist Schlosser in seiner oben zitierten Bemerkung über Wieland und Jacobi zwar noch den traditionellen (institutionellen) Politikbegriff. Offenbar fällt für Schlosser „politische Philosophie" aber bereits als „Allgemeine Staatslehre" in die fachliche Zuständigkeit seiner Disziplin.

Dagegen wahrt Wieland bei seiner Ableitung politischer Herrschaft vom Recht des Stärkeren den empirischen Bezug und wählt damit bereits einen anderen methodischen Ansatzpunkt. Schlosser kann die Auseinandersetzung zwischen Wieland und Jacobi nicht den abstrakten Kategorien seiner Staatslehre unterordnen und wirft seinen „Dialog über die Gesetzgebung" „in's Makulatur".

Nach Maßgabe eines anderen Wissenschaftsverständnisses gelangt Schlosser zu dem Schluß, Wieland verstehe nichts von politischer Philosophie. Es ist offensichtlich, daß Wieland dagegen politische Philosophie

---

[127] Hans Boldt, Einführung in die Verfassungsgeschichte (1984), S. 131.
[128] Boldt, S. 137.
[129] Boldt, S. 136.

noch im klassisch-aristotelischen Sinne als praktische Wissenschaft mit ihren Bezügen zu Empirie und Ethik versteht. Umgekehrt wird Wielands scheinbar gehässige Kritik an den „Herren Philosophen und Staatsgelehrten" im „Göttlichen Recht" verständlich, deren spekulative Vertragstheorien nichts an dem von Wieland behaupteten empirischen Befund der bestehenden Herrschaftsverhältnisse ändern.

„Das göttliche Recht der Obrigkeit" stellt somit eine Kritik Wielands an dem sich wandelnden (wissenschaftlichen) Politik- und Rechtsverständnis seiner Zeit dar. Damit ging er auf Konfrontationskurs zu einer damals fortschrittlichen bürgerlichen Ideenlehre, die angetreten war, die Legitimität der überkommenen politischen Herrschaft theoretisch in Frage zu stellen. Das Denken Wielands wirkt insoweit fast zwangsläufig „systemstabilisierend".

Der bekannte Staatsrechtler und Publizist August Ludwig Schlözer (1735-1809) nannte Wieland in seinem „Allgemeinen Staatsrecht" von 1793 „in Deutschland den letzten wichtigen Mann, der die originem majestatis a Deo in Schutz nahm", eine Position, die sich (vom Boden des gewandelten Politikverständnisses aus betrachtet) nicht mehr ins 18. Säculum schicke[130].

Auch Schlözers Vorstellungen sind von der naturrechtlichen Gesellschaftsvertragstheorie geprägt. Er unterscheidet die rationale Konstruktion des Gesellschaftsvertrags (pactum unionis) von der des eigentlichen Staatsgründungsvertrags (pactum subjectionis). In der Analyse werden beide Bereiche unterschiedlichen wissenschaftlichen Disziplinen zugeschlagen, der Gesellschaftsvertrag der „Metapolitik" bzw. „Metaphysik", der Staatsgründungsvertrag der Staatslehre im engeren Sinne[131]. Auch hier werden Recht und Staat von ihren gesellschaftlichen Bedingungen abstrahiert, aus der Allgemeinen Staatslehre entwickelt sich eine theoretische Disziplin.

---

130 August Ludwig Schlözer, Algemeines Staatsrecht und Staatsverfassungslehre (1793), S. 92, 184; zit. nach Jaumann, S. 468 f.
131 Boldt, S. 139.

Wielands methodischer Ausgangspunkt ist dagegen die Gesellschaftlich-
keit von Staat und Recht. In Übereinstimmung mit den späteren Befunden
der „Gesellschaftswissenschaften" des 19. Jahrhunderts (Saint-Simon,
Tocqueville, Marx, Lasalle, etc.) sind Ausgangspunkt seiner Analyse
keine metaphysischen Überlegungen, sondern - wie das „Göttliche Recht"
und die diese Auseinandersetzung begleitende Verserzählung „Schach
Lolo" zeigen - die realen Eigentums- und Herrschaftsverhältnisse einer
Gesellschaft. So gesehen vertritt er einen erkenntnistheoretischen Ansatz,
der sich, um die Formulierung Schlözers zu variieren, *noch* nicht ins 18.
Säculum schickt, ohne allerdings die herrschaftskritische Schlußfolgerung
ziehen, daß die Eigentumsverhältnisse zu verändern seien.

d) Anthropologisches Naturrecht

Obwohl Wieland die jeweils bestehenden politischen Herrschaftsverhältnisse im Gegensatz zu den Naturrechtslehren seiner Zeit als göttlich legitimiert ansieht, ist seine Schrift ein Zeugnis des anthropologischen Naturrechtsdenkens der Aufklärung[132]. Auch für Wieland folgt die Ableitung
von Sollenssätzen aus der Natur bzw. dem Wesen des Menschen. Nicht die
christlichen Gebote oder das römische Corpus iuris, sondern die
(angebliche) Natur des Menschen bzw. die Natur der Dinge werden zur
Quelle des Rechts erhoben. Die Lebensverhältnisse des Menschen sind
nicht nur faktische Gegebenheit, sondern zugleich ihr rechtlicher Maßstab: Sie haben normative Bedeutung. In diesem Zusammenhang steht
auch der Begriff der „Natur der Sache", oder mit den Worten Wielands:
der „Natur der Dinge". Nach einer klassisch-aristotelischen Formulierung
Dernburgs tragen Lebensverhältnisse, „wenn auch mehr oder weniger

---

[132] Zum Begriff: Verdroß, S. 226 ff.

entwickelt, ihr Maß und ihre Ordnung in sich. Diese den Dingen inne-
wohnende Ordnung nennt man Natur der Sache."[133]

Leitbild des modernen Naturrechtsdenkens ist das klassische Naturrecht
der griechischen Antike. Schon der Vorsokratiker Antiphon schloß aus
Übereinstimmungen bei der natürlichen Beschaffenheit der Menschen auf
ihre Gleichberechtigung[134]. Wie die Ausführungen Wielands zeigen, läßt
sich dieses Argumentationsmuster gleichermaßen zur Begründung der
naturgegebenen Ungleichheit der Menschen heranziehen. Mit Kallikles ist
der bekannteste antike Vertreter der These Wielands vom naturgegebenen
Vorrecht des Stärkeren zu nennen[135]. Im neuzeitlichen Rechtsdenken
kommt dieser Position Baruch Spinoza (1632-1677) am nächsten. Danach
handelt ein Mensch „in allem, was er nach den Gesetzen seiner Natur tut,
nach dem höchsten Recht"[136]. Macht und Recht sind identisch, das Recht
eines jeden reicht so weit, wie seine Macht reicht.

Wieland sieht insoweit übereinstimmend mit den anthropologischen
Naturrechtstheorien die Natur des Menschen als Quelle des Rechts an. Mit
Kallikles und Spinoza gelangt er zu der pessimistischen Folgerung[137], daß
die von ihm vorgefundenen Herrschaftsverhältnisse als „natürlich" und
damit als legitim anzusehen seien.

Die naturrechtliche Ableitung des Sollens aus dem Sein enthält für Wieland allerdings noch keine Aussage zu Inhalt und Grenzen des Herrschaftsrechts. Darauf weist er in seiner Schrift ausdrücklich hin: „Die
Rede ist nicht vom Mißbrauch der Stärke und Gewalt" (...). Für ihn
bedeutet also die logische Deduktion des Gesollten aus dem Bestehenden
durchaus keine Rechtfertigung jeder bestehenden Herrschaftsform. Wieland hält an der aristotelischen Tradition fest, daß politische Herrschaft,
wie immer sie auch abgeleitet wird, ethischen Grundsätzen zu gehorchen

---

133 H. Dernburg, Pandekten, 5. Aufl. 1896, Bd. I, 38.
134 Diels-Kranz, Fragmente der Vorsokratiker, Bd. II, Nr. 87, Fragment B.
135 Nach Platon, Gorgias, 483 f; vgl. zum Ganzen: Zippelius, Das Wesen des Rechts, Kapitel 15.
136 Spinoza, Tractatus politicus (1678), Kapitel 2 4.
137 Zur Unterscheidung zwischen optimistischer und pessimistischer Anthropologie im Naturrecht: Verdroß, S. 236 f.

habe. Er betont die Pflichtenseite der fürstlichen Rechtsposition im Absolutismus.

e) Staatslehre

Wielands anthropologisches Naturrechtsdenken unterscheidet den historischen, auf Gewaltverhältnissen beruhenden Staat vom abstrakt aus der menschlichen Natur folgenden[138]. In Übereinstimmung mit den Prämissen von Hobbes und Pufendorf ist für ihn der Kriegszustand „der natürliche Zustand roher Menschen"[139]. Um sich gegen die Übel, die Menschen durch Menschen drohen, zu schützen[140], bilden sie durch freiwillige Unterwerfung der Schwächeren unter die Stärkeren ein politisches Gemeinwesen. Diese Unterwerfung ist keinesfalls im Sinne einer vertragsmäßigen Ausgestaltung zu verstehen, die gegenseitige Rechte und Pflichten statuiert, wie Wieland in seiner noch zu erörternden Arbeit „Eine Lustreise ins Elysium" deutlicher herauszuarbeiten versucht. Sei nämlich eine vertraglich begründete Herrschaftsgewalt erst einmal in Händen einer der Vertragsparteien, so sei es leicht, sie zu mißbrauchen. Sich auf vertragsmäßige Rechte zu berufen, bewirke somit nichts. Noch in den „Gesprächen unter vier Augen" (1798) hat die freiwillige Unterwerfung für ihn die Qualität duldenden Gehorsams: Solange

„sich ein Volk beherrschen läßt, will es beherrscht sein; so lange es duldet, will es dulden" (X/31/73).

Die Abhandlung über das „göttliche Recht" nennt mit Volkssouveränität und monarchischer Souveränität zwei zentrale Kategorien der Staatslehre, um die sich die gesamte politische Publizistik Wielands dreht. Wieland

---

138 Vgl. Siegers, Menschheit, Staat und Nation bei Wieland (1930), S. 61.
139 Z.B. in: Das Geheimnis des Kosmopoliten-Ordens (X/30/72).
140 Pufendorf, De off. II, Kapitel V.

stellt die Frage nach dem „richtigen" Träger der höchsten Gewalt im Staat durchgängig in einem Alternativverhältnis: Ist der Volkssouveränität oder der monarchischen Souveränität der Vorzug zu geben? Es ist im Verlauf der weiteren Untersuchung zu zeigen, daß ihm hierbei mehrere Unschärfen unterlaufen.

Wielands paternalistisches Denken, das die auf Althusius zurückgehende Lehre von der Volkssouveränität verwirft, wurde namentlich von F. C. v. Moser vertreten:

„Die Obrigkeiten werden (...) darum mit dem Ehrennamen der Väter des Volkes respektiert, weil sie für unseren minderjährigen Verstand und Einsichten denken, unsere Begriffe bilden, unsere Sitten ordnen und unsern Neigungen die gerechte Richtung geben sollen."[141]

Daß sie es auch wirklich tun, behauptet Moser nicht. Möglicherweise bescheinigt ihm Sengle (S. 262) deswegen mehr Reformbewußtsein als Wieland.

Dagegen geht das Naturrecht westeuropäischer Prägung gemäß seiner antifeudalistischen Stoßrichtung nicht davon aus, daß Menschen sich gerne unter eine erbliche Regierung „schmiegen", da dies einer politisch nicht gewollten Rechtfertigung der Erbuntertänigkeit gleichkäme. Ganz im Gegenteil wird politische Herrschaft in den meisten naturrechtlichen Begründungsversuchen aus der rationalen Konstruktion eines Gesellschafts-, Herrschafts- oder Unterwerfungsvertrages zwischen allen Mitgliedern des „bürgerlichen Vereins" abgeleitet und damit dem Gottesgnadentum feudalabsolutistischer Herrschaft das Begründungsfundament entzogen. Schon die anthropologische Prämisse der Hobbes'schen Gesellschaftsvertragstheorie geht davon aus, daß der einzelne auf seine Rechte im Naturzustand nur deswegen verzichtet, um sich immerhin im Besitz von Leben und Eigentum zu erhalten. Für Locke, der das Denken des Althusius weiterentwickelt hat, wird auch nach erfolgter Staatsgründung ein

---

141 Friedrich Carl von Moser, Beherzigungen (1759); zit. nach McNeely, S. 279.

Kernbereich von Individualrechten vor jedem staatlichen Eingriff geschützt und werden politische Teilhaberechte gewährleistet.

Für Deutschland stellen Wolff, Pütter, Schlosser und Svarez ebenfalls auf die ausschließlich vertragliche Delegation politischer Herrschaftsrechte ab. Svarez formuliert dies exemplarisch:

„Die Rechte dieses Oberherrn in einem Staat oder des Regenten können nicht aus einer unmittelbaren göttlichen Einsegnung, nicht aus dem Rechte des Stärkeren, sondern sie müssen aus einem Vertrage hergeleitet werden, durch welchen sich die Bürger des Staats den Befehlen des Regenten zur Beförderung ihrer eigenen gemeinschaftlichen Glückseligkeit unterworfen haben."[142]

Der (pseudo)empirische naturrechtliche Befund Wielands, die bestehenden Herrschaftsverhältnisse seien natürlich und damit zugleich gottgewollt, fällt insoweit noch hinter das anthropologische Naturrechtsdenken von Hobbes zurück. Er vollzieht mit seiner Wendung gegen die spekulative Vernunfterkenntnis der rationalistischen Metaphysik einen - möglicherweise unbeabsichtigten - Schulterschluß mit spätmittelalterlich-lutherischen Begründungsversuchen der gegebenen Herrschaftsverhältnisse (die allerdings kein „empirisches" Recht des Stärkeren kennen).

Wieland wird später einzelne Aussagen seiner Abhandlung revidieren, ohne daß er seine Lehre von der freiwilligen Unterwerfung unter den Stärkeren endgültig aufzugeben bereit ist. So erweist er in seiner „Kosmopolitischen Adresse an die Französische Nationalversammlung" von 1789 den Anhängern parlamentarischer Repräsentation seine Reverenz und weiß entgegen seines zuvor als empirisch apostrophierten Wissens: „Nun repräsentiert aber niemand seine eigene Person, sondern immer einen andern". Nichtsdestoweniger läßt er im ersten Stück der „Gespräche unter vier Augen" Sinibald sagen, es sei eine Torheit

---

142 Svarez, Vorträge über Recht und Staat, in: Lenz (Hg.), Deutsches Staatsdenken im 18. Jahrhundert, S. 260 ff, 261.

„von den alten Dogmen, die der Obrigkeit ein göttliches Recht beilegen und die Untertanen zu leidendem Gehorsam verpflichten, die Wirkung zu erwarten, die sie etwa zu unserer Vorväter Zeiten, und auch damals nicht immer, taten." (X/31/49f).

Dagegen empfindet es dessen Kontrahent Wilibald seinerseits als lächerlich,

„sich einzubilden, ein einziger könne nur über hundert Menschen, geschweige denn über Millionen herrschen, wenn sie sich nicht beherrschen lassen wollten." (X/31/72)

Im Kern bleibt auch eine weitere Überzeugung der ersten politischen Schrift unrevidiert, während Wieland in seinen politischen Schriften und Werken der Folgezeit die originär liberalen Grundsätze der freien wirtschaftlichen Betätigung, der freien Entfaltung der Persönlichkeit, der Gleichheit des Rechts und in Grenzen auch der politischen Freiheit entwickelt: Das Volk war und ist außerstande, Verantwortung für sich selbst zu übernehmen. Aus diesem Grund lehnt er den Gedanken der Volkssouveränität ab, die er mit Regierungsgewalt und Gesetzgebungskompetenz gleichsetzt bzw. verwechselt. Eine Identität von Herrschern und Beherrschten durch den Repräsentationsgedanken ist für Wieland positiv nicht zu erreichen. Mit diesem Denken verbaut er sich zugleich weitgehend die Möglichkeit parlamentarischer Einflußnahme seiner eigenen, bürgerlichen Schicht. Bei der Behandlung der „Gespräche unter vier Augen" wird zu zeigen sein, daß Wieland den sich in England und Frankreich verwirklichenden Repräsentationsgedanken trotz seiner Befürwortung der englischen konstitutionellen Monarchie nur eindimensional versteht und er so wesentliche Potentiale der parlamentarischen Repräsentation verkennt.

2. „Eine Lustreise ins Elysium"

Wieland setzt sich 1787 in der „Lustreise ins Elysium" nochmals ausführlich mit der Theorie des Gesellschaftsvertrages auseinander. Er wiederholt und vertieft in diesem Zusammenhang seine Auffassung vom politischen Herrschaftsrecht des Stärkeren.

Der Ich-Erzähler Wieland begibt sich in das Elysium der griechischen Unterwelt, ein Ort herrschaftsfreier Kommunikation, in dem vormalige Könige und Fürsten nichts mehr zu befehlen haben (IX/29/244) und in dem die Menschen sich lustwandelnd mit Sokratischen Gesprächen unterhalten (IX/29/241). Dort begegnet er dem Lukianischen Spötter Menippus, einem „lachenden Sokrates". Zwischen beiden entwickelt sich ein Dialog über die Entstehung politischer Herrschaft, an dem sich später auch Xenophon, „der Lieblingsschüler des weisen Sokrates", beteiligt.

Wieland unterscheidet bei der Bestimmung des Staatszwecks noch nicht explizit zwischen Staat und Gesellschaft. Vielmehr wird die Gesellschaft als „bürgerlicher Verein" mit dem Staat gleichgesetzt. Die Bürger haben sich ja nach Wielands staatstheoretischem Ausgangspunkt zur Wahrung ihrer Rechte zu einer „Vereinigung freier vernunftfähiger Wesen" zusammengefunden. Societas und civitas werden somit in aristotelischer Tradition grundsätzlich als gleichbedeutend verstanden[143].

Ratz hat dieser Befund zu der generellen These veranlaßt, daß Wieland „die sich damals bereits deutlich abzeichnende Trennung der Begriffe von Staat und Gesellschaft offenbar nicht durchführt"[144]. Dieser Befund wird zwar durch die Feststellung erhärtet, daß Wieland den Staat als „bürgerlichen Verein" charakterisiert und sein Gesetzesbegriff nicht zwischen privatem und öffentlichem Recht unterscheidet. Die vorliegende Arbeit versucht allerdings zu zeigen, daß die These von Ratz zwar auf die frühen

---

[143] Vgl. Conze, Staat und Gesellschaft in der frührevolutionären Epoche Deutschlands (1958), S. 1 ff., S. 3.
[144] Ratz, Freiheit des Individuums und Gesellschaftsordnung bei C. M. Wieland, S. 80.

Schriften zutrifft, Wieland diese Differenzierungsmöglichkeit (und - notwendigkeit) im Verlauf seiner Beschäftigung mit Staat und Recht aber bereits in den „Gesprächen unter vier Augen" erkannt und spätestens mit dem „Aristipp" vollzogen hat. Parallel dazu wird die Abscheidung der Gesellschaft vom Staat in der Dichtung durch die Wahl entsprechender Sujets verwirklicht.

a) Das Recht des Stärkeren als Naturgesetz

Menippus vertritt die naturrechtliche Konstruktion eines Herrschaftsvertrages zwischen Untertanen und König, also einer freiwilligen Unterwerfung der Menschen unter ihresgleichen unter der auflösenden Bedingung, daß sie sich unter dieser Regierung „besser befinden (...) als ohne dieselbe." (IX/29/254)

Das wird von Wieland bestritten:

„Die Menschen haben sich nie freiwillig, sondern allemal *aus Not* unterworfen; nie einem *ihresgleichen*, sondern immer einem, den die Natur oder ihr eigener Wahnglaube, oder beides zugleich, *zu etwas mehr als sie* gemacht hatte; nie vermittelst eines vorgehenden *Vertrages*, der sich hier gar nicht denken läßt (...)" (254)

Dem pflichtet auch Xenophon bei:

„Die bürgerliche Ordnung unter den Menschen auf den Begriff eines Vertrages zu gründen, ist hauptsächlich darum unschicklich, weil ein Vertrag voraussetzt, daß es gänzlich von dem *Belieben* der Parteien abhängt, ob und wie sie sich vertragen wollen. Dies ist aber, nach *meinen* Begriffen, bei der bürgerlichen Ordnung keineswegs der Fall." (286)

Denn es sei ein Gesetz der Natur, daß der Mensch sich nur in der bürgerlichen Ordnung gemäß seiner Anlage zur Vervollkommnung entwickele. Sie sei demnach nicht in die Beliebigkeit der Vertragsparteien gestellt. In

74

diesem Zusammenhang wird der von Wieland verwendete Begriff des Naturgesetzes definiert:

„Ich betrachte dieses als *ein Gesetz der Natur*, als eine in der Beschaffenheit des Menschen gegründete notwendige Bedingung seiner möglichsten Entwicklung und Ausbildung, worauf doch die Natur alles bei ihm angelegt hat." (aaO)

Wieland versteht unter Naturgesetz nicht - wie später Kant - ausschließlich das naturwissenschaftliche Kausalgesetz, sondern in Übereinstimmung mit der klassischen Naturrechtstradition auch das Naturrecht im objektiven Sinn, also das natürliche Rechtsgesetz[145] im Sinne eines gesolltes Verhaltens, das aus der Natur des Menschen folgt. Die in diesem Zusammenhang anklingende Vorstellung eines in der Natur des Menschen angelegten Vervollkommnungsstrebens geht über Leibniz auf Aristoteles zurück. Wieland baut diesen Gedanken später in der Schrift „Das Geheimnis des Kosmopoliten-Ordens" weiter aus.

Auf die Frage Xenophons, ob Wieland auf das „natürliche Recht des Stärkeren" das Recht der Obrigkeit gründe (268), antwortet dieser zustim-mend:

„Ich behaupte, die *Notwendigkeit* sei die Quelle des Naturgesetzes, und das Naturgesetz die Quelle des Rechts. Die Menschen können ohne Regierung nicht bestehen. Die Natur ließ es also nicht auf ihre Willkür, oder einen Vertrag, der nur so viel gilt als man ihn gelten lassen will (...), ankommen, *ob* und *wie* sie regiert sein wollten. (...) Der Stärkere regiert immer den Schwächeren." (aaO)

Wieland verwendet den Terminus Naturrecht auffallend selten. Für ihn sind materielle und intellektuelle Notwendigkeiten Quelle des Naturgesetzes, während das Naturgesetz seinerseits Quelle des positiven Rechts ist. Damit wird vor allem die naturrechtlich bzw. -gesetzlich vorgegebene

---

[145] So die Formulierung von Verdroß, S. 222.

Pflichtenseite der menschlichen Existenz betont und die im Begriff Naturrecht anklingende Idee subjektiver vorstaatlicher Freiheits- und Gleichheitsrechte des Individuums, die der staatlichen Allmacht entgegenstehen, ausgespart.

Die Dialogpartner stimmen überein, daß die Einrichtung eines Staates für den Menschen existenznotwendig und damit naturgesetzlich ist, da „die Menschen ohne bürgerliche Verfassung und Regierung nicht bestehen können" (271). Menippus fügt - wie später zu zeigen ist, in Übereinstimmung mit Wieland - hinzu, daß neben der Notwendigkeit auch die Vernunft den Menschen bewege, sich „willig regieren zu lassen" (273). Somit erhält auch die Vernunft die Qualität eines Naturgesetzes.

b) Naturgesetzliche Schranken des Herrschaftsrechts

Für Wieland zeigt die Geschichte der Monarchen und Völker, daß der Stärkere herrsche und der Schwächere so lange gehorche, bis er selbst zum Stärkeren werde (IX/29/266).

Das von der monarchischen Souveränität verkörperte Recht des Stärkeren bedeute aber keine rechtlich ungebundene politische Herrschaft, sondern definiere sich ausschließlich über den Zweck der Staatsgründung. Politische Herrschaft bestehe infolgedessen lediglich darin, den „Schwächern zu führen und zu schützen" (279). Denn sie darf

„(wie keine Kraft der Natur) nie willkürlich - sondern soll und muß *nach Gesetzen* wirken, die in der Natur des Menschen und in dem Endzwecke der bürgerlichen Gesellschaft *notwendig* gegründet sind. Diese *Gesetze* mögen geschrieben oder ungeschrieben, deutlich erkannt oder nur verworren geahndet sein, genug *sie sind da*, sie liegen *in der Natur der Sache*, sie sind Aussprüche der allgemeinen Vernunft, und *müssen* befolgt werden, oder der Endzweck der bürgerlichen Verfassung wird vereitelt." (282 f.)

Endzweck der bürgerlichen Verfassung bzw. Gesellschaft ist das Gemeinwohl (bonum comune), das Wieland - anders als noch im „Goldnen Spiegel" - im wesentlichen auf die Erhaltung der inneren und äußeren Sicherheit des Gemeinwesens beschränkt:

(Xenophon): „So ist es abermals Natur der Sache, daß der letzte *Zweck* der Gesellschaft, nämlich das Wohl des Ganzen, oder (genauer zu reden) die Erhaltung seiner innerlichen und äußerlichen Sicherheit, die *Anwendung* und *Grenzen* dieser höchsten Gewalt bestimmt." (280)

c) Widerstandsrecht

Der Mißbrauch der nicht institutionell, sondern nur naturgesetzlich begrenzten politischen Herrschaftsgewalt berechtigt die Herrschaftsunterworfenen zum gewaltsamen Widerstand, also auch zur Revolution. Das Volk kann sich in seiner kindlichen Unmündigkeit zwar nicht selbst regieren, wohl aber kann es „seine Arme zu seiner Selbstverteidigung aufheben" (282 f.):

„Gesetzt also, ein Tyrann mißbrauchte, unter welchem ehrwürdigen Namen es auch sein mag, seine Gewalt zur Unterdrückung seiner Untertanen, anstatt sie zur Beförderung ihrer Wohlfahrt anzuwenden: so ist diese Anwendung seiner Gewalt, vermöge der Natur der Sache, unrechtmäßig, und die Unterdrückten sind berechtigt sich zu helfen so bald sie *können*, das ist, so bald sie durch ihre Einmütigkeit die *Stärkern* sind." (281)

Das geschilderte Argumentationsmuster zum Widerstandsrecht bzw. zum Recht auf Revolution spart Wielands eigene bürgerliche Klasse vollständig aus. Die schon im „Göttlichen Recht" herausgestellte und in den „Gesprächen" erneut betonte Ähnlichkeit des Volkes mit „unmündigen Kindern" (282), aufgrund derer es „schlechterdings nötig ist regiert zu werden", trifft für Wieland keinesfalls auf das damalige Bildungs- und Wirtschaftsbürgertum zu. Da dieses Erfordernis wegfällt, erhebt sich die

Frage, von wem und zu welchem Zweck das Bürgertum zu regieren ist und welches Maß an politischer Einflußnahme es in der „bürgerlichen Gesellschaft" im Sinne des Gemeinwesens für sich beanspruchen kann. Diesem Problemkreis nähert Wieland sich im nachfolgend skizzierten Essay.

3. „Das Geheimnis des Kosmopoliten-Ordens"

Während Goethe sich in Italien „zu größerer Bestimmtheit und Reinheit in allen Kunstfächern auszubilden" gesucht hatte[146] und damit den apolitischen Bildungsbegriff der Weimarer Klassik beförderte, legte Wieland 1788 seine Ansichten zu Inhalt und Grenzen politischer Herrschaft in seiner Schrift „Das Geheimnis des Kosmopoliten-Ordens" nieder. In diesem Essay erfährt der Leser von der geheimen politischen Vereinigung der Weltbürger, ihrer Organisation und ihren Zielen, mit Hilfe derer der absolutistische Staat von Aufgaben entlastet wird, die er nach Auffassung der Kosmopoliten nur unzureichend erfüllt. Der Kosmopoliten-Orden überwacht auf diese Weise die Einhaltung der naturrechtlichen Vorgaben des Gemeinwesens. Wieland vertritt in seiner Schrift ein Jahr vor der Französischen Revolution wiederum einen dezidiert antirevolutionären Standpunkt, ohne allerdings, wie schon anhand der „Lustreise ins Elysium" zu zeigen war, das Recht zur Revolution grundsätzlich abzulehnen.

Vom Kosmopoliten-Orden berichtet Wieland schon in den „Abderiten" (VI/19/216 ff.). Allerdings stellt seine frühere Beschreibung nicht auf die politische Funktion der Kosmopoliten ab, da es nach seiner damaligen Ansicht zur „Natur der Sache" gehöre, „daß alles, was man davon sagen kann, ein Rätsel ist, wozu nur die Glieder dieses Ordens den Schlüssel haben" (220). Erst jetzt arbeitet er das auch Außenstehenden erkennbare

---

146 Zit. nach Dieter Borchmeyer, Die Verschwörung von Weimar. Vor zweihundert Jahren: Goethes und Schillers Bündnis gegen ihre Zeit (1994).

Wesen der Geheimgesellschaft als einer sozialen Existenzform heraus, die auf die evolutionäre bzw. defensive Modernisierung der bestehenden staatlichen Verhältnisse zielt.

a) Kosmopolitisches Menschenbild

Das aufgeklärte Menschenbild der Kosmopoliten fußt in Wielands Darstellung auf der Entwicklungsfähigkeit des Menschen:

„Die *Natur* (sagen sie) hat einem jeden Menschen die besondere Anlage zu dem, was er sein soll, gegeben: (...) aber ihre *Ausbildung* und *Vollendung* hat sie ihm selbst anvertraut." (X/30/170).

In diesem Menschenbild wurzelt das „moralische Axiom" der Kosmopoliten:

„Daß, vermöge einer unfehlbaren Veranstaltung der Natur, das menschliche Geschlecht sich dem *Ideal* menschlicher Vollkommenheit und daraus entspringender Glückseligkeit immer nähere, ohne es jemals völlig zu erreichen." (X/30/187)

Wie bereits zu zeigen war, deckt sich das von Wieland vorgestellte Denken der Kosmopoliten mit seinem eigenen aufgeklärten Welt- und Menschenbild, das auf die anthropologischen Prämissen von Leibniz und Christian Wolff zurückgeht.

Leibniz hatte die Vervollkommnung des Menschen und der Gesellschaft in Wiederaufnahme der aristotelisch-thomasischen Tradition zur Grundlage seiner Naturrechtslehre gemacht. Wolff baute diese Grundlage weiter aus und versuchte, ein vollständiges Naturrechtssystem aus dem Wesen des Menschen abzuleiten. Die menschliche Natur wird bei ihm, wie bei Aristoteles und Thomas, durch ihren Endzweck bestimmt (telos). Ziel ist die Vervollkommnung des Menschen (perfectio). Der oberste Grundsatz

des natürlichen Gesetzes gebietet den Menschen zu tun, was ihre Vollkommenheit fördert[147]. Dieses Ziel können die Menschen nur mit vereinten
Kräften und gegenseitiger Hilfe erreichen[148].

Daß der Mensch für Wieland in aristotelischer Tradition ein staatenbil-
dendes Wesen (zoon politikon) ist, war bereits an seiner Auffassung zu
zeigen, daß Menschen zugleich aus Notwendigkeit und Vernunft den
natürlichen Zustand des Krieges Aller gegen Alle verlassen. Zur weiteren
Vervollkommnung tragen die Kosmopoliten bei. Ihre Aufgabe läßt sich in
einer Formel zusammenfassen:

*„Die Summe der Übel, welche die Menschheit drücken, so viel ihnen ohne
selbst Unheil anzurichten möglich ist, zu vermindern, und die Summe des
Guten in der Welt nach ihrem besten Vermögen zu vermehren."*
(X/30/175f).

b) Staatsdenken

Die Kosmopoliten betrachten

„alle Völker des Erdbodens als eben so viele *Zweige* einer *einzigen Familie,* und das *Universum* als einen *Staat"* (X/30/167).

Es wird zwischen Weltbewohnern, denen auch die Tiere angehören, und
Weltbürgern unterschieden. Zu letzteren ist nur der zu zählen, den

„seine herrschenden Grundsätze und Gesinnungen (...) tauglich machen,
zum Besten der großen Stadt Gottes mitzuwirken." (171)

Die Kosmopoliten befolgen untereinander den Grundsatz vollkommener
Gleichheit und erkennen als Herrschaft grundsätzlich nur die „Notwendigkeit und das Naturgesetz" an (X/30/170f).

---

[147] Vgl. Verdroß, S. 132.
[148] Chr. Wolff, Institutiones iuris naturae et gentium (1752), I, § 43.

Dennoch ist der Kosmopoliten-Orden keine Verschwörung, „kein Staat im Staat", da er immer

„in den Grenzen bleibt, die ihm die Verfassung und die öffentliche Ordnung und Ruhe vorschreiben." (X/30/164f).

Unter welcher Verfassung der Kosmopolit auch lebt, er bleibt ein „*guter* und *ruhiger* Bürger" (X/30/177). Er befolgt

„alle Gesetze, des Staates worin er lebt, deren Weisheit, Gerechtigkeit und Gemeinnützigkeit offenkundig ist, *als Weltbürger*, und *unterwirft* sich den übrigen *aus Notwendigkeit.*" (X/30/178)

Denn nach

„den Grundbegriffen der Kosmopoliten ist (...) der Gewinn, den die Menschheit durch heftige und gewaltsame Mittel sich in einen bessern Zustand zu setzen erhält, mehr scheinbar als wirklich." (184)

Für die Kosmopoliten gibt es in Übereinstimmung mit der Lehre Christian Wolffs grundsätzlich kein aktives, wohl aber ein passives Widerstandsrecht. Nach Ansicht Wolffs schuldet der Untertan dem Oberherrn keinen Gehorsam, wenn er befehlen sollte, was dem gebietenden und verbietenden natürlichen Gesetz entgegensteht[149]. Dieser Position ist Wieland bereits in der „Lustreise ins Elysium" bezüglich des Widerstandsrechts des Volkes beigetreten für den Fall, daß der Herrscher seine naturrechtlich begründeten Pflichten verletzt. Nach der Ansicht Wielands ist es aber erst zum Widerstand berechtigt, wenn es sich hierzu mehrheitlich entschlossen hat. Auch der Kosmopolit erkennt nur die Herrschaft des natürlichen Gesetzes an; in Fällen seiner Verletzung ist auch für den Kosmopoliten Widerstand Ordenspflicht. Allerdings sind ihm keine anderen Waf-

---

149 Chr. Wolff, Institutiones , § 1079.

fen als die der Vernunft erlaubt (X/30/180 f). Entschiedene Parteinahme ist dem Kosmopoliten nur möglich, wenn dies entweder einer guten Sache endgültig den Ausschlag gibt, oder wenn die zu unterstützende Partei mit einer die Menschheit empörenden Grausamkeit behandelt wird (X/30/185). Als Beispiel nennt Wieland hier die unmenschliche Niederwerfung der niederländischen Freiheitsbewegung durch Philipp II. Wie bei Pufendorf wird bei den Kosmopoliten somit aktiver Widerstand nur im Fall der Notwehr gegen eine offen feindselige Handlung des Fürsten anerkannt[150].

c) Rechtsbegriff

aa) Anthropologisches Natur- und Gesetzesrecht

Wielands kosmopolitischer Rechtsbegriff wird auf der Grundlage der naturrechtlichen Anthropologie entwickelt:

Pufendorf und Wolff erkennen in seinem „Gesellungstrieb" und Vervollkommnungsstreben die Natur des Menschen, aus der der Zweck allen Rechts abgeleitet wird: eine vernünftig geordnete staatliche Gemeinschaft zu schaffen, um dadurch zu gewährleisten, daß der Mensch sich seinen Anlagen gemäß entwickelt. Als Naturrecht gelten alle diejenigen Regeln, die notwendige Bedingung dafür sind, diesen Zweck zu erreichen.

In Übereinstimmung mit diesem anthropologischen Naturrechtsbegriff definiert Wieland in seinem Aufsatz „Das Geheimnis des Kosmopoliten-Ordens" den Gesetzesbegriff. Danach sind Gesetze,

„ (...) was in der intellektuellen und moralischen Welt Ordnung, Übereinstimmung und fortschreitende Vollkommenheit hervorbringt." (X/30/172).

---

[150] Pufendorf, De jure natura et gentium, Kapitel VIII 5.

Für Wieland ordnen Gesetze also auch die moralische Welt, eine Trennung von Recht und Moral findet aufgrund des Sein-Sollens-Schlusses nicht statt. Gleichwohl hat sich der Herrschaftsunterworfene aus „Notwendigkeit" auch Gesetzen zu unterwerfen, die diese Bezeichnng nicht verdienen, solange hierdurch nicht äußerstes Unrecht geschieht. Für die nachfolgende Generation ist dies ein überholter philosophischer Standpunkt[151]. Denn seit Kant hat Recht nicht mehr die Aufgabe, Sittlichkeit zu verwirklichen, es schafft nur noch die Bedingungen, unter denen sie sich entwickeln kann.

bb) Maßstab inhaltlicher Richtigkeit des Rechts

Maßstab für die inhaltliche Richtigkeit von Gesetzen ist für Wieland die „allgemeine Vernunft", und nicht der

„blödsichtige Verstand und der schwankende *Wille eines Einzigen*, oder der wenigen, die sich seiner Autorität zu bemächtigen wissen" (X/30/190).

Diese empirische Rechtsvernunft hat bei Wieland indessen keine autonome Qualität wie in der reinen Rechtslehre Kants, sondern ist Quelle bzw. Mittel zur Schaffung richtiger Gesetze, die sich insbesondere durch „Weisheit, Gerechtigkeit und Gemeinnützigkeit" auszuzeichnen haben (X/30/178).

Mit den Erfordernissen der Gerechtigkeit und der Gemeinnützigkeit der Gesetze werden in einem Atemzug zwei Kategorien genannt, die die bürgerliche Staatsrechtslehre des 18. Jahrhunderts voneinander trennt. Gemeinnützigkeit bzw. Gemeinwohl und Gerechtigkeit bilden in Staatslehre und Rechtsphilosophie ein klassisches Gegensatzpaar. In der Staats-

---

151 Grimm, Zur politischen Funktion der Trennung von öffentlichem und privatem Recht in Deutschland, in: ders., Recht und Staat in der bürgerlichen Gesellschaft, S. 84 ff., S. 97.

rechtsdiskussion des 18. Jahrhunderts wird Gemeinnützigkeit zunehmend mit öffentlichem Recht und Gerechtigkeit mit Privatrecht gleichgesetzt[152]. Für Schlosser[153] erfüllt der Staat mit der privatrechtlichen Gesetzgebung den Auftrag, zwischen den Staatsbürgern Gerechtigkeit herzustellen. Mit den öffentlichrechtlichen Vorschriften sollen hingegen - meist unter dem Vorwand des Gemeinwohls - willkürliche politische Ziele verfolgt werden. Schlosser wirft den Verfassern des Allgemeinen Landrechts in diesem Zusammenhang vor, öffentliches und privates Recht miteinander vermengt zu haben[154]. Dagegen vertraten konservative Rechtswissenschaftler wie der österreichische Staatsbeamte Joseph von Sonnenfels die absolutistische Auffassung, daß das Privatrecht im öffentlichen Recht wurzele und sich diesem infolgedessen zu fügen habe[155].

Demgegenüber bezeichnet die Definition Wielands, daß Gesetze zugleich gemeinnützig und gerecht zu sein haben, zwar ein abstraktes Gesetzesideal, entspricht aber nicht mehr den damals bereits vorgenommenen Differenzierungen in der bürgerlichen Staatsrechtslehre.

d) Trennung von Staat und (Geheim-)Gesellschaft

aa) Geheimgesellschaften

Die Beschäftigung mit Geheimgesellschaften wie den der Aufklärung verpflichteten Freimaurern und Illuminaten, aber auch mit christlich-mystizistischen wie den Rosenkreuzern, war bei der bürgerlichen Intelligenz des 18. Jahrhunderts weit verbreitet. Nicolai und Herder bemühten sich

---

152 Grimm, S. 85.
153 J. G. Schlosser, Briefe über die Gesetzgebung überhaupt und den Entwurf des preußischen Gesetzbuchs insbesondere, Frankfurt 1789, S. 113 ff. Zu Schlossers Kritik an Wielands politischer Philosophie bereits oben, III c, S. 62 f.
154 Vgl. Grimm, S. 84.
155 Grimm, S. 96.

um die Deutung der „Rosenkreuzerischen Manifeste"[156]. Goethe verfaßte unter dem Titel „Die Geheimnisse" ein eigenes Fragment, das sich mit der Lebensgeschichte des Christian Rosenkreuz beschäftigt. Wieland und Lessing waren jeweils Logenmitglieder und setzten sich literarisch und publizistisch mit Geheimgesellschaften auseinander (Wieland: „Nikolaus Flamel", „Der Stein der Weisen", „Das Geheimnis des Kosmopoliten-Ordens"; Lessing: „Ernst und Falk"). Meyern, ebenfalls Logenmitglied, schuf nach Ansicht de Bruyns[157] mit „Dya-Na-Sore" den Ausgangspunkt einer ganzen Reihe von Romanen, in denen Geheimbünde vorkommen: Goethes „Wilhelm Meister", Schillers „Geisterseher", Grosses „Genius", Tiecks „William Lovell", Jean Pauls „Unsichtbare Loge", „Hesperus" und „Titan". Als Reflex auf dieses Modethema ist Knigges Geheimbund-Satire: „Schaafskopfs hinterlassene Papiere" zu nennen.

Vor diesem Hintergrund wird für Koselleck das Zeitalter der Aufklärung von zwei gesellschaftlichen Phänomenen entscheidend geprägt: den Logen der Freimaurer und der „République des lettres"[158].

Koselleck hat u.a. am Beispiel Lessings und Wielands die politische Funktion des Maurergeheimnisses herausgearbeitet[159]. Danach liegt im Geheimnis zunächst die Verheißung, eines neuen, besseren und bisher nicht gekannten Lebens teilhaftig zu werden. Für den Illuminaten Adam Weishaupt[160] bedeutete die sogenannte Initiation „die Entdeckung einer neuen, mitten in der alten verborgenen Welt." Durch das Geheimnis wird somit eine von der Außenwelt abgeschlossene soziale Existenzform hergestellt und damit bewußt neben die geltende politische Ordnung ein völlig neues, naturrechtlich begründetes Wertesystem gestellt[161]. Indem sich der Maurer aus dem Staat ausspart, entzieht er sich dessen Herrschaft und bil-

---

156 Wehr, Rosenkreuzerische Manifeste, S. 16.
157 De Bruyn, Nachwort zu Dya-Na-Sore, S. 950.
158 Koselleck, Kritik und Krise, Eine Studie zur Pathogenese der bürgerlichen Welt (1959), S. 49.
159 Koselleck, S. 68 ff.
160 Adam Weishaupt, Schilderung der Illuminaten, Nürnberg 1786, S. 23; zit. nach Koselleck, S. 61.
161 Koselleck, S. 67.

det eine neue, indirekte Gewalt. Diese Gewalt ist ihrem Anspruch nach zwar nur moralisch, gewaltlos und friedlich, stellt aber durch ihre Polarisierung zur Politik den bestehenden Staat in Frage. Denn das Arbeitsfeld der Logen war nach ihrem eigenen Programm, das sie verpflichtet, moralisch integren Aufständischen und Rebellen Schutz und Zuflucht zu gewähren[162], nicht nur außerstaatlich, sondern bereits antistaatlich.

Koselleck stellt in diesem Zusammenhang die These auf, daß das politische Geheimnis der Aufklärung nicht nur nach außen verhüllt werden sollte, sondern sich infolge ihres scheinbar unpolitischen Ansatzes auch den meisten Aufklärern verbarg[163]. Tatsächlich stellten ja, wie Wehler hervorhebt, lediglich die Illuminaten Adam Weishaupts den Sonderfall einer geheimen politischen Vereinigung dar[164].

bb) Aufklärung und Geheimhaltung bei Wieland

Die Titel der Werke Wielands enthalten vielfach Termini wie „Geheimnis" oder „geheim", „ungenannt" und „unsichtbar", z. B. „Beiträge zur geheimen Geschichte der Menschheit"; „Briefe an einen Freund über eine Anekdote aus J. J. Rousseaus geheimer Geschichte seines Lebens"; „Peregrins geheime Geschichte in Gesprächen im Elysium"; „Das Geheimnis des Kosmopoliten-Ordens"; Nikolaus Flamel (...) Ein Beitrag zur Geschichte des Unsichtbaren"; „Fragment eines Gesprächs zwischen einem ungenannten Fremden und Geron", etc.

Aufklärung und Geheimhaltung bilden im 18. Jahrhundert ein unauflösliches Gegensatzpaar. Die Aufklärung ist angetreten, Licht in das Dunkel aus Vorurteilen und Aberglauben zu bringen. Mit diesem Anspruch verträgt sich naturgemäß nicht die „geheimniskrämerische" Attitüde der Auf-

---

162 Koselleck, S. 68.
163 Koselleck, S. 68.
164 Wehler, Gesellschaftsgeschichte I, S. 324.

klärer. Zugleich soll durch das Logengeheimnis dem absolutistischen Staat aber der politische Herrschaftsanspruch des Bürgertums im Namen der Aufklärung entgehen. Mit den Worten Kosellecks:

„Das Geheimnis verdeckt die politische Kehrseite der Aufklärung, zu deren entschiedensten Vertretern die Illuminaten in Deutschland zählen."(S. 79)

Ob und inwieweit Wieland die in Wirklichkeit politisch gemeinte Stoß-richtung der Maurer erkannte, ist nur schwer zu beurteilen. Anhand sei-ner Schrift „Das Geheimnis des Kosmopoliten-Ordens" läßt sich dies schon deswegen nicht sagen, weil sie - für die Öffentlichkeit bestimmt - die Geheimnisse eben nicht preisgibt oder geben soll. Verfehlt ist es jedenfalls, die bloße Wiedergabe des äußeren Programms der Freimaurer mit den politischen Ansichten Wielands gleichzusetzen und damit auf poli-tischen Quietismus zu schließen. Eine solche Beurteilung läßt die politi-sche Funktion der Geheimhaltung außer acht. Wieland befürwortet - wie etwa Meyern in „Dya-Na-Sore" - mit der Geheimgesellschaft eine soziale Existenzform, die sich aus dem Herrschaftsanspruch des Staates ausspart und auf die Veränderung der staatlichen Verhältnisse zielt. Dadurch wird nicht nur die gedankliche Trennung des Staates von der Gesellschaft voll-zogen. Anders als das unmündige Volk, das sich gleich welcher Herr-schaft unterstellt, bildet das gebildete und besitzende Bürgertum mit der Geheimgesellschaft zugleich eine indirekte Gegengewalt, die eigenen Gesetzen folgt.

cc) Gelehrtenrepublik und Pressefreiheit

Neben den Geheimgesellschaften dient dem Bürgertum eine andere gesell-schaftliche Formation der Abschottung vom absolutistischen Staat: die

Idee der République des lettres, der Gelehrtenrepublik[165]. Wie sich die Maurer kraft des Geheimnisses vom Staat absetzen, so wird mit der Gelehrtenrepublik quasi der intellektuelle Gegenstaat ausprobiert. Klopstock legte 1774 mit der „Deutschen Gelehrten-Republik" eine eigenwillige systematische Ausarbeitung der République des lettres in Gestalt eines fiktiven Geschichtswerkes vor, in dem er kritisch den zeitgenössischen Wissenschafts- und Literaturbetrieb hinterfragte und dabei gleichsam en passant Gedanken über die Einrichtung einer politischen Republik lieferte[166].

Wieland nennt im „Geheimnis des Kosmopoliten-Ordens" die Gelehrtenrepublik ausdrücklich im Zusammenhang mit einer Erörterung der Pressefreiheit. Ein Buch mit Gewalt unterdrücken bedeute,

„sich an den wesentlichsten Rechten der Gelehrten-Republik zu vergreifen, die (eben so wie die christliche) vom Staat ganz unabhängig ist, so lange sie nichts gegen seine Grundsätze unternimmt." (X/30/201)

Der überzeugte Monarchist Wieland wird in dem Augenblick zum Anhänger einer vom absolutistischen Staat unabhängigen (Gelehrten-)Republik, als es um Meinungsfreiheit, also die conditio sine qua non seines publizistischen Schaffens, und damit auch um seine Berufsfreiheit geht.

Demgemäß endet die Schrift mit einem fundierten Plädoyer für die Pressefreiheit, das „wahre Palladium der Menschheit"(X/30/197), als deren eifrigsten Verfechter Wieland den Kosmopoliten-Orden benennt (202):

„Nun ist es aber schon längst unumstößlich erwiesen, daß man der Preßfreiheit (ohne sie nach und nach so lange zu beschneiden bis nichts mehr von ihr übrig bliebe) gar keine andere Schranken setzen darf, als diejenigen, die jedem Schriftsteller, Buchhändler und Buchdrucker durch das gemeine bürgerliche und peinliche Recht gesetzt sind. Alle Schriften

---

[165] Vgl. Koselleck, S. 49.
[166] Klopstock, Die deutsche Gelehrten-Republik, Werke und Briefe Bd. VII/1 (1975).

nehmlich, deren Bekanntmachung in jedem policierten Staate, wie groß auch die persönliche Freiheit in demselben sein mag, ein Verbrechen ist, und es vermöge der Natur der Sache sein muß, - also Schriften, welche solche *direkte* Beleidigungen einzelner benannter oder deutlich bezeichneter Personen enthalten, die in den bürgerlichen Gesetzen verboten und verpönt sind, - Schriften, welche *geradezu* Aufruhr und Empörung gegen die gesetzmäßige Obrigkeit zu erregen suchen, - Schriften, welche *geradezu* gegen die *gesetzmäßige* Grundverfassung des Staats gerichtet sind, - Schriften, welche *geradezu* auf den Umsturz aller Religion, Sittlichkeit, und bürgerlichen Ordnung arbeiten, - alle solche Schriften sind in jedem Staat eben so gewiß strafwürdig als Hochverrat, Diebstahl, Meuchelmord u.s.w."(198 f.)

Wieland stellt durch die Hervorhebungen heraus, daß zwischen Äußerung und strafwürdigem Erfolg ein unmittelbarer Zusammenhang bestehen muß. Denn andernfalls wäre

„es irgend einem bestellten Bücherzensor oder dem bürgerlichen Richter erlaubt (...), eine Schrift durch *Folgerungen*, die von seiner Vorstellungsart, seiner besonderen Meinung, oder seinen Vorurteilen, dem Grade seines Verstandes oder Unverstandes, seiner Sachkenntnis oder Unwissenheit, der Schiefheit oder Richtigkeit seines innern Auges, der Lauterkeit oder Verdorbenheit seines Gefühls und Geschmacks abhingen, zu richten, - welches Buch wäre vor der Verdammung sicher?" (199)

Auf dieser Grundlage stellt Wieland die Einrichtung eines staatlichen Zensors grundsätzlich in Frage und formuliert noch heute gültige Standards des Äußerungsrechts: Eine Vorzensur findet nicht statt, das Recht zur freien Meinungsäußerung findet seine Schranken ausschließlich in den allgemeinen straf- und zivilrechtlichen Normen des Staats- und Persönlichkeitsrechtsschutzes. Innerhalb dieses Rahmens hat kein hoheitliches Organ die Richtigkeit oder Unrichtigkeit von Meinungsäußerungen zu sanktionieren, sie sind lediglich dem Urteil des Lesepublikums unterworfen.

Wieland trennt über die Formationen „Geheimgesellschaft" und „Gelehrtenrepublik" und ihren Kernbereich unantastbarer Freiheiten die gesellschaftliche Sphäre des räsonnierenden Publikums scharf von der staatlichen Herrschaftssphäre. Noch vor der Französischen Revolution beginnt er, um den Titel des wenig später entstandenen frühliberalen Manifests Humboldts zu nennen, die „Grenzen der Wirksamkeit des Staates"[167] zu bestimmen. Als Ergebnis des staatlichen Terrors während der Französischen Revolution vollzieht Wieland eine vollständige staatstheoretische Trennung von Staat und Gesellschaft.

4. „Schriften über die Französische Revolution"

a) Rezeption der Französischen Revolution in Deutschland

Die Französische Revolution war in Deutschland von großen Teilen der bürgerlichen Intelligenz zunächst emphatisch begrüßt worden. Wieland verfaßte unter dem sinnigen Pseudonym „Eleuterus Philoceltes", dem erläuternden, aber auch geläuterten Keltenfreund, die in Frankreich sehr wohlwollend aufgenommene „Kosmopolitische Adresse an die Französische Nationalversammlung". Sein „Neuer Teutscher Merkur" hielt die deutsche Öffentlichkeit über die Tagesereignisse im revolutionären Frankreich auf dem laufenden und verstand sich zugleich als deren Diskussionsforum. Der anfängliche Enthusiasmus wich jedoch in Anbetracht der eskalierenden Entwicklung im Nachbarland einer zunehmenden Distanzierung, die nach der Hinrichtung Ludwigs XVI., spätestens aber mit dem Terror des jakobinischen Wohlfahrtsausschusses in schroffe Abkehr von jeder Revolutionsbegeisterung mündete.

Dennoch übernahm ein Teil des deutschen Frühliberalismus das „revolutionäre" französische Naturrecht mit seinem Ideal der Volkssouveränität und der Verlagerung des politischen Primats von der Krone auf

---

[167] A. v. Humboldt, „Ideen zu einem Versuch, die Grenzen der Wirksamkeit des Staates zu bestimmen" (1792).

eine gewählte Legislative[168]. Wieland hielt dagegen an der monarchischen Souveränität fest und strebte lediglich eine „evolutionäre" Mediatisierung des politischen Herrschaftsgefälles zugunsten bürgerlicher Einflußnahme an. Eine den bürgerlichen Belangen gerecht werdende Gesetzgebung sah er aber in Übereinstimmung mit den französischen Physiokraten weniger durch parlamentarische Repräsentation als durch die vom Bürgertum geprägte „öffentliche Meinung" gewährleistet.

b) Wielands Auseinandersetzung mit den deutschen Verhältnissen

Im 29. Band der „Sämmtlichen Werke" sind neun „Aufsätze über die Französische Revolution" aus den Jahren 1789 - 1794 gesammelt, die im Gegensatz zu den meisten literarischen, aber auch vielen diskursiven Arbeiten Wielands weitgehend auf jede „Chiffrierung" im Hinblick auf die Zensur verzichten.

Innerhalb dieser Sammlung unterscheiden sich die Aufsätze „Betrachtungen über die gegenwärtige Lage des Vaterlandes", „Worte zur rechten Zeit an die politischen und moralischen Gewalthaber" und „Über deutschen Patriotismus" in der Wahl ihres Gegenstandes von den übrigen Abhandlungen. Sie kommentieren nicht nur das Ereignis der Französischen Revolution kritisch und nehmen dies zum Anlaß für allgemeine Ausführungen über die richtige Staats- und Regierungsform, sondern gehen auch ausführlich auf die Zustände in Deutschland ein. Dadurch werden die genannten Arbeiten zwar zu der direktesten Auseinandersetzung Wielands mit den deutschen Verhältnissen zur Zeit der Französischen Revolution; nichtsdestoweniger verzichtet Wieland darauf, seine aus der Auseinandersetzung mit der französischen Entwicklung gewonnenen theoretischen Erkenntnisse über die Einrichtung eines „wohl policierten" Staates konsequent als kritischen Maßstab auf die realen Zu- und Miß-

---

168 Vgl. Batscha, Die Kontroverse zwischen Wieland und Ehlers, S. 111.

stände im eigenen Land anzuwenden. Statt dessen liefert er eine durch mehrere äußerst widersprüchliche Fußnoten gebrochene Apologie des Bestehenden.

aa) „Betrachtungen über die gegenwärtige Lage des Vaterlandes"

Wieland beschreibt zunächst die in Deutschland herrschenden politischen, wirtschaftlichen und gesellschaftlichen Mißstände, die seiner Ansicht nach in vielem denen des vorrevolutionären Frankreich ähneln:

> „Da auch in Deutschland ein großer Teil der Verfassung auf der Grundlage des alten Feudalsystems und, so zu sagen, mit den Trümmern desselben erbaut ist; da *auch wir* einen mit großen Vorrechten ausschließlich begabten hohen und niedern, Bischöfe und Äbte die zugleich Fürsten und regierende Herren sind, und eine Menge reicher Domkapitel haben, an welche der alte ritterbürtige Adel sich eine Art von Geburtsrecht zugeeignet hat; da die Überreste der alten Lehensverfassung, und die verschiedenen Gattungen von persönlichen Knechtsdiensten und Realservituten, womit die Untertanen auf dem Lande den Grundherren verhaftet sind hier und da ziemlich drückend auf den Schultern der ersten liegen; da also *auch bei uns* der Mangel an persönlicher Freiheit und freiem Besitz des Eigentums, und die enorme Ungleichheit zwischen einem verhältnismäßig ziemlich kleinen Teile der Staatsbürger und allen übrigen auffallend ist: so war nichts natürlicher als die Wahrnehmung dieser Ähnlichkeiten, und der Gedanke an die *Möglichkeit*, daß ähnliche Ursachen auch bei uns ähnliche Wirkungen hervorbringen könnten."(IX/29/376 f.)

Die eben geschilderten feudalstaatlichen Verhältnisse seien aber bei weitem nicht so dramatisch zugespitzt wie in Frankreich und rechtfertigten daher nicht das Abenteuer einer Revolution. Insgesamt habe Deutschland - mit gewissen Einschränkungen - eine „Verfassung, deren wohltätige Wirkungen die nachteiligen noch immer überwiegen", und befinde sich

> „bereits im *wirklichen Besitz* eines großen Teils der Freiheit, die unsre westlichen Nachbarn erst *erobern* mußten" (388).

Die in Wirklichkeit ganz massiven Einschränkungen werden von Wieland nicht ignoriert, aber bereits im Satzspiegel optisch heruntergespielt, indem er sie in einer Fußnote unterbringt:

„Freilich gilt dies *nicht* von *allen* Teilen des Deutschen Reiches, und leidet überall seine Einschränkungen. Freilich liegt in manchen Gegenden das Joch des politischen und religiösen Despotismus noch hart genug auf den Hälsen des Volkes. Freilich werden in manchen die unverletzlichen Rechte der Vernunft und des Gewissens (...) zu wenig geachtet und nicht selten gröblich verletzt. (...) Aber das alles, und was hierüber noch in einem dicken Buche zu sagen wäre, wenn man ins Besondere gehen wollte, beweist nur, daß wir *noch nicht da sind*, wohin wir *durch rechtmäßige Mittel zu streben* schuldig sind, und *zu gelangen* gute Hoffnung haben; - *nicht*, daß es so schlimm mit uns stände, daß wir aus Verzweiflung eine desperate Kur, auf die Gefahr darüber zu Grunde zu gehen, versuchen müßten." (IX/29/388, FN 34)

An späterer Stelle erhebt Wieland das Ancien régime zunächst sogar auf das Niveau eines modernen Rechtsstaats:

„Indessen braucht es doch nur die gemeinsten Kenntnisse der Deutschen Reichs- und Kreisverfassung und der weltkundigen Reichsgrundgesetze (...), um zu wissen: daß (...) kein Regent in Deutschland ist, dessen größere oder kleinere Machtgewalt nicht durch Gesetze, Herkommen, und auf viele andere Weise von allen Seiten eingeschränkt wäre; und gegen welchen, wofern er sich irgend eine widergesetzliche Handlung gegen das Eigentum, die Ehre, oder die persönliche Freiheit des geringsten seiner Untertanen erlaubt, die Reichsverfassung dem Beleidigten nicht Schutz und Remedur[169] seiner Beschwerden verschaffte."(IX/29/413 f.)

Aber auch hier wird dem zuvor Gesagten durch eine kontradiktorische Fußnote quasi die Grundlage entzogen:

„Was hiergegen einzuwenden ist weiß ich so gut als ein anderer: nur behaupte ich, was uns helfen könne, sei eine (höchst nötige) *Reformation* unserer Verfassung, nicht eine sinnlose *Umkehrung* und *Zerstörung* derselben." (IX/29/414 FN 38)

---

[169] Remedur = gerichtliche Abhilfe.

Als empirischen Nachweis seines Befundes einer vergleichsweise erträglichen politischen Lage führt Wieland die fortdauernde „innere Ruhe" Deutschlands während der revolutionären Umwälzungen im Nachbarland an:

„Die innere Ruhe, die wir - mit wenigen unbedeutenden und sogar nützlich gewordenen Ausnahmen - in dem ganzen deutschen Vaterlande bisher genossen haben, beweist schon sehr viel für die gute Seite unserer Konstitution, und für den Respekt, welchen sowohl Regenten als Untertanen gegen die *Gesetze* tragen." (389)

Die zitierten Fußnoten belegen, daß Wieland die bestehenden Mißstände nicht ausblendet, sondern im Vergleich zur Revolution als geringeres Übel herunterspielt. Die von ihm diagnostizierte, angeblich von Untertanen und Regenten gleichermaßen getragene innere Ruhe entspricht allerdings vor allem dem eigenem Wunschdenken und wird von ihm in den folgenden Schriften als in jeder Hinsicht brüchig erkannt.

bb) „Worte zur rechten Zeit an die politischen und moralischen Gewalthaber"

In den sich an die „Betrachtungen" anschließenden „Worte(n) zur rechten Zeit" relativiert Wieland den festgestellten „sozialen Frieden" zunächst im Hinblick auf die Regenten:

„Wozu diese seit kurzem so auffallende überhandnehmende und bereits nicht mehr geheim gehaltene Verschwörung gegen *die Freiheit der Vernunft* und *des Gewissens?* Diese immer zunehmende *Geringschätzung der Wissenschaften, der Gelehrten, der Schriftsteller?* Wozu diese Anstalten, *die Freiheit der Presse*, die *einzige mögliche Schutzwehre* gegen die wieder einbrechende Barbarei, mit Fesseln zu belegen, die ihre gänzliche Vernichtung bewirken würden?"(429)

und führt aus, daß die Fürsten die geradezu bedauernd festgestellte Anhänglichkeit des Volkes nicht verdienten:

„Womit könnten solche Maßregeln unter ruhigen, die Gesetze respektierenden, ihren Fürsten mit Treue, ja sogar mit leidenschaftlicher, *nicht immer verdienter*, Anhänglichkeit ergebenen Völkern, gerechtfertigt werden?" (aaO.)

Um die Ausgewogenheit seines Urteils zu wahren, mißbilligt Wieland zugleich die allzu freimütig ausfallende Kritik des republikanischen „Schleswigschen Journals" an den herrschenden Verhältnissen. Zwar hält er die genannte Publikation für eine der „lesenswürdigsten" überhaupt (425); zugleich beklagt er bei ihren Autoren „Mangel an Bescheidenheit und Klugheit" (432). Heftige und bittere Ausfälle wie die eines Dr. Luther im 5. Heft des Journals von 1793 „auf die Personen und Handlungen einiger Monarchen unserer Zeit" machten „die gemeinnützige Tendenz des Ganzen unwirksam" (439 f):

„Wenn es verdienstlich ist, den Großen auch bittre Wahrheiten zu sagen, wofern sie nur heilsam sind: so ist es doch weder verdienstlich noch vernünftig, sie ihnen *mit Bitterkeit*, auf eine grobe und beleidigende Art zu sagen."(440)

Der genannte Verfasser habe es mit seiner polemischen politischen Vision ausschließlich auf das lesende Publikum „abgesehen"; dies hätte in Zeiten,

„da die Gemüter ohnehin in Gährung und alle Köpfe allenthalben weit über den Punkt ihrer gewöhnlichen Höhe und Wärme exaltiert sind" (441),

fatale Folgen. Denn niemand könne sich wünschen,

„daß die Deutschen oder die übrigen europäischen Staaten dem Beispiel der Franzosen nachfolgen." (aaO.)

Die vorgeblich belehrenden Ausführungen Wielands über das gemeinnützige Erfordernis einer „Schere im Kopf" haben eine ausgeprägt denunzia-
torische Tendenz. Entgegen der damaligen Gewohnheit wird nicht nur die
genaue Fundstelle eines mutmaßlich aufrührerischen Textes angegeben (5.
Heft des „Schleswigschen Journals" von 1793), die Angabe erfolgt auch
ohne jede Notwendigkeit unter voller Namensnennung seines Verfassers
(Dr. Luther). Ist in den „Betrachtungen" noch von vorbildlicher Ruhe in
Deutschland die Rede, sind in den „Worten zur rechten Zeit" bei näherem
Hinsehen nicht nur die Obrigkeiten eifrig bemüht, bürgerliche Freiheiten
zu unterdrücken, sondern sind offensichtlich auch die Gemüter der Unter-
tanen, die die Konstitution angeblich in treuer Anhänglichkeit respektie-
ren, „in Gährung". Dieser bedrohliche Befund veranlaßt Wieland, die
Meinungsfreiheit der bestehenden Ordnung zu opfern.

cc) „Über deutschen Patriotismus"

Vor der Schrift „Über deutschen Patriotismus. Betrachtungen, Fragen
und Zweifel" von 1795 hatte Wieland sich bereits mit mehreren
Aufsätzen[170] teils ironisch, teils sachlich an der in Deutschland geführten
Patriotismus-Diskussion[171] beteiligt. Anders als Goethe[172] sprach er den
Deutschen nicht grundsätzlich die Berechtigung zur Vaterlandsliebe ab.
Vielmehr waren für ihn insbesondere die kulturellen, dichterischen und
künstlerischen Leistungen der vergangenen Jahrzehnte grundsätzlich
geeignet, das deutsche Nationalbewußtsein zu stärken. Nichtsdestoweniger
behindere die politische Zerrissenheit des Landes eine den Leistungen ent-
sprechende Entfaltung entscheidend. Im Licht der Französischen Revolu-

---

170 „Patriotischer Beitrag zu Deutschlands höchstem Flor" (1780); „Der allgemeine Mangel deutschen
Gemeinsinns und Nationalgeistes" (1791).
171 U. a.: F. C. v. Moser („Vom deutschen Nationalgeist"), Justus Möser („Patriotische Phantasien"),
Sonnenfels („Haben wir ein Vaterland ...?") und Herder („Ideen zum ersten patriotischen Institut"), vgl.
Siegers, S. 115 f.
172 Krippendorf, S. 22 f.

tion modifizierte Wieland seinen Patriotismus-Begriff, um ihn immun gegen demokratische „Unterwanderungen" zu machen.

(1) Wielands Patriotismus-Begriff

Seinem aristotelischen Politikverständnis folgend, stellt Wieland zu Beginn der Abhandlung zunächst die Bezüge des Untersuchungsgegenstandes zu Empirie und Ethik her und bewertet die damals zunehmenden deutsch-patriotischen Äußerungen angesichts der fehlenden politischen Einheit des Landes abwertend als „Modetugend" (IX/29/473).

„In meiner Kindheit wurde mir zwar viel von allerlei Pflichten vorgesagt; aber von der Pflicht, ein *Deutscher Patriot* zu sein, war damals so wenig die Rede, daß ich mich nicht entsinnen kann, das Wort Deutsch (*Deutschheit* war noch ein völlig unbekanntes Wort) jemals *ehrenhalber* nennen gehört zu haben."(474)

Patriotismus habe mit seinem Merkmal Vaterlandsliebe oder dem berühmten Tod für das Vaterland seinen Ursprung in der griechischen Poliswelt. Unter deutschen Bedingungen würde er infolgedessen „sonderliche Früchte tragen" (475). Die Geschichte zeige, daß sich die autonomen griechischen Freistaaten ausschließlich im Fall aggressiver äußerer Bedrohung als Hellenen zusammengefunden hätten, um sofort nach Überwindung der Gefahr wieder eigene Wege zu gehen. Die Entstehung nationaler patriotischer Bewegungen als Folge äußerer Bedrohung zeigten auch die Beispiele Schweiz und Niederlande im 15. und 16. Jahrhundert.

Die „germanischen Völker" zeichne dagegen weniger nationale als vielmehr regionale Identität aus. Es gebe in Deutschland zweifellos märkische, sächsische, bayerische usw. Patrioten, aber

„*Deutsche* Patrioten, die das *ganze* Deutsche Reich als ihr *Vaterland* lieben, *über alles* lieben (...): *wo sind sie?*"(482)

Es habe wohl im Zusammenhang mit der Besetzung der rheinischen Provinzen durch französische Truppen patriotische Äußerungen in Deutschland gegeben. Diese seien aber weniger Parteinahme für die in Deutschland bestehende bürgerliche Ordnung, als vielmehr Abgrenzung gegen die jede Ordnung zerstörende französische Revolutionsbarbarei. Doch selbst diese gemeinsame Sache werde bei weitem nicht mit dem Nachdruck betrieben, um von der Existenz eines auf einem gemeinsamen Nationalgeist gegründeten deutschen Patriotismus sprechen zu können. Denn Patriotismus oder Liebe zum Vaterland setze unabhängig von der Staatsform eine verläßliche politische Ordnung voraus, die in Deutschland nicht bestehe. Das Deutsche Reich sei also auch nicht geeignet, geliebt zu werden. Es ist in Wielands Augen kein Nationalstaat, sondern ein Konglomerat dynastischer Partikularisten, die selbst im Fall des außenpolitischen Konflikts keine gemeinsamen Interessen verfolgten. Wieland sieht hier eine negative Traditionslinie vom Schmalkaldischen Bund und seiner Zerstörung über den Dreißigjährigen Krieg bis zur Gegenwart. Die „einseitige und kurzsichtige Sophisterei" (490) der Reichsstände lasse den „echten Patriotismus" ersterben, der das „gemeinsame Vaterland in seiner gegenwärtigen gefährlichen Lage" allein retten könne.

(2) Patriotismus und Nationalismus

Wielands Aufsatz markiert den Bedeutungswandel der Begriffe „Patriotismus" und „Nation" seit der Französischen Revolution, ohne ihn selbst nachzuvollziehen. „Patriotismus" beschreibt im 18. Jahrhundert alle Formen nationalen Denkens als Liebe zum Vaterland[173]. Die Nation wird hierbei, Diderots Definition in der „Encyclopédie" folgend, im politischen

---

173 Vgl. Dann u.a., Nationalism in the age of the French revolution, Einleitung S. 3.

Sinne verstanden als derjenige Teil des Staatsvolks, der über eine gemeinsame politische Organisation und gemeinsame Gesetze verfügt[174].

Im territorial zersplitterten Deutschland fehlt es an diesen Voraussetzungen. Infolgedessen ist für Wieland auch kein „echter" deutscher Patriotismus möglich.

Während Patriotismus für Wieland im Verständnis Diderots nur Angelegenheit des politisch mündigen Teils der Bevölkerung ist, entwickelt sich im Zuge des revolutionären Neuverständnisses des Naturrechts in Frankreich Nationalismus - oder mit den Worten Wielands: „National-Patriotismus" - als revolutionäre Variante des Patriotismus. Der Idee der Volkssouveränität korrespondierend ist er Sache des gesamten Staatsvolks.

Wieland, der sich mit dem von ihm herausgegebenen „Teutschen Merkur" stets um die Beförderung einer deutschen Nationalkultur bemüht hat, klammert spätestens seit der Französischen Revolution konsequent die Ausweitung des Patriotismus auf alle Daseinsbereiche und damit die Politisierung der gesamten Gesellschaft aus. Der französische Nationalismus stelle eine Verbindung von „National-Patriotismus" mit der „fanatischen Freiheits- und Gleichheitsschwärmerei" einer „im Fieber geträumten Demokratie" dar, die er als bloße chimärische „politische Freiheit" zu entlarven sucht:

„Nicht eine schimärische, nur unter *Wilden,* ja unter diesen kaum mögliche *Gleichheit,* welche allen Unterschied der Stände oder alle Vorzüge eines Standes vor dem andern aufhebt, sondern die Gleichheit aller Glieder des Staates vor dem *Gesetz;* nicht die *Größe,* sondern die *Sicherheit* des Eigentums; nicht das einem jeden Bürger durch eine demokratische Konstitution zugeteilte Recht unmittelbar an der höchsten Gewalt im Staate Anteil zu haben, sondern die Gewißheit eines jeden Bürgers, daß er von der höchsten Gewalt kein Unrecht zu erleiden hat; nicht das, was die schwindligen Franzosen *politische Freiheit* nennen, sondern die Freiheit von Unterdrückung, von ungerechter Einschränkung des Gebrauchs seiner Kräfte und Talente, die Befreiung von allen unklugen, auf den gegenwärtigen Zustand nicht mehr passenden, und eben darum ungerechten

---

[174] Dann, S. 4.

Gesetzen, Gebräuchen und alten Einrichtungen, - sind die ersten und not-
wendigsten Bedingungen, (...) das Land (...) zu lieben" (487 f.).

Nach Maßgabe der von ihm vertretenen politischen Ideen wird Patriotismus nicht durch eine besondere Regierungsform hervorgebracht, sondern
ist

„natürliche Frucht einer auf die *Gerechtigkeit der Gesetze* und die *Zuver-
lässigkeit ihrer Vollziehung* gegründeten Zufriedenheit des Volkes" (487).

Wieland fordert keine Freiheit zum Staat, in den Worten der
„schwindligen Franzosen" „politische Freiheit", durch allgemeine Gleichheit und unmittelbaren Anteil an der Staatsgewalt, sondern Freiheit vom
Staat durch „Gleichheit (...) vor dem Gesetz", „Sicherheit des Eigentums",
„Befreiung von allen (...) nicht mehr passenden (...) Gesetzen", „Freiheit
(jedes Bürgers) von Unterdrückung" und „von ungerechter Einschränkung des Gebrauchs seiner Kräfte und Talente".

Wesentliche Voraussetzung für die Entstehung von Vaterlandsliebe ist
für ihn sonach die Transformation des überkommenen Feudalstaats zum
bürgerlich-liberalen Staat durch die rechtsstaatliche Trennung von Staat
und Gesellschaft und nicht die letztlich totalitäre politische Freiheit der
französischen Demokratie mit ihrem Ideal der Rousseau'schen volonté
générale.

Seine antirevolutionäre Haltung zwingt Wieland dazu, sowohl die positiven Seiten der deutschen Zustände zu suchen als auch, insoweit zweckopti-
mistisch, Besserungen in Aussicht zu stellen bzw. einzufordern. Schon in
seinem Beitrag „Patriotische Gedanken zu Deutschlands höchstem Flor"
hatte Wieland hervorgehoben, daß die territoriale Zersplitterung Deutschlands zwar die Entstehung eines deutschen Patriotismus behindere, die
Kleinstaaterei aber als quasi föderative Gewaltenteilung Gewähr dafür
biete, daß Rechtsverletzungen in einem Land nicht überhand nehmen
könnten, da an solchen Zuständen in den anderen Ländern sogleich mäß-

igend wirkende Kritik geübt werde. Hartung[175] hat darauf hingewiesen, daß die positive Einstellung zur Kleinstaaterei in Deutschland weit verbreitet war, obwohl sie als wesentliches Merkmal der politischen Rückständigkeit des Landes galt:

„Vielmehr wurde allgemein die Mannigfaltigkeit des deutschen Staatslebens und das Vorhandensein ‚jener glücklichen Mittelgröße, bei welcher der Untertan ebensosehr gewinnt als Ruhe und Freiheit des teutschen Staatensystems aufs neue dadurch gesichert wurde‘, immer wieder als ein ganz besonderer Vorzug der deutschen Verfassung gepriesen, sie tröstete die aufgeklärten Weltbürger über die mangelnde Geltung Deutschlands als politischer Macht."(aaO)

Die Entfaltung des politischen Denkens westlicher Prägung im 16. bis 18. Jahrhundert ging mit der nationalstaatlichen Konsolidierung der betroffenen Länder einher. In demselben Zeitraum verfiel das alte Heilige Römische Reich Deutscher Nation. Wieland erkennt, daß darin eine der Ursachen für die politische Misere in Deutschland liegt. In der Traditionslinie des westlichen politischen Humanismus stehend versucht er konsequent, die alte föderative Reichs-Idee durch den - in den „Gesprächen" noch zu erörternden - Vorschlag einer grundlegenden Verfassungsreform wiederzubeleben. Die verfassungsmäßige Neuordnung des deutschen Reichs soll die politische und territoriale Zersplitterung Deutschlands überwinden und die erforderliche nationalstaatliche Konsolidierung befördern. Die denkbare Alternative einer Einigungsbewegung auf der Grundlage des französischen Gleichheitsideals bleibt ausgeschlossen.

---

[175] Fritz Hartung, Deutsche Verfassungsgeschichte, S. 141, unter Hinweis auf Spittler, Pütter und Schlözer.

c) Fazit: Evolution statt Revolution

In den ideologiekritischen Untersuchungen zum Thema[176] wird vielfach die Frage aufgeworfen, warum der bürgerliche Literat Wieland eine, jedenfalls nach heutigen Maßstäben, überwiegend unkritische Position zu den damaligen Herrschaftsverhältnissen eingenommen habe. Sie führen dies auf Wielands ablehnendes und undifferenziertes Verhältnis zum „Volk", den klein- und unterbürgerlichen Schichten zurück.

Weyergraf stellt fest, daß Wieland sich konsequent den Interessen des Vierten Standes verschließe, was seit der Französischen Revolution ein Festhalten an einer obsolet gewordenen Realität bedeute. Ihm sei es, anders als beispielsweise den Mainzer Revolutionären[177] oder den Autoren des „Schleswigschen Journals", nicht gelungen, über seine Klassenzugehörigkeit hinauszugelangen mit der Folge

„daß aufklärerische Intention ohne entschiedene Parteinahme für die Interessen des Volkes objektiv zum Instrument der Restauration und selbst der Reaktion werden kann. Indem sich in ihnen bürgerliche Vernunft mit feudaler verfilzt, werden sie zur bloßen Rede ohne Überzeugungskraft und für bürgerliche Belange wirkungslos." (S. 85)

Mattenklott/Scherpe erklären Wielands „Bereitschaft zum Bündnis mit der feudalstaatlichen Obrigkeit" (S. 5) aus seiner Besorgnis einer „demokratischen Anarchie" nach Maßgabe der Pariser Ereignisse im Jahr 1793:

„Allein schon die Aussicht auf soziale Gerechtigkeit auch für die unteren Volksklassen führt seiner Meinung nach ins ‚Elend der Anarchie'. Dies ist ihm gleichbedeutend mit der ‚Unsicherheit des Vermögens'." (aaO)

---

176 Weyergraf, Der skeptische Bürger. Wielands Schriften zur Französischen Revolution, (1972); Mattenklott/Scherpe, Demokratisch-revolutionäre Literatur in Deutschland (1975); Stoll, Christoph Martin Wieland, Journalistik und Kritik (1978).
177 Vgl. dazu Scherpe, „...daß die Herrschaft dem ganzen Volke gehört!" Literarische Formen jakobinischer Agitation im Umkreis der Mainzer Revolution, in: Mattenklott/Scherpe, Demokratisch-revolutionäre Literatur in Deutschland. Jakobinismus, S. 139 ff.

102

In Übereinstimmung mit dieser Position führt Stoll aus, daß das deutsche Bürgertum zur Sicherung seiner ökonomischen Expansion und, um die eigenen politischen Ideen durchzusetzen, das Bündnis mit aufgeklärten Fürsten gesucht habe (S. 50 f.), und exemplifiziert ihre These anhand der Biographie des Hofrats Wieland.

Auch Wehler hebt die staatsloyale Mentalität des aufgeklärten Bildungsbürgertums hervor. Er führt die „lang anhaltende Bereitschaft zur Kooperation mit dem deutschen Ancien régime" im wesentlichen auf das frühliberale Staatsvertrauen zurück, das die Majorität der deutschen Aufklärer beherrscht habe. Danach werde „Libertät" originär vom Staat gewährt, eine jahrhundertealte Auffassung, die durch die Schreckenszeit der Französischen Revolution weiter verfestigt worden sei. Vor diesem Hintergrund seien Äußerungen Schlözers in seinem „Staatsrecht" und seinen „Staatsanzeigen" zu verstehen, in denen er - wie auch Wieland in seinen „Betrachtungen" - fragte, wo es denn kultivierte Souveräne gebe, wenn nicht in Deutschland[178]. Infolgedessen beschränkte die

„staatsgläubige Grundhaltung des größten Teils ihrer Trägerschicht (...) oppositionelles Denken zumeist darauf, an den Staat als Exekutor künftiger Reformen zu appellieren, ihnen im Vertrauen auf den wohltätigen Einfluß der Obrigkeit gedanklich vorzuarbeiten." (S. 340)

In dieser Funktion sieht Wehler insbesondere die Lesegesellschaften und Geheimbünde des 18. Jahrhunderts (S. 322).

Demgegenüber wird hier unter Anknüpfung an die nachfolgend darzustellenden Forschungsergebnisse Herzigs zum Protestverhalten der unterbürgerlichen Schichten die These entwickelt, daß Wieland sich den „Interessen des Volkes" weniger aus Angst vor „demokratischer Anarchie" verschließt als vielmehr aus der Erkenntnis heraus, daß die unterbürgerlichen Schichten den absolutistischen Wohlfahrtsstaat unterstützten und damit das sich entfaltende bürgerlich-kapitalistische Staatsverständnis

---

[178] Wehler, Deutsche Gesellschaftsgeschichte I, S. 330.

unterliefen. Daraus ist im Fortgang dieser Untersuchung im Gegensatz zu Weyergraf, Scherpe/Mattenklott, Stoll und Wehler die Schlußfolgerung zu ziehen, daß Wieland im Unterschied zu vielen anderen Autoren keine staatsloyale Haltung einnimmt, sondern sich sowohl nach oben als auch nach unten abgrenzt und dem bestehenden Obrigkeitsstaat einen alle „polizey"staatlich-sozialen und demokratischen Elemente zurückdrängenden Rechtsstaat nach Maßgabe des Laissez-faire-Liberalismus gegenüberstellt.

Der absolutistische Staat bezog die individuelle Glückseligkeit in seinen Staatszweck mit ein und hatte durch eine moralische Staatswirtschaft („moral economy") die materielle Lebensgrundlage der Untertanen zu erhalten. Johann Gottwerth Müller beschreibt in seinen „Papieren des braunen Mannes" die sich daran knüpfende Erwartungshaltung des Volkes gegenüber seinem Regenten, Teuerung und Hungersnot abzuwenden:

„Ein König, der zur Zeit einer Hungersnot Geld unter seine verschmachtenden Untertanen austeilen läßt, verdient freilich Lob; denn ich weiß Fürsten, die in ähnlichen Umständen ihre Untertanen sehr kaltblütig verhungern ließen. Aber wenn jemals mein Beruf es mir notwendig machen sollte, einen wohltätigen Monarchen zum Muster aufzustellen, so würde ich diesen doch nicht dazu nehmen, wenn er auch noch lebte, und ich mir Titel, Ämtchen und Pension dadurch zu erskribeln wüßte. - Ich würde lieber einen solchen König wählen, der sein Volk, als wahrer Vater desselben, vor Teuerung und Hungersnot zu bewahren wüßte (...) Im Jahr 1771 bezahlten wir im Brandenburgischen den Scheffel Rocken mit 1 1/3 Reichstaler, höchstens mit zwei Gulden, als er eine Stunde von uns, jenseits der Grenze nicht mehr um drei Louisd'or zu haben war. Das, dünkt mich, ist eine würdige Lehre für Könige, und nicht nur für Könige, sondern für jeden Edelmann, der Güter hat (...) Oberst Waldheim wenigstens und Wildmann verstanden ihr Handwerk verhältnismäßig so gut, als Vater Friedrich von Preußen das seinige."[179]

Durch die fortschreitende Dynamisierung von Handel und Gewerbewirtschaft, also Handwerk, Verlagssystem, Protoindustrie und Manufakturwe-

---

[179] J. G. Müller, Komische Romane aus den Papieren des braunen Mannes (1785/86), Bd. 1: Die Herren von Waldheim, S. 23 f.

sen[180], wurde der Staat jedoch einerseits weitgehend von seinen Fürsorge-
pflichten freigestellt, während andererseits durch den Abbau korporativer
Rechte weitere obrigkeitliche Kontrolle erreicht werden sollte[181].

Herzig[182] hat herausgearbeitet, daß sich in Deutschland die Protest-
aktionen der Handwerker, der ländlichen und städtischen vorindustriellen
Unterschichten im Gefolge der Französischen Revolution (u.a. Altona,
Rostock, Halle, Standorte der märkisch-westfälischen Protoindustrie,
Schlesien) unter Festhalten an der absolutistischen Ideologie des Wohl-
fahrtsstaats gegen die sich herausbildende kapitalistische Wirtschaftsform
richteten. Unterschichtenproteste seit den 1790er Jahren waren in erster
Linie Hungerrevolten, die die Parolen der Französischen Revolution bisweilen aufgriffen, um den erhobenen Forderungen Nachdruck zu verlei-
hen, ohne jedoch eine antiroyalistische Stoßrichtung zu entfalten.

„Moral- und Rechtsbewußtsein der Unterschichten basierte auf der Vorstellung einer *moral economy*: der Vorstellung, daß Waren zu einem
‚mäßigen Preis‘ angeboten werden müssen."(S. 49)

Infolgedessen richteten sich Protestaktionen vorrangig gegen Unterneh-
mer, die „in Notzeiten nach den Gesetzen des Marktes und auf Kosten der
Unterschichten ‚Wucher‘"(S. 102) trieben. Demgegenüber garantierte der
König die soziale Fürsorge im Sinne der „guten Polizey", während - wie
Herzig am Beispiel des Altonaer Aufstands aufzeigt - die „Wucherer" mit
Jakobinern gleichgesetzt wurden, die ihre originären Erwerbsinteressen
nur „revolutionär" verschleierten:

„Prototyp eines solchen ‚Jakobiners‘ war der Altonaer Metzger und Gast-
wirt Lanz, der im Oktober 1794 sechzig Fässer Fleisch, insgesamt 8000
kg, nach Frankreich exportieren ließ, nicht ohne dem ganzen einen politischen Anstrich zu geben, indem er am Hausgiebel seiner Gastwirtschaft

---

180 Wehler, S. 59 ff, 90 ff.
181 Berding, Französische Revolution und sozialer Protest in Deutschland, in: Herzig u.a. (Hg.) „Sie, und
nicht Wir", S. 415 ff, 417.
182 Arno Herzig, Unterschichtenprotest in Deutschland 1790-1870 (1988).

einen Freiheitsbaum mit roter Jakobinermütze, dazu die französische, schwedische, dänische und amerikanische Flagge anbrachte. Der Pöbel, der in sein Haus einbrach, (...) nahm in dialektischer Umkehrung die politischen Losungen des Metzgermeisters Lanz auf und wandte sich gegen ihn, indem er rief: ‚Es lebe Christian VII., wir wollen von keiner Freiheit und Gleichheit wissen, aber der Schlachter Lanz muß gleichgemacht werden!'"(aaO)

Es zeigt sich, daß sich breite Bevölkerungsschichten auf die Moral-economy-Ideologie des Feudalstaates beriefen, um ihre Subsistenz zu sichern. Selbst wenn der aufgeklärte Absolutismus diesen Staatszweck nicht ausfüllen konnte, stellte sich den Unterschichten, dem bedrohten Zunftwesen, aber auch Teilen der bürgerlichen Intelligenz die frühkapitalistische Wirtschaft in Notzeiten bereits bedrohlicher dar als das überkommene Feudalsystem.

Vor diesem Hintergrund liegt die Annahme nahe, daß Wieland die Interessen des Volkes schon deswegen nicht gegen den Feudalismus ausspielen konnte, weil sie seinem liberalen Denken zuwiderliefen. Weyergrafs Ansicht, daß sich eine Haltung, die nicht dem Interesse des Volkes diene, zwangsläufig mit dem Feudalismus verfilze, geht daher fehl. Die „bürgerlichen Belange" Wielands vertragen sich mit den „Interessen des Volkes" ebensowenig wie mit denen des Feudalabsolutismus. Auch die Französische Revolution wurde jedenfalls in ihrer Anfangsphase vom gehobenen Bürgertum getragen, das sich weder durch eine entschiedene Parteinahme für die Interessen der Bauern, verarmten Kleinbürger und sonstigen städtischen Unterschichten, noch durch eine Koalition mit dem Ancien régime auszeichnete. Ebensowenig ging das Bürgertum in England und später in Nordamerika ein Bündnis mit der alten Herrschaftselite ein, um wirtschaftlich expandieren und die eigenen politischen Ideen durchsetzen zu können; vielmehr brach es die Herrschaft des Absolutismus bzw. der Kolonialherren.

Dem deutschen Bürgertum fehlte um die Wende vom 18. zum 19. Jahrhundert dagegen die wirtschaftliche Kraft, um die Staatsgewalt gewaltsam okkupieren oder ihren Anspruch darauf selbstbewußt artikulieren zu können. Daraus zu schließen, daß es sich deswegen staatsloyal zeigte und darauf beschränkte, an den „wohltätigen Einfluß der Obrigkeit" zu appellieren, geht in Hinblick auf Wieland fehl. Als Reflex auf die Französische Revolution wurden in Deutschland die mühsam erworbenen bürgerlichen Freiheiten, insbesondere deren „Palladium", die Pressefreiheit, empfindlich eingeschränkt. Wielands Schriften der Folgezeit sind alles andere als staatsgläubig. Bereits in der oben besprochenen Schrift äußert er Unverständnis über die „Verschwörung gegen die Vernunft". Sein Eintreten für die autonomen gesellschaftlichen Formationen Geheimgesellschaft und Gelehrtenrepublik wird zu der Forderung ausgeweitet, daß die Gesellschaft vollständig von staatlicher Bevormundung abzuschotten ist, er fordert Freiheit von staatlicher Unterdrückung und Beschränkung. Obwohl Wieland demgegenüber politische Freiheit, also politische Partizipation im Sinne der Freiheit zum Staat noch für nachrangig erklärt, erkennt er, daß das eine nicht ohne das andere zu erreichen ist. Infolgedessen sieht sein Verfassungsentwurf für das deutsche Reich in den „Gesprächen unter vier Augen" die Beteiligung des dritten, und mit Einschränkungen auch des vierten Standes an der politischen Willensbildung vor. Er bekennt sich zwar weiterhin nach Maßgabe der monarchischen Souveränität zum politischen Führungsanspruch der deutschen Fürsten, ebnet aber in seiner politischen Theorie die politischen Vorrechte des Adels weitgehend ein.

5. „Gespräche unter vier Augen"

Die als 31. Band der „Sämmtlichen Werke" veröffentlichten „Gespräche unter vier Augen" von 1798 nehmen wie „Eine Lustreise ins Elysium" eine Mittelstellung zwischen Wielands diskursiver politischer Publizistik im „Teutschen Merkur" und der politischen Prosa seiner Staatsromane „Der goldne Spiegel" und „Aristipp" ein. In den „Gesprächen" tritt die ästhetische Bearbeitung des Stoffs als Dialog unbekannt bleibender Gesprächspartner so weit hinter die systematische Auseinandersetzung Wielands mit Fragen von Staatsrecht, Staatslehre und Rechtsphilosophie und den Vorschlag einer Verfassungreform des „Heiligen Römischen Reichs Deutscher Nation" zurück, daß sie vorliegend im Zusammenhang seiner politischen Publizistik behandelt werden.

Das Werk unterteilt sich in zwölf Dialoge nebst einem Vorbericht des „Herausgebers" zwischen: Sinibald und Geron (I. Was verlieren oder gewinnen wir dabei, wenn gewisse Vorurteile unkräftig werden?), Wilibald und Heribert (II. Über den neufränkischen Staatseid: „Haß dem Königtum!"; III. Nähere Beleuchtung der angeblichen Vorzüge der repräsentativen Demokratie vor der monarchischen Regierungsform), Geron und Heribert (IV. Was ist zu tun?), Gismund und Ottobert (V. Entscheidung des Rechtshandels zwischen Demokratie und Monarchie), Frankgall und Holger (VI. Die Universal-Demokratie), Raymund und Wilibald (VII. Würdigung der Neufränkischen Republik aus zweierlei Gesichtspunkten), Walther und Diethelm (VIII. Was wird endlich aus dem allen werden?), Egbert und Sinibald (IX. Über die öffentliche Meinung), Sinibald und Egbert (X. Träume mit offenen Augen), Hulderich und Geron (XI. Blicke in die Zukunft), einem Fremden und Geron (XII. Fragment eines Gesprächs zwischen Geron und einem Unbekannten).

Wieland hatte bislang noch nicht versucht, seine zuletzt aus der kritischen Kommentierung der Französischen Revolution gewonnenen theoretischen Erkenntnisse zu Staat und Recht unmittelbar für die deutschen Verhältnisse fruchtbar zu machen. Der politische Status quo in den deutschen Ländern wurde in seinen „Aufsätzen über die Französische Revolution" zwar ebenfalls als völlig unzulänglich beurteilt, dem aber kein Gegenentwurf gegenübergestellt. Denn Wieland hatte sich ja darauf festgelegt, daß die Bewahrung des Bestehenden in jedem Fall dem Experiment eines Neubeginns vorzuziehen sei. In der Annahme, daß der Funke der Revolution nach fast zehn Jahren nicht mehr überspringen werde,

108

wird in den „Gesprächen" nun erstmals der Entwurf eines reformierten deutschen Staatswesens entwickelt.

a) Souveränitätsbegriff

In seiner „Kosmopolitische(n) Adresse an die Französische Nationalversammlung" von 1789 ordnet Wieland die Souveränität der traditionell monarchischen Exekutive zu:

„Es ist lächerlich, von der Majestät des *Volkes* zu faseln. Die wahre Majestät (...) liegt in dem *Gesetze*, welches *nicht der allgemeine Wille des Volkes*, sondern *der Ausspruch der allgemeinen Vernunft* ist (...) Aber das Gesetz kann sich nicht selbst handhaben; nur durch die vollziehende Macht wirkt es das was es wirken soll. Es ist also nichts nötiger, als der vollziehenden Macht (...) *die Majestät* ohne Widerspruch einzuräumen."(IX/29/231)

Im zentralen zweiten Dialog der „Gespräche" streiten Heribert und Wilibald über die Vorzüge und Nachteile der Staatsformen Demokratie und Monarchie. Wilibald vertritt die monarchische Position Wielands, Heribert die demokratische der französischen Republik. Die beiden Kontrahenten definieren zunächst übereinstimmend Souveränität, Demokratie, Monarchie, Staat und Recht, bevor Wieland seinen Protagonisten Wilibald seinen „reinen und richtig gefaßten Begriff des Königtums" (X/31/78) entwickeln läßt.

Souveränität ist für beide Disputanten die höchste Gewalt im Staat, die einzig dazu dient, „den Gesetzen, welchen alle Bürger gleichen Gehorsam schulden, diesen Gehorsam wirklich zu verschaffen". Ausdruck der höchsten Gewalt im Staat ist die Gesetzgebungsbefugnis. Von der Souveränität her verstanden ist die Monarchie ein Staat, in dem die höchste Gewalt in den Händen „eines einzigen", und die Demokratie ein Staat, in dem die höchste Gewalt in den Händen des „ganzen Volkes" liegt (X/31/68). Da

Gesetze im Sinne Montesquieus als allgemeine Vernunftregeln angesehen werden[183], dürfen Gesetzgebungs- und -vollziehungsbefugnis keinem Repräsentativorgan mit wechselnden Mehrheiten zugeordnet sein.

Eine vom Volk ausgehende Staatsgewalt versteht Wieland dahin, daß sich das Volk seiner Rechte begeben habe, und verwendet dies als Argumentationshilfe gegen die Volkssouveränität, die er mit der Rechtlosigkeit des einzelnen im unbeschränkten Absolutismus gleichsetzt:

„In der besagten Demokratie, wie in der uneingeschränkten Monarchie, hat sich das Volk des Gebrauchs der höchsten Gewalt begeben. Denn wiewohl es in jener den *Namen* des Souveräns beibehält (...) so wollte ich doch Sr. Popularen Majestät nicht raten, sich den Verordnungen der Bürger Direktoren, oder den Bajonetten und Kanonen der unter den Befehlen derselben stehenden Bürger Soldaten und Leibgardisten zu widersetzen." (114)

Diese Aussage steht im offenkundigen Widerspruch zu Wielands eigener Auffassung von Demokratie als „Vielherrscherei". Er räumt ein, daß sich das Volk auch unter den Bedingungen der Volkssouveränität sowohl der Staatsgewalt als auch der republikanischen Regierungsgewalt unterstellt. So wie Wieland den Begriff der Volkssouveränität als diffuse „Vielherrscherei" mißversteht und demokratisch legitimierte politische Herrschaft mit direkter Demokratie verwechselt, verkennt - oder besser: mißachtet - er den Unterschied zwischen Staatsgewalt und Regierungsgewalt. Darin ist allerdings kein singuläres Mißverständnis eines staatsrechtlichen Dilettanten zu sehen. Heller zählt dies zu den häufigsten Irrtümern der Staatslehre überhaupt[184].

---

183 Habermas, Strukturwandel der Öffentlichkeit, S. 71.
184 Heller, Staatslehre, S. 272.

b) Parlamentarismus

Vor dem Hintergrund seines falschen Verständnisses von Volkssouveränität findet auch ein durch allgemeines Wahlrecht und Mehrheitsprinzip
gekennzeichneter Parlamentarismus keine Zustimmung Wielands. Das
„wesentlichste Interesse des Volkes" liegt in der Demokratie in den fremden Händen der vorgeblichen Repräsentanten:

„In der Französischen *Demokratie* (liegt das wesentlichste Interesse des
Volkes) in den Händen der beiden gesetzgebenden Räte und des Direkto-
riums, welches auch seine Vertrauten, Günstlinge, Helfershelfer und
Kreaturen hat, und in ungleich größerer Anzahl als irgend ein Monarch.
Das souveräne Volk hat hierin im Grunde vor dem alleruntertänigsten
nichts voraus." (120)

Wieland bleibt nicht verborgen, daß die Französische Republik eine indirekte Demokratie ist und die von ihm als angebliche Vielherrscherei
abgelehnte Volkssouveränität in der politischen Praxis auf die Regierungsgewalt des Direktoriums beschränkt bleibt.

Folglich wird die einzige Prärogative des Volkes, das allgemeine Wahlrecht, disqualifiziert. Seine Vorteile stehen in keinem Verhältnis zu den
offenkundigen Nachteilen:

„Zeitverlust, die Unterbrechung seiner gewöhnlichen Geschäfte, und alle
die heillosen Folgen des ewigen Intrigierens, Kabalierens, Aufhetzens,
Verführens und Bestechens, das von einer solchen alle Jahre wiederkom-
menden Wählerei unzertrennlich ist" (118 f.).

Im Vergleich dazu sei es besser, „die dermalige Ordnung der Dinge mit
einem leidlich eingerichteten Königtum zu vertauschen" (119).

Gemessen am Ideal der Rousseauschen direkten Demokratie mit ihrer
volonté générale, aber auch an Wielands Vorstellung von der sich in der
Gesetzgebung niederschlagenden „allgemeinen Vernunft", die keinesfalls
der wankelmütige Wille des Volkes ist, kann der parlamentarische Reprä-

sentationsgedanke nur eine Not- oder Scheinlösung sein. Wieland bleibt die den positiven Aspekt der Repräsentation herausstellende liberale Parlamentstheorie fremd, wie sie etwa von Sieyès (1748-1836) und Burke (1729-1797) zeitgleich entwickelt wurde. Danach gelangt nur die Elite der Nation in das Parlament, die besonders prädestiniert ist, das jeweils Gemeinwohlkonforme zu ermitteln[185]. Auf der Grundlage des Austausches von Argumenten und Gegenargumenten setzen sich gemäß bürgerlich-liberalen Vorstellungen die vernünftigsten Argumente in der Öffentlichkeit durch. An dieser Diskussion hat das Parlament als zentrale Verkörperung der Öffentlichkeit wesentlichen Anteil und bietet als politisches Organ der gesellschaftlichen Elite Gewähr für ein hohes Maß inhaltlicher Richtigkeit der erlassenen Gesetze.

c) Die öffentliche Meinung

Für Wieland wird in Übereinstimmung mit dem Denken der Physiokraten die politische bürgerliche Öffentlichkeit allein schon durch die Meinungs- und Pressefreiheit gewährleistet und bedarf keiner Verbindung mit dem Parlamentarismus.

Die Physiokraten hatten in Frankreich noch vor Adam Smith die Freiheit der Wirtschaft von staatlicher Lenkung gefordert[186], vertrauten aber der absoluten Monarchie die Durchsetzung dieses Ordnungsprinzips an.

„In diesem Sinn erklären die Physiokraten, daß allein opinion publique den ordre naturel erkennt und sichtbar macht, damit ihn dann der aufgeklärte Monarch in Gestalt genereller Normen zur Grundlage seines Handelns machen kann - Herrschaft soll auf diesem Wege mit Vernunft zur Konvergenz gebracht werden."[187]

---

[185] Dazu v. Arnim, Staatslehre der Bundesrepublik Deutschland, S. 51.
[186] Grimm, S. 176.
[187] Habermas, S. 73. Habermas setzt sich in seiner Untersuchung explizit mit Wielands Essay „Über die öffentliche Meinung" auseinander.

Dieses Verständnis läßt auch Wieland immer wieder die gesetzgebende Qualität der Vernunft hervorheben:

„Egbert: ‚Jeder Ausspruch der Vernunft hat die Kraft eines Gesetzes, und bedarf dazu nicht erst öffentliche Meinung zu werden.' Sinibald: ‚Sagen Sie lieber, *sollte* die Kraft eines Gesetzes haben, und wird sie auch sicher erhalten, sobald er sich als die Meinung der Majorität ankündigt.' Egbert: ‚Das wird sich im neunzehnten Jahrhundert ausweisen.'" (346)

Demnach kann für Wieland in Übereinstimmung mit den Physiokraten der aufgeklärte Monarch gleichermaßen als rechtsstaatlicher Gesetzgeber fungieren, „sofern er nur bereit ist, seine Befehle (...) an allgemeine Normen zu binden"[188]. Denn Gesetze sind nicht Ausdruck des Willens eines einzelnen oder vieler, sondern Ausdruck der allgemeinen Vernunft, und der Regent ist daher lediglich berufen, sie zu vollziehen. Habermas hebt hervor, daß für dieses Denken die Durchsetzung der „allgemeinen Vernunft" „nicht auch schon die Konstitutionalisierung im Rahmen einer parlamentarischen (oder wenigstens parlamentarisch gebundenen) Regierungsform"[189] erfordert, sondern sich durch das Medium der öffentlichen Meinung vollzieht.

Wieland bezweifelt, daß die zufälligen Mehrheiten parlamentarischer Repräsentation zur Durchsetzung der allgemeinen Vernunft beitragen. Der Regelungsinhalt von Normen ist wegen der gesetzgebenden Qualität der Vernunft vielmehr dem Willen eines einzelnen oder einer entscheidungserheblichen Mehrheit entzogen. Diese Position findet sich noch in der Parlamentarismuskritik des zwanzigsten Jahrhunderts wieder. Auch Carl Schmitt behauptet in seiner „Verfassungslehre":

„Gesetz ist nicht der Wille eines oder vieler Menschen, sondern etwas Vernünftig-Allgemeines; nicht voluntas, sondern ratio." (S. 139)

---

188 Habermas, aaO.
189 Habermas, S. 102.

In diesem Sinne sind sich die Dialogpartner Sinibald und Egbert im Dialog „Über die öffentliche Meinung" auch darüber einig, daß die untersten Klassen eines jeden „policierten" Volkes von der politischen Willensbildung auszuschließen sind (315 f):

„Immerhin mag der größte Teil dieser Millionen, in gewissem Sinne, als unmündig anzusehen sein; aber sie haben den *allgemeinen Menschenverstand zum Vormund*, und man darf darauf rechnen, daß in Sachen, die das Wohl oder Weh der unendlich größern Mehrheit unmittelbar betreffen, der *Ausspruch dieses Vormunds* auch die *öffentliche Meinung* ist." (345)

Das Licht der Aufklärung, das zum „Fortgang der *Kultur zur Humanität*" (331) führt, verbreitet sich „durch die *mittleren* Klassen der Gesellschaft" (333), also das Bürgertum. Da Recht und Gesetz Ausdruck der allgemeinen Vernunft sind und die allgemeine Vernunft durch die öffentliche Meinung ermittelt wird, nimmt das Bürgertum als eigentliche Trägerschicht der Rationalität und Vormund der unteren Klassen Einfluß auf die Gesetzgebung des Staates.

d) Staats- und Rechtsbegriff

Zum Wesen von Staat und Recht führt Wieland aus:

„Die Erhaltung und Wohlfahrt des Staates, als der letzte politische Zweck desselben, ist auch der Zweck der Gesetze, die, als notwendige Mittel zur Erreichung desselben betrachtet, jedem Bürger für seine Rechte Gewähr leisten und seine Pflichten vorzeichnen."(X/31/75 f)

Der Inhalt der Gesetze bestimmt sich nach ihrer Funktion, den „bürgerlichen Verein", also den Staat zu konstituieren und zu ordnen:

„Da die Gesetze, wovon hier die Rede ist, unmittelbar in der Natur des Menschen, und in der Natur und dem Zweck des bürgerlichen Vereins gegründet, also nicht von irgend eines Menschen Willkür, Laune oder

Privatinteresse abhängen, sondern so ewig und notwendig sind als die allgemeine Vernunft, die höchste Gesetzgeberin aller freien Wesen: so war, ist und bleibt es eine Ungereimtheit (...), daß der *Wille* des Regenten die *Quelle* des Gesetzes sei.'"(76)

Die sehr allgemeinen rechtsphilosophischen Aussagen Wielands beschränken sich im Grunde auf die Forderung, daß sich das positive bzw. Gesetzesrecht zwingend an naturrechtliche Vorgaben zu halten habe. Eine konkrete inhaltliche Bestimmung der naturrechtlichen Parameter des Gesetzesrechts fehlt ebenso wie eine Auseinandersetzung mit dem Problemkreis der Trennung von Privatrecht und öffentlichem Recht.

Quellen der Gesetze sind für Wieland weder die voluntas eines absolutistischen Herrschers noch der zufällige Mehrheitswille einer parlamentarischen Legislative, sondern die Natur des Menschen und die allgemeine Vernunft. Damit wird wie bei Hobbes und Locke neben das Naturrecht bereits das Vernunftgesetz gestellt[190] und nicht wie bei Pufendorf in der Vernunft lediglich ein Mittel gesehen, mit dessen Hilfe das natürliche Gesetz durch die Betrachtung der Natur des Menschen ermittelt wird[191].

Das Vernunftgesetz ist aber auch nicht mit Kants Begriff der „reinen Vernunft" gleichzusetzen. Das Vernunftgesetz ist - wie Verdroß formuliert - eine Klugheitsregel, die eine Beschränkung der natürlichen Freiheit fordert, um Leben und Eigentum zu sichern[192]. In diesem Sinne sagt auch Wieland, daß neben der Natur die allgemeine Vernunft höchste Gesetzgeberin freier Wesen ist. Für Kant liefern dagegen empirische Tatsachen (aus denen Wieland auf die „Natur des Menschen" bzw. „Natur der Dinge" schließt) kein Kriterium zur Bewertung von Normen als richtig oder falsch. Richtiges Recht bzw. die Verbindlichkeit des Sittengesetzes lasse

---

[190] Verdroß, S. 114.
[191] Verdroß, S. 124.
[192] Verdroß, aaO.

sich nicht aus der empirischen Natur des Menschen ableiten, sondern könne nur a priori aus der reinen Vernunft gewonnen werden[193].

Mit dieser Erkenntnis wurde Kant zum „Zermalmer" der rationalistischen Metaphysik des Naturrechts von Descartes bis Wolff[194]. Da mit Kants Rechtsdenken das Faktische als Kriterium für die Richtigkeit von Gesetzen verworfen wird, gilt neben dem dogmatisch-spekulativen auch das empirisch-naturalistische Naturrechtsdenken Wielands seither als überholt.

e) Politischer Humanismus

Sowenig das Denken Wielands von der durch die Philosophie Kants maßgeblich vorangetriebenen Entethisierung des Politik- und Rechtsverständnisses gekennzeichnet ist, sowenig vollzieht seine Dichtung die von der Weimarer Klassik geforderte Entpolitisierung der Kunst nach. Seine politischen Bemühungen zielen zwar in Übereinstimmung mit dem deutschen Idealismus auf die schöpferische Entfaltung der Persönlichkeit. Dennoch teilt er nicht die Auffassung Schillers, es seien zunächst „für die Verfassung Bürger zu schaffen, ehe man den Bürgern eine Verfassung geben" könne[195]. Wie nachfolgend zu zeigen ist, begrenzt Wieland die Teilnahme des Bürgertums an der politischen Willensbildung auch nicht auf die öffentliche Meinung, die das „anmaßliche Geheimnis der Höfe und Kabinette" zum Gegenstand der „schärfsten Untersuchungen" macht. Vielmehr korreliert den humanistischen Bildungsbestrebungen Wielands seine Forderung nach einer verfassungsmäßig garantierten parlamentarischen Repräsentation des dritten Standes.

---

193 Immanuel Kant, Grundlegung der Metaphysik der Sitten, 2. Aufl. 1786, in: Immanuel Kants Werke, hg. v. E. Cassirer, Bd. 4, S. 245; Fundstelle nach Verdroß, aaO., S. 138.
194 Verdroß, S. 136.
195 Schiller, Briefe über die ästhetische Erziehung des Menschen; zit. nach Rürup, S. 117.

Batschas These[196], daß eine funktionelle Trennung von Staat und Gesellschaft zugleich Politik und Publikum trenne und bei Wieland eine Entpolitisierung der bürgerlichen Öffentlichkeit bezwecke, die jede Herrschaftskritik als subversive Tätigkeit verurteile, ist danach unschwer mit
den Worten Wielands zu widerlegen:

„Solange die *Moral* eine ausschließliche *Behörde der Priesterschaft*, und
die *Politik* das anmaßliche Geheimnis der *Höfe* und *Kabinette* ist, müssen
sich diese und jene zu Werkzeugen der Täuschung und Unterdrückung
mißbrauchen lassen; das Volk wird das Opfer schändlicher Wortspiele,
und die Gewalt erlaubt sich alles und darf sich alles ungestraft erlauben,
da es von ihrer Willkür abhängt, Unrecht zu Recht, Recht zu Unrecht zu
stempeln, und das, wovor sie sich am meisten fürchten, die *Bekanntmachung der Wahrheit*, zum *Verbrechen* zu machen, und als solches zu
bestrafen." (331 f.)

Dieser offenkundige Mangel an „Glasnost" ruft die politische Öffentlichkeit des „aufgeklärtesten Teils der Nation" auf den Plan, „der das Studium
der Natur und des Menschen schon lange, wiewohl nur zur Spekulation,
trieb", und der ihn

„endlich nötigt, Moral und Politik zum Gegenstande der schärfsten Unter-
suchungen zu machen, und ihre ersten Gründe aus der menschlichen
Natur selbst hervor zu graben, da nehmen die Sachen einen andern
Gang." (331)

Moral und Politik sind nicht länger die ausschließliche Domäne von Kirche und Staat, sondern auch Angelegenheit des aufgeklärten Bürgertums,
das religiöses Dogma und Regierungskunst am Maßstab des Naturrechts
mißt und kritisiert. Wieland erteilt Geheimniskrämerei und Willkür absolutistischer religiöser und politischer Herrschaft, Rechtsbeugung und
Unterdrückung der Meinungsfreiheit eine unmißverständliche Absage.
Das Bürgertum macht die Interessen des Volkes im Namen der Aufklä-

---

196 Oben, S. 9, Fußnote 34 ; in bezug auf den deutschen Idealismus: Rürup, Deutschland im 19. Jahrhundert, S. 117.

rung zur eigenen Sache, ohne sich auf eine Stufe mit ihm, aber ebensowenig mit dem ersten und zweiten Stand zu stellen.

Anders als Batscha meint, leistet die Trennung von Staat und Gesellschaft, von Öffentlichkeit und Privatheit nach dem Verständnis von Wieland nicht der Entpolitisierung der bürgerlichen Existenz Vorschub, sondern steht im Kontext politischer Partizipation. Dem Individuum stehen
zwar staatszweckneutrale Daseinsbereiche zur Verfügung, in denen es sich
nach eigenen Vorstellungen entwickeln kann. Gleichwohl soll die Sicherung dieser Bereiche durch den von Wieland eingeforderten Anteil an der
politischen Herrschaft im Staat gewährleistet werden.

e) Verfassungsdiskussion

aa) Das Vorbild der britischen Verfassung

Im Dialog „Die Universal-Demokratie" sind sich die Kontrahenten Holger
und Frankgall einig, daß die Verfassung Großbritanniens mit wenigen
Modifikationen als Leitbild für jeden Verfassungsentwurf herangezogen
werden könne (238). Am „gewachsenen" englischen Parlamentarismus
orientiert sich auch der altständisch-monarchische Konstitutionalismus,
den Wieland im Hinblick auf die geforderte Reform der deutschen
Reichsverfassung vertritt.

bb) Reform der deutschen Reichsverfassung

Im Dialog zwischen Egbert und Sinibald „Träume mit offenen Augen"
entwickelt Wieland wenige Jahre vor der Auflösung des Heiligen Römischen Reichs Deutscher Nation am 6. August 1806 einen Verfassungsentwurf für das Deutsche Reich, der den vom deutschen Frühliberalismus

aufgegriffenen altständischen Repräsentationsgedanken sowie das Prinzip ständischer Gewaltenteilung umsetzt.

Vorangegangen war eine intensive publizistische Auseinandersetzung über den Nutzen der Reichskonstitution, die u.a. in der Preisfrage der Erfurter Akademie von 1791 mündete, wie „dem deutschen Bürger der Wert und die Vorteile der deutschen Reichskonstitution recht fühlbar und ihn derselben recht anhänglich"[197] gemacht werden könnten. Aufbauend auf seinen Gedanken zur Patriotismus-Diskussion sah Wieland in der Reform der Reichsverfassung einen Schritt zur nationalstaatlichen Konsolidierung und zur Ausbildung der liberalen Staatsidee nach westeuropäischem, insbesondere angelsächsischem Vorbild.

Entsprechend Wielands Primat der monarchischen Souveränität ist die Landeshoheit der im Reich zusammengeschlossenen Staaten durch die altfürstlichen Häuser auszuüben (X/31/376).

Mit „einer billigen Modifikation zugunsten des *dritten Standes*" liegt

„die gesetzgebende Gewalt (...) wie bisher (...) bei den gesamten Reichsständen, die in den neu zu bestimmenden *Kreisen* des Deutschen Reichs angesessen sind." (377)

Es wird ein föderatives Zweikammer-System vorgeschlagen:

„Diese (Kreise) würden in zwei Kollegia oder *Kammern*, wie wir sie einstweilen nennen wollen, abgeteilt. Die *erste* Kammer bestünde aus den Bevollmächtigten der neuen Kreisfürsten, d.i. der sämtlichen regierenden Herren der altfürstlichen Häuser, und aus einer *gleichmäßigen Anzahl* von Deputierten, welche von den sämtlichen neufürstlichen, altgräflichen und altfreiherrlichen (dynastischen) Familien gemeinschaftlich zu ernennen wären; die *zweite* aus einer bestimmten Anzahl von *Repräsentanten* des mittelbaren Landadels, der beibehaltenen Reichsstädte, und der übrigen sämtlichen Gemeinden des in allen Reichskreisen ansässigen deutschen Volks" (378).

Wielands Entwurf erörtert ein ständisches Gewaltenteilungsmodell zwi-

---

197 Zit. nach Hartung, Deutsche Verfassungsgeschichte, S. 160.

schen regierendem Hochadel, niederem Adel und Bürgertum bzw. Volk
in Gestalt einer Mischverfassung nach antikem Vorbild. Die Idee der
funktionellen Gewaltenteilung zwischen Legislative, Exekutive und Judikative im Sinne Lockes und Montesquieus wird nicht behandelt.
Weitere verfassungsrechtliche „checks and balances" sind in den Verfassungsentwurf eingebaut, wie allgemeines und geheimes (Dreiklassen-)
Wahlrecht, Wahlproporz, Legislaturperioden, Amtszeit der Repräsentanten des Volkes, usw. (380 f.).
Die Fürstenkammer besitzt die ausschließliche Gesetzgebungsinitiative
bei den Reichsgesetzen und bestimmt die Außenpolitik und den Staatsetat
(383). Die übrige Gesetzgebungskompetenz wird gemeinsam mit der
Kammer der Gemeinen ausgeübt (383 f.). Der Staat ist weltanschaulich
neutral (392) und verbindet so die „demokratische Form mit der aristokratischen und moralischen" (389).
Egbert kommentiert den Verfassungsentwurf Sinibalds mit den Worten:

„Ei, ei, Sinibald! wo denken Sie hin? Den Adel mit den Gemeinen auf
gleichen Fuß setzen und in eine Kategorie werfen zu wollen! Auf einen
solchen *Gallicism* haben Sie mich nicht vorbereitet. Das wird nimmer-
mehr angehen, so lang' angeborene Vorurteile unüberwindlich bleiben!"
(378)

Goethe teilte das Urteil Egberts und schrieb am 2.5.1798 an Schiller :

„Eine der lustigsten Begebenheiten unseres Zeitalters kann ich vorläufig
nicht verschweigen. Wielanden ist durch ein heimlich demokratisches
Gericht verboten worden, die Fortsetzung seiner ‚Gespräche' im ‚Merkur'
drucken zu lassen; das nächste Stück wird zeigen, ob der gute Alte
gehorcht. Der arme Verfasser des ‚Goldnen Spiegels' und des ‚Agathon',
der zu seiner Zeit Königen und Herren die wundersamsten Wahrheiten
sagte, der sich auf Verfassungen so trefflich verstand, als es noch keine
gab, der edle Vorläufer des neuen Reiches muß nun, in den Zeiten der
Freiheit, da Herr Posselt täglich den bloßen Hintern zum Fenster hinaus-
reckt, da Herr Gentz mit der liberalsten Zudringlichkeit einem neuen
Könige eine unbedingte Preßfreiheit abtrotzt, die Schoßkinder seines
Alters, die Produkte einer Silberhochzeit, gleich namenlosen Liebeskin-

dern verheimlichen. Vor 14 Tagen ohngefähr kam er nach Weimar, um für diese Produktionen, mit denen er sich im stillen beschäftigt hatte, einiges Lob einzuernten, er las sie in allen Etagen unsers Geschmacks- und Gesellschaftshauses vor und ward mit mäßiger Gleichgültigkeit aufgenommen, so daß er für Ungeduld bald wieder aufs Land flüchtete; indessen hielt man Rat und jetzt, hör ich, ist ihm angekündigt, diese Mestizen eines aristo-demokratischen Ehebandes in der Stille zu erdrosseln, und im Keller zu begraben, denn ausgesetzt dürfen sie nicht einmal werden."198

Vordergründig erscheint die Argumentation Goethes nicht kohärent. Einerseits nimmt das Weimarer „Geschmacks- und Gesellschaftshaus" die Produktionen Wielands in Zeiten der Freiheit, mehr noch: der liberalsten Zudringlichkeit, angeblich nur mit mäßiger Gleichgültigkeit auf. Andererseits soll Wieland aufgegeben worden sein, die von ihm geschaffenen aristo-demokratischen Mestizen in aller Stille zu erdrosseln. Warum die zunächst als harmlos apostrophierte politische Utopie des „guten Alten" einem derart gewalttätigen Verdikt anheimfallen muß, teilt Goethe nicht mit.

Hintergründig erweist sich der Spott Goethes jedoch als Ausdruck des zwischenzeitlich erfolgten gesellschaftlichen Funktionswandels der klassischen Literatur. Während die Dichtung Wielands „zu seiner Zeit" auch anerkanntermaßen politische Aufgaben erfüllte und „Königen und Herren die wundersamsten Wahrheiten" sagte, gibt sie ihren Autor in „Zeiten der Freiheit", ja der „liberalsten Zudringlichkeit" aufgrund ihrer anachronistischen Zielsetzung nur noch der Lächerlichkeit preis.

Zugleich sollte Goethe mit seiner Mahnung recht behalten, diese „Mestizen eines aristo-demokratischen Ehebandes" seien besser nicht auszusetzen. Namentlich in den österreichischen Ländern wurde die Verbreitung der „Gespräche" bereits 1799 von der Wiener Zensurbehörde verboten199. Gleichwohl gab Wieland seinen den Vorstellungen der Weimarer

198 In: Schillers Werke. Nationalausgabe, 37. Band. Teil 1. Hg. v. Norbert Oellers und Frithjof Stock. Weimar 1981, S. 285; zit. nach Höhle, S. 605.
199 Vgl. Höhle, Revolution, Bürgerkrieg und neue Verfassung in Cyrene, S. 594.

Klassik widersprechenden politischen Humanismus nicht auf, sondern baute ihn in seinem letzten großen Roman, dem „Aristipp", weiter aus, und zwar sowohl hinsichtlich seiner Forderung nach einer freiheitswahrenden Begrenzung des staatlichen Einflusses, als auch im Hinblick auf die Herausbildung einer politischen Öffentlichkeit und einer verfassungsmäßigen Beteiligung der gesamten Bevölkerung an der politischen Willensbildung.

C. Staat und Recht in den literarischen Arbeiten Wielands

Die Untersuchung der fiktionalen Texte hat die Romane „Der goldne Spiegel" (1772) und „Aristipp" (1800-02), die Versdichtungen „Schach Lolo" (1776) und „Die Wasserkufe" (1795) sowie die Erzählungen „Der Stein der Weisen" (1788) und „Das Hexameron vom Rosenhain" (1805) zum Gegenstand. Behandelt werden jeweils ein Roman, eine Versdichtung und eine Erzählung vor und nach der Französischen Revolution in der Folge ihrer Entstehung. Die Romane „Der goldne Spiegel" und „Aristipp" markieren im wesentlichen den Anfangs- und den Endpunkt einer mehr als dreißigjährigen dichterischen Auseinandersetzung Wielands mit dem Thema Staat und Recht. Der zwischen diesen Polen liegende Entwicklungsgang seines Staats- und Rechtsdenkens - insbesondere der nachfolgend herauszuarbeitende literarische Konfigurationswechsel - läßt sich anhand der ausgewählten, relativ kurzen Erzählungen und Versdichtungen prägnant nachzeichnen. Auf andere wichtige Werke („Geschichte des Agathon", „Die Abderiten", „Die Republik des Diogenes von Sinope", „Peregrinus Protheus" und „Agathodämon") wird teilweise ergänzend Bezug genommen.

I. Werke vor der Französischen Revolution

1. „Der goldne Spiegel"

Wielands Beschäftigung mit Staat, Recht und Politik hatte im „Agathon" noch episodischen Charakter. Das 11. und 12. Buch des „Agathon" beschreibt Agathons Erfahrungen mit der Politik, nachdem er an den Hof des Königs Dionysius von Syrakus berufen worden war. Er versucht in dieser Episode vergeblich, den von Günstlingswirtschaft geprägten absolutistischen Regierungsstil des Königs auf den Boden ethischer Grundsätze zu stellen. Auch in den „Abderiten" finden sich wiederholt ironische

Anspielungen auf die Unzulänglichkeiten der damaligen Staats- und Rechtsordnung[1]. Wielands Kritik zielt dort aber schwerpunktmäßig auf städtisch-patrizische Herrschaftsformen und gibt im „Streit um des Esels Schatten" die Rechtspflege der Lächerlichkeit preis. Im „Goldnen Spiegel" stellt Wieland die „Staatskunst" nun erstmals in den Mittelpunkt der Handlung.

a) Handlung

Die im „Goldnen Spiegel" nacherzählte Geschichte des scheschianischen Reichs liest sich wie eine literarische Staatsformenlehre. Ihr Grundgerüst ist die antike, auf Herodot und Aristoteles[2] zurückgehende Dreigliederung der Staatsformen in Monarchie, Aristokratie und Demokratie und ihre Deviationen Tyrannis, Oligarchie und Ochlokratie bzw. Anarchie. Die von Wieland neben der dreigliedrigen Staatsformenlehre verwendete Staats-Zyklenlehre[3] ist ebenfalls antiken Ursprungs. In der Handlung des „Goldnen Spiegel" folgen die einzelnen Staatsformen einander so lange mit innerer Zwangsläufigkeit nach, bis die schematisch-dreigliedrigen Elemente mit den dynamisch-historischen Momenten schließlich durch eine im Idealstaat Tifans verwirklichte, wiederum auf antiken Vorbildern beruhende Mischverfassung[4] in Einklang gebracht werden. Ein dauerhaftes staatliches Gefüge ist danach nur auf der Grundlage des Zusammenwirkens der drei staatlichen Organisationsformen Monarchie, Aristokratie und Demokratie herzustellen.

Während die in vier Bücher unterteilte Handlung der Erstausgabe des „Goldnen Spiegels" von 1772 mit der Schilderung der Scheschianischen Blütezeit unter der Regentschaft König Tifans endet, faßt die 1794

---

[1] Oben A III, S. 24f.
[2] Vgl. Imboden, Die Staatsformen (1959), S. 14.
[3] Imboden, S. 19.
[4] Imboden, S. 20.

erschienene Ausgabe „von letzter Hand" die Handlung in zwei Bücher und ergänzt sie um einen knappen Bericht über den Untergang des Reichs als Folge revolutionärer Wirren. Im übrigen lassen sich nur geringfügige inhaltliche Unterschiede zwischen beiden Fassungen feststellen, auf die jeweils hingewiesen wird.

Wieland gibt sich in seinem Werk noch als Vertreter der Theorie des aufgeklärten Absolutismus zu erkennen. Das von ihm entworfene ideale Gemeinwesen ist ständisch-hierarchisch gegliedert und wird von einem aufgeklärten Monarchen regiert. Die zwangsweise wohlfahrtsstaatliche Daseinsvorsorge reicht bis in die Privatsphäre der Herrschaftsunterworfenen und läßt keine staatszweckneutralen Daseinsbereiche zu. Gleichwohl hat die Bevölkerung keinen ausschließlichen Untertanenstatus mehr; es zeichnen sich bereits erste politische Teilhaberechte ab. Die Themen der aufgeklärten Naturrechtslehre wie Naturzustand des Menschen, vorstaatliches Naturrecht, Gesellschaftsvertrag, Souveränität, Fortschrittsgedanke usw., denen sich Wieland in späteren Arbeiten zuwendet, treten noch deutlich hinter die antiken Komponenten des dargestellten Staats- und Rechtsverständnisses zurück.

aa) Einleitung

Die Rahmenhandlung beginnt mit der Schilderung des Hofes von Sultan Schach-Gebal. Obwohl Wieland das Geschehen nach Asien verlegt, sind in der Beschreibung des Sultanats die Residenzen der deutschen Dynastien unschwer wiederzuerkennen:

„Schach-Gebal war kein kriegerischer Fürst: aber er sah seine Leibwache gern schön aufgeputzt, hörte seine Emirn gern von Feldzügen und Belagerungen reden. (...) Überhaupt liebte er den Aufwand. Sein Hof war unstreitig der prächtigste in Asien. Er hatte die besten Tänzerinnen, die besten Gaukler, die besten Jagdpferde, die besten Köche (...); und seine Akademie der Wissenschaften war unter allen diejenige, worin man die sinnreichsten Antrittsreden und die höflichsten Danksagungen hielt. Es gehörte ohne Zweifel zu seinen rühmlichen Eigenschaften, daß er alle schöne Künste liebte; aber es ist auch nicht zu leugnen, daß er dieser Neigung mehr nachhing, als mit dem Besten seines Reiches bestehen konnte. (...) Die Fremden, welche diese Wunder der Welt anzuschauen kamen, reisten durch übel angebaute und entvölkerte Provinzen, durch Städte, deren Mauern einzufallen drohten, (...); aber wie reichlich wurde ihnen dieser Ungemach ersetzt! Die Wege zu seinem Lustschlosse waren mit kleinen bunten Steinen eingelegt." (II/6/19-23)

Zwischen dem zweiten und dritten Buch der Erstausgabe von 1772 deutet Wieland an, daß die von ihm gewählte exotische Einkleidung des Stoffs nicht nur Ausdruck künstlerischer Freiheit oder Phantasie ist, sondern zugleich der eingeschränkten Meinungsäußerungsfreiheit Rechnung zu tragen hat:

„Der Herausgeber (...) behält sich vor, dem Publikum von diesen Ursachen die genaueste Rechenschaft abzulegen, wenn sie, wider Vermuten, den meisten nicht von selbst in die Augen fallen sollten."[5]

Die Regierung Schach-Gebals ist weder von großer Staatsklugheit noch von besonderer Willkür gekennzeichnet.

„Dieser Schach-Gebal (...) regierte bald so gut, bald so schlecht, daß weder die Bösen noch die Guten mit ihm zufrieden waren." (II/6/13)

Da der Herrscher an Schlaflosigkeit leidet, verfällt sein Hof auf den Gedanken, ihm vor dem Einschlafen Geschichten erzählen zu lassen. Schach-Gebal macht dabei zur Auflage, daß die Geschichten

„wahr und aus beglaubten Urkunden gezogen sein, und (was er für eine wesentliche Eigenschaft der Glaubwürdigkeit hielt) daß sie nichts Wunderbares enthalten sollten." (29)

Daraufhin verfaßt der Hofphilosoph Danischmend aus

---

[5] Der goldne Spiegel, Erstausgabe von 1772, Bd. 2, XXIV.

„den merkwürdigsten Begebenheiten eines ehemaligen benachbarten Reiches eine Art Geschichtsbuch",

das sich zugleich eignet,

„dem Sultan mit guter Art Wahrheiten beizubringen, die man, auch ohne Sultan zu sein, sich nicht gern geradezu sagen läßt." (II/6/30)

Mangels anderer Möglichkeiten, die politische Willensbildung im absolutistischen Staat zu beeinflussen, versucht Danischmend auf diesem Weg, die willkürliche Herrschaft seines Fürsten Schach-Gebal nach Maßgabe der aufgeklärten bürgerlichen Staats- und Rechtsauffassung zu korrigieren.

bb) Die „Chronik der Könige von Scheschian"

Es folgt in zwei Teilen die Nacherzählung der als authentisch bezeichneten Chronik der Könige von Scheschian, die zum einen eine Abfolge der aristotelischen Staatsformen und ihrer Deviationen darstellt und zum anderen die geschichtliche Entwicklung Deutschlands vom mittelalterlichen Dualismus aus landesherrlicher Regional- und kaiserlicher Zentralgewalt über den frühen und aufgeklärten Absolutismus wiedergibt und anschließend zu einem gewaltenteiligen Konstitutionalismus weiterentwickelt.

(1) Vorabsolutistische Zeit

Die Geschichte Scheschians setzt in einer „vorabsolutistischen" Zeit ein. Die Nation war „in eine Menge kleiner Staaten zerstückelt, die von ebensovielen kleinen Fürsten regiert wurden" (II/6/38). Diese „Raja's" befehdeten einander zum Nachteil der Scheschianischen Bevölkerung so lange,

128

bis sie übereinkamen, sich um der allgemeinen Sicherheit willen einem gemeinschaftlichen Oberhaupt zu unterwerfen. Die Gesetze des Wahlkönigs konnten aber, so gut sie auch sein mochten, nicht vollzogen werden. Denn er mußte, um einen Raja zum Gehorsam zu zwingen, einen anderen Raja damit beauftragen:

„und auf diese Weise blieben immer die gerechtesten Urteile unvollzogen. Denn keine Krähe hackt der anderen die Augen aus." (II/6/40)

Überdies waren die Rajas der Auffassung, daß der König ihnen, eben weil sie ihn zum König gemacht hatten, „alles schuldig sei" (II/6/45).

„Unter dem Vorwand, ihre Freiheit (ein Ding, wovon sie niemals einen bestimmten Begriff gehabt zu haben scheinen), und die Rechte der Nation (welche niemals ins Klare gesetzt worden waren), gegen willkürliche Anmaßungen sicher zu stellen, wurde das königliche Ansehen nach und nach so eingeschränkt, daß es, wie die Fabel von einer gewissen Nymphe sagt, allgemach zu einem bloßen Schatten abzehrte" (II/6/46).

Die Darstellung von Rajas und Wahlkönigen ist als eine Anspielung Wielands auf die Auseinandersetzung zwischen Reich bzw. Reichsständen und Landständen zu lesen, die der Entwicklung des Absolutismus in Deutschland Vorschub leistete. Die Landstände wandten sich gegen die Unterdrückung ihrer alten „Rechte und Freiheiten" durch die Fürsten und wollten ihren Landesherren ihrerseits so beschränken, daß von diesem im Falle ihres Erfolges nur noch ein Schatten seiner früheren Macht übriggeblieben wäre[6]. Der deutsche Liberalismus des 18. und 19. Jahrhunderts wird sich im Kampf gegen den Absolutismus teilweise auf diese „altständische" Traditionslinie berufen.

---

[6] Vgl. Lenz (Hg.), Deutsches Staatsdenken im 18. Jahrhundert, Einleitung S. 13.

129

(2) Absolutismus

Im „Goldnen Spiegel" nutzt Ogul Kan, der Herrscher einer benachbarten tatarischen Völkerschaft, die aus dem Herrschaftskonflikt entstandene „Anarchie und Tyrannie" aus und wird „in kurzer Zeit ruhiger Besitzer des Scheschianischen Reiches" (54).

„Die Verfassung des neuen Reichs von Scheschian war also diejenige einer unumschränkten Monarchie; das ist, das Reich hatte gar keine Verfassung, sondern alles hing von der Willkür des Verfassers ab (...)" (55)

Ogul-Kan hatte zahlreiche Nachfolger, die weder positiv noch negativ hervortraten, und deswegen die „namenlosen Könige" (II/6/65) genannt wurden. Lediglich der letze der Namenlosen hatte eine Geliebte, Lili, „durch welche seine Regierung eine der merkwürdigsten und glänzendsten in der Geschichte dieses Reiches geworden ist" (II/6/66).

Lili leistet zwar erfolgreiche Regierungsarbeit, versäumt es aber, ihren Sohn Azor, der ihr in der Regierung nachfolgen wird, angemessen in der Regierungskunst auszubilden. Azor beherrscht lediglich die Kunst der Galanterie, so daß das Staatswesen während seiner Regierung in kurzer Zeit zur Günstlingswirtschaft verkommt:

„Die wichtigsten Stellen wurden nach und nach mit untauglichen Personen besetzt; die Gerechtigkeit anfangs heimlich verhandelt, und zuletzt öffentlich feilgeboten; unter ihrem Namen triumphierte die Schikane; die öffentlichen Einkünfte wurden verschwendet, und die Forderungen unersättlicher Günstlinge unter die Rubrik der Staatsbedürfnisse gebracht." (II/6/167)

(3) Tyrannis

Als Folge permanenter Mißachtung der von Danischmend auf Nachfrage

Schach-Gebals entwickelten absolutistischen Herrschaftsethik[7] ruiniert die Regierung König Azors, weiter beschleunigt durch die Verschwendungen seiner Favoritin Alabanda, in kurzer Zeit die gesamte Staatswirtschaft Scheschians.

Azor wird von Isfandiar beerbt, der aus seiner Verbindung mit Alabanda hervorging und der im Gegensatz zum nur schwachen Azor ein tyrannischer Fürst ist. Isfandiar wurde zwar in seiner Jugend in den Staatswissenschaften und der Moral unterrichtet. Allerdings war der ihn unterrichtende „Moralist (...) ein zu guter Höfling, um ein guter Sittenlehrer zu sein." (II/7/12)

„Kurz, der höfische Mentor hatte keinen Begriff davon, daß man einem jungen Fürsten die Ausübung aller Tugenden, von welchen das Wohl seiner Untergebenen und die möglichste Vollkommenheit seines Staates abhängt, unter der Gestalt von Verbindlichkeiten vorstellen müsse, deren Forderungen eben so dringend als unverletzlich sind; es sei nun, daß man sie von den Gesetzen des höchsten Wesens, als des Königs über die Könige, oder von einem gesellschaftlichen Vertrag ableite, vermöge dessen derjenige, der die meisten Rechte zu haben scheint, gerade der ist, der die meisten Pflichten hat." (aaO)

Wieland berührt hier am Rande das Thema seines späteren Aufsatzes „Über das göttliche Recht der Obrigkeit", der der Frage nachgeht, ob absolutistische Herrschaft ein gottgegebenes Recht ist oder auf einem Gesellschaftsvertrag beruht. Die Passage zeigt, daß der unbeschränkte Fürst keinen objektiven gesetzlichen Pflichten unterliegt, seien sie positivrechtlich oder naturrechtlich; vielmehr hat er nach Ansicht Danischmends lediglich rein subjektiven sittlichen Geboten Folge zu leisten. Wie der noch zu behandelnde Pflichtenkatalog des Fürsten eine Ausformung des Gerechtigkeitsgebots darstellt, so ist nur ein tugendhafter Herrscher ein vollkommener Herrscher. Diese Annahme gilt für Wieland unabhängig von der Frage, ob politische Herrschaft von „den Gesetzen des höchsten

---

[7] Unten C I, 1 e, S. 151 ff.

Wesens, als des Königs über die Könige, oder von einem gesellschaftlichen Vertrag" abgeleitet wird.

(4) Anarchie

Isfandiar würdigt „den Adel zum Volk und beide zu Sklaven herab" (II/7/64) und fällt schließlich einer Verschwörung seines Beraters Eblis zum Opfer. Dies löst wiederum einen blutigen Aufstand des Scheschianischen Volks aus, der auch die ehemaligen Günstlinge des Königs und mit ihnen Eblis hinwegfegt. Das Land versinkt im Streit um die Nachfolge Isfandiars in einem mehrjährigen Bürgerkrieg.

(5) Konstitutionelle Monarchie

Erst Tifan, ein Vetter Isfandiars, kann, zum neuen König berufen, den Frieden wiederherstellen. Tifan wurde während der Herrschaft Isfandiars von Dschengis, „dem einzig tugendhaften Manne, der vielleicht damals im ganzen Scheschian lebte" (II/7/107), in einem abgelegenen fruchtbaren Tal erzogen. Zusammen mit einer Anzahl Sklaven, deren Ungleichheit aber aufgehoben wurde, lebte er dort lediglich „im Überflusse des Notwendigen" (108).

Nach seiner Wahl zum „Volks"-König stiftet Tifan eine geschriebene Verfassung. Dieses „Buch der Pflichten und der Rechte" wird anhand eines von Tifan entwickelten Fünf-Punkte-Plans entwickelt und baut auf einem Katalog natürlicher Rechte und Pflichten des Menschen auf (116 ff.):

1) Gesetzgebungsauftrag - die Pflichten und Rechte des Königs, der Nation und der einzelnen Stände (Adel, Priesterschaft, Städte, Landbevöl-

kerung) werden in einem allgemeinen Gesetzbuch exakt festgelegt;

2) Das Gesetzeswerk ist allgemeinverständlich in der Landessprache abzufassen, jede Auslegung oder Kommentierung der Gesetze ist unzulässig;

3) Die Gesetzesunterworfenen haben einen Eid auf die Verfassung zu schwören;

4) Gesetzgebende und vollziehende Gewalt sind im Rahmen der Gesetze an die Person des Königs gebunden; die Stände des Landes haben die Befugnis zur institutionalisierten Kontrolle der Staatsverwaltung. Die Ständeversammlung kommt in fünfjährigen Abständen zusammen;

5) Die königliche Exekutive unterliegt dem Grundsatz der Gesetzmäßigkeit der Verwaltung, d. h. jede erlassene Verordnung muß mit dem „Buch der Pflichten und Rechte" übereinstimmen. Der Vollzug rechtswidriger Verordnungen kann nach außerordentlicher Einberufung der Ständeversammlung mit Dreiviertelmehrheit und notfalls mit Gewalt verhindert werden:

„Denn in Scheschian soll nicht der König durch das Gesetz, sondern das Gesetz durch den König regieren." (II/7/196)

Nach diesen Grundsätzen besteht das „Buch der Pflichten und Rechte" aus drei Hauptstücken. Das erste bestimmt die königlichen Vorrechte (214), das zweite seine Pflichten (220) und das dritte Buch die Rechte und Pflichten der Bevölkerung (222).

Die so etablierte monarchische Verfassung,

„insofern sie durch weise Gesetze eingeschränkt ist, verdient den Namen der vollkommensten Regierungsart eben darum, weil sie der göttlichen am nächsten kommt." (217)

Das „Buch der Pflichten und Rechte" ist Ausdruck der Kodifikationsidee

133

der Aufklärung[8]. Neben der Staatsorganisation wird das gesamte Recht positiviert, d. h. geschriebene Satzung, und in eine systematische Ordnung gebracht. Die Rechtssprache ist allgemeinverständlich gehalten. Formal und inhaltlich wird die scheschianisch-aufgeklärte Staats- und Rechtstheorie durch das Vernunftrecht, also die modernisierte antik-abendländische Sozialphilosophie bestimmt. Das „unvernünftige" historische Recht wird durch das Naturrecht abgelöst. Die vernunftrechtliche Pflichtenlehre begründet eine neue moralische Kultur und führt zu autoritären öffentlichen Reformen.

Die polizei- und wohlfahrtsstaatlichen Elemente des Tifanischen Staatswesens sind von größter Bedeutung. Die scheschianische Bevölkerung ist einer „der wichtigsten Gegenstände der königlichen Vorsorge" (222). Es herrscht ein geschlossenes und staatlich gelenktes Stände- und Zunftwesen ohne marktwirtschaftliche Elemente. Freiheit und Eigentum sind nicht vor staatlichen Eingriffen gesichert. Künste, die keinen anderen Nutzen haben als Üppigkeit und Müßiggang, dürfen nicht ausgeübt werden (260). Höchstpersönliche Lebensbereiche wie Ehe und Familie sind gesetzlich reglementiert, es besteht Heiratszwang für jeden,

„der nicht eine angeborne oder zufällige körperliche Untüchtigkeit von der unverbesserlichen Art gerichtlich erweisen konnte." (224)

Die Erstausgabe des „Goldnen Spiegels" von 1772 endet während der scheschianischen Blütezeit unter der Herrschaft Tifans. Nach der Darstellung des öffentlichen Erziehungswesens wird von Danischmend eine Schilderung der scheschianischen „Akademie der Künste" angekündigt, die Wieland allerdings nicht mehr ausgeführt hat. In der Erstausgabe resümiert Schach Gebal:

„Sein *(Tifans)* Staat glich einer künstlichen Maschine, von deren Wirkun-

---

8 Dazu Wieacker, Aufstieg, Blüte und Krisis der Kodifikationsidee, Festschrift für Boehmer 1954, S. 34 ff.

gen der Meister gewiß ist, weil er weiß, daß er seine Federn, Hebel,
Räder, Schrauben und wie die Dinge heißen, jedes an seinen Platz gestellt
hat. Ich denke, Herr Danischmende, diese Kunst sollte sich von ihm abler-
nen lassen. Aber noch eins, ehe wir weiter gehen. Du hast schon etliche-
mal von Akademien Erwähnung getan (...)"[9]

Aus „Herr Danischmende" wird in der Ausgabe letzter Hand von 1795
„Freund Danischmend", der die Geschichte weiterführt und im Anschluß
an den - in der deutschen mechanistischen Staatslehre auf Justi zurückgehenden[10] - Vergleich des Staates mit einer Maschine knapp über den
Untergang des Scheschianischen Reichs nach dem Tode Tifans berichtet.

„Ich denke, Freund Danischmend, diese Kunst sollte sich von ihm abler-
nen lassen - denn wir wollen uns nicht zu weise dünken, *von einem solchen Meister zu lernen.*
Unstreitig, erwiderte *(Danischmend)* (...), sind unter seinen Verordnungen und Anstalten manche, wovon sich auch in den Staaten des Sultan
meines Herrn guter Gebrauch machen ließe" (317).

Weil aber alle guten Dinge „unter den Händen der Menschen nicht lange
unbeschädigt" (319) bleiben, ist selbst die ideale monarchische ebenso
vergänglich wie jede andere Staatsform auch. In dem, was ihre Vortreff-
lichkeit ausmacht, liegt auch die Ursache ihres Untergangs (340). Zwar
gründet sich die Tifanische Konstitution wie später die Verfassung von
Kyrene im „Aristipp"

„einerseits auf die Einschränkung der Monarchie durch *eine solche Ver-
teilung der höchsten Gewalt* zwischen dem König, dem Adel und den
Stellvertretern des Volkes (...); andererseits auf die *Güte der Sitten* und
auf eine *Kultur*, wodurch Tifan die Dauer seiner Gesetze zu einer *natürli-

---

[9] Der goldne Spiegel (1772), Bd. 3/4, S. 231. Im Gegensatz zur Ausgabe letzter Hand kommt der Text
der Originalausgabe noch ohne die zahlreichen Hervorhebungen der späteren Fassung aus.
[10] Johann Heinrich Gottlob v. Justi, Die Chimären des Gleichgewichts von Europa (1758): „Ein wohl
eingerichteter Staat muß vollkommen einer Maschine ähnlich sein, wo alle Räder und Triebwerke auf das
genaueste ineinanderpassen; und der Regent muß der Werkmeister, die erste Triebfeder oder die Seele sein,
wenn man so sagen kann, die alles in Bewegung setzt." Zit. nach Koselleck, Staat und Souveränität, in:
Geschichtliche Grundbegriffe, Bd. 6, S. 47 f.

chen Folge der freien *Überzeugung des Volkes* von ihrer einleuchtenden Vernunftmäßigkeit zu machen hoffte." (341)

Aber:

„Niemals wird in irgend einem Staate derjenige, der mit irgend einem Anteil an Macht und Ansehen bekleidet ist, sich lange in der Einschränkung halten, die ihm das Gesetz vorgeschrieben hat." (aaO)

Gemäß der antiken Kreislauflehre schlägt jede Staatsform mit innerer Zwangsläufigkeit in eine andere um. Wieland führt dies auf eine unvermeidbare Erosion der politischen Kultur zurück. Sobald die „freie Überzeugung von ihrer einleuchtenden Vernunftmäßigkeit" schwindet, verfällt die politische Kultur und bewirkt die Auflösung des politischen Gemeinwesens und seiner Staatsorganisation: Das Rad der Staatsformen beginnt sich wieder zu drehen. Wieland teilt damit den Erkenntnisstand der heutigen Staatsrechtslehre: Jeder moderne säkularisierte Staat steht und fällt mit einer Voraussetzung, die er selbst nicht gewährleisten kann - dem Wertekonsens seiner Bürger[11].

(6) Aristokratie/Oligarchie

Der Niedergang der von Tifan geschaffenen politisch-moralischen Kultur setzt unmittelbar nach seinem Tod ein. Unter der Regierung der unfähigen Könige Turkan und Akbar kommen seine wichtigsten Gesetze „nach

---

[11] Böckenförde, Die Entstehung des Staates als Vorgang der Säkularisation, in: Säkularisation und Utopie, Stuttgart 1967, S. 94: „Der freiheitliche, säkularisierte Staat lebt von Voraussetzungen, die er selbst nicht garantieren kann. Das ist das große Wagnis, das er, um der Freiheit willen, eingegangen ist. Als freiheitlicher Staat kann er einerseits nur bestehen, wenn sich die Freiheit, die er seinen Bürgern gewährt, von innen her, aus der moralischen Substanz des einzelnen und der Homogenität der Gesellschaft, reguliert. Andererseits kann er diese inneren Regulierungskräfte nicht von sich aus, das heißt mit den Mitteln des Rechtszwanges und autoritativen Gebots, zu garantieren suchen, ohne seine Freiheitlichkeit aufzugeben und - auf säkularisierter Ebene - in jenen Totalitätsanspruch zurückzufallen, aus dem er in den konfessionellen Bürgerkriegen herausgeführt hat"; ebenso Graf von Krockow, Staat, Gesellschaft, Freiheitswahrung, in: Staat und Gesellschaft, Darmstadt 1976, S. 482.

und nach außer Übung, und wurden zuletzt bloßer Gegenstand akademischer Streitfragen" (348).

Wieland spielt hier, wie später in „Schach Lolo", ironisch auf die Staatsrechtslehre seiner Zeit an, die sich mit einer weitgehend obsolet gewordenen Reichsgesetzgebung befaßte.

Im Fortgang der Erzählung macht der Adel sich die Schwächen der königlichen Exekutive zunutze und verändert das Kräfteverhältnis im Staat zu seinen Gunsten:

„Sein *(des Adels)* Reichtum und sein Ansehen stieg unter jeder Regierung; er bemächtigte sich aller Zivil- und Militärämter, die ihm Gelegenheit verschafften, noch reicher zu werden; er besetzte alle subalternen Stellen mit seinen Kreaturen" (351).

Nach einem kurzzeitigen Machtverlust an den Priesterstand, der ebenfalls um die Vorherrschaft im Land ringt, wird gemeinsam mit diesem eine Aristokratie oder besser Oligarchie errichtet,

„worin der Name des Königs und die äußern Formen der Monarchie nur deswegen beibehalten wurden, weil man sich des königlichen Ansehens bedienen konnte, das Volk desto bequemer und ungestrafter zu unterdrücken." (366)

(7) Demokratie

Als dem Volk eine neue Abgabe aufgezwungen wird, erhebt es sich. Es erschlägt oder vertreibt einen Großteil der Herrschaftselite und kerkert den König, den „letzten und verdienstlosesten von Tifans Abkömmlingen", ein. Bei dem Versuch zu entfliehen wird er gefaßt und „der Wut des Pöbels preisgegeben" (371). Wieland spielt hier, wie beispielsweise auch Meyern im 3. Band von „Dya-Na-Sore", auf die Verhaftung und Hinrichtung Ludwigs XVI. an. Anders als Wieland, der sich später für eine freiheitliche Staatsorganisation einsetzt, zieht Meyern keine Konsequenzen aus der historischen Erfahrung der jakobinischen Schreckensherrschaft. Das in „Dya-Na-Sore" entworfene utopische Gemeinwesen bleibt vielmehr an Platos „totalitärem" Idealstaat orientiert und wird autoritär von einer männerbündlerischen aristokratischen Herrschaftselite geführt.

(8) Anarchie

Das scheschianische Volk zerfällt, von Demagogen irregeleitet, nach kurzfristiger Wiederherstellung der Ordnung in zahllose „Faktionen":

„Aber da jeder nur seinen eigenen Zweck verfolgte und keiner dem anderen traute, jeder allein herrschen und keiner gehorchen, keiner der Zweite oder Dritte sein wollte, so zerfielen sie unter sich selbst."

Schließlich wird das Scheschianische Reich aufgrund seiner innenpolitischen Schwäche leichte Beute der kriegerischen Expansion seiner Nachbarn

„und eines der mächtigsten Königreiche des Orients verschwand so gänzlich von der Erde" (373).

cc) Binnenerzählung

In die Handlung des „Goldnen Spiegels" ist als weitere Handlungsebene innerhalb des Fürstenspiegels[12] die in sich geschlossene Binnenerzählung „Der Emir von Jemen" eingefügt (II/6/76-124). Danischmend berichtet die Geschichte eines kleinen Volkes griechischen Ursprungs, das sich innerhalb der arabischen Welt aufgrund seiner Selbstgenügsamkeit zu einem autarken Idealstaat hat entwickeln können. Negatives Gegenbild zu diesem Idealstaat ist die korrumpierte Herrschaft eines jemenitischen

---

12 Vgl. unten, S. 139ff.

Emirs, die sich symbolisch in dem drastischen körperlichen Verfall des gerade Dreißigjährigen darstellt. Der Emir wird durch Zufall auf das im Verborgenen lebende Volk aufmerksam und läßt sich durch seine vorbildliche Lebensweise „bekehren".

Wieland stellt in der Erzählung einen an Rousseaus Vorstellungen vom Naturzustand des Menschen angelehnten positiven Gegenentwurf zu den absolutistischen Staatsformen vor. Er bedient sich hierbei des in der damaligen hofkritischen Literatur beliebten Hof-Land-Vergleichs.

Quelle des materiellen und sittlichen Glücks der Mitglieder seines utopischen Gemeinwesens ist der „Gehorsam gegen die Natur" (II/6/97).

„Arbeit, Vergnügen und Ruhe, jedes in kleinem Maße, zu gleichen Teilen vermischt, und nach dem Winke der Natur abgewechselt, wirken dieses Wunder" (96).

Stifter der Nation war eine charismatische Persönlichkeit, die das Gemeinwesen monarchisch regiert. Diese seine Natur gab

„ihm nach und nach ein unbegrenzteres Ansehen unter uns, als ein Monarch über seine angebornen Untertanen zu haben pflegt" (100).

Der Monarch ist aufgrund seiner überlegenen Einsicht in das gemeine Beste der geeignetste Vermittler zwischen Natur und Volk. Da

„der große Haufe der Sterblichen als unwürdig anzusehen ist, und sich nicht selbst zu regieren weiß, muß er dieses Amt einer gesetzgebenden Macht überlassen, welche immer das ganze übersehen, und ihren Untergebenen, mit jeder merklichen Veränderung ihrer Umstände, auch die darnach abgemessenen Verhaltensregeln vorschreiben soll."

Wieland äußert in der zitierten Passage seine zeitlebens bestehenden Vorbehalte gegen Volkssouveränität, parlamentarische Legislative und demokratisch legitimierte Regierungsgewalt, ohne allerdings zu erklären, warum der große Haufe der Sterblichen seiner angeblichen Unwürdigkeit

139

zum Trotz Einsicht in die Notwendigkeit übt, sich freiwillig der Herrschaft eines aufgeklärt-absolutistischen Regenten zu unterwerfen. Diese Begründungslücke versucht er später mit seinem Essay „Über das göttliche Recht der Obrigkeit" zu schließen.

Die Bewohner der jemenitischen Enklave leben nach der innerweltlich-asketischen Sittenlehre ihres Weisen Psammis:

„Mäßigung ist *Weisheit* (...) Der Weise versagt sich zuweilen ein gegenwärtiges Vergnügen, nicht weil er ein Feind der Freude ist, oder aus alberner Furcht vor irgend einem gehässigen Dämon, der darüber zürnte, wenn sich die Menschen freuen; sondern um durch seine Enthaltung sich auf die Zukunft zu einem desto vollkommeneren Genusse des Vergnügens aufzusparen." (II/6/107).

Die von Psammis gelehrte Naturphilosophie ersetzt die Religion als Sittenlehre und ist naturrechtlicher Maßstab für die Gesetze des Gemeinwesens. Vollzogen werden die Naturgesetze durch die Regierung eines Weisen, dessen politische Herrschaft (entgegen Wielands Theorie vom erblichen Herrschaftsrecht des Stärkeren) nicht geburtsständisch, sondern kraft seiner überlegenen Einsicht in das allgemeine Beste legitimiert ist.

Die Quintessenz positiver politischer Herrschaft lautet:

„Laßt uns also der Natur folgen; einer Führerin, die uns unmöglich irreführen kann" (72)

b) Fürstenspiegel, Hofkritik und Staatsutopie

Der „Goldne Spiegel" läßt sich im Kontext der neueren deutschen Literaturgeschichte den Genres literarische Hofkritik[13] und klassischer Fürsten-

---

13 Dazu Kiesel, „Bei Hof, bei Höll". Untersuchungen zur literarischen Hofkritik von Sebastian Brant bis Friedrich Schiller (1979); Stolleis, Geschichte des öffentlichen Rechts in Deutschland, Bd. 1 (1988), S. 342 ff.

140

spiegel[14] zuordnen. Zugleich steht das Werk in der Traditionslinie literarischer Staatsutopien[15], deren Spannweite von Platos „Staat" über Morus'
„Utopia", Schnabels „Insel Felsenburg" bis zu Bellamys „Rückblick aus
dem Jahr 2000" und Orwells „1984" reicht.

Die politische Dominanz des Hofes und seine geschichtliche Kontinuität
in der europäischen Staatenwelt vom 15. bis zum 18. Jahrhundert beförderte ein spezifisches, teils apologetisches, teils herrschaftskritisches
Räsonnement über das Hofleben. Hierbei grenzte sich die „gegenhöfische
Strömung" der Literatur bewußt vom „Schranzentum" der affirmativen,
lediglich um höfisches Mäzenatentum buhlenden Dichtung[16] ab. Parallel
zur politischen Durchsetzung des Fürstenstaates im 16. und 17. Jahrhundert blühte auch die Hofkritik auf und führte zu der Entwicklung neuer
literarischer Gattungen[17]. Neben den klassischen „Fürstenspiegeln", die
sich in Deutschland, wie das Beispiel des „Goldnen Spiegels" zeigt, bis
weit in das 18. Jahrhundert fortsetzten[18] und erst mit der antiabsolutisti-
schen Wendung der Spätaufklärung die feste Leitlinie einer eindeutigen
Fürstenmoral verlieren[19], gewinnt der spezielle Zweig der meist bürger-
lich-gelehrten Hofliteratur bzw. -kritik an Gewicht. Fabeln und Predig-
ten, gereimte Hofspiegel, Hofromane und Schauspiele prangern die
Scheinwelt des Hofes an und warnen vor seiner Unmoral und politischen
Unberechenbarkeit.

Daneben war insbesondere im Zeitalter der Aufklärung der - mit den

[14] Vgl. die Bibliographie bei B. Singer, Die Fürstenspiegel in Deutschland im Zeitalter des Humanismus
und der Reformation (1981), S. 158 ff.
[15] Vgl. Reichert, Utopie und Staatsroman (1965), S. 259; zur utopischen Dimension des „Goldnen
Spiegels": Schneider, Jurisprudenz, Utopie und Rhetorik, in: ARSP Beiheft 44 (1991), S. 337 ff.
[16] Kiesel, S. 3. Gegen das Pöstchen „Erskribeln" wettert Wielands Dichterkollege Joh. G. Müller in den
„Papieren des braunen Mannes" (oben Teil B, S. 103 [Fußnote 179]) - möglicherweise, wie an anderer
Stelle auch, als gezielter Seitenhieb auf Wieland zu verstehen. Vgl. auch Sengles Kritik am „Goldnen
Spiegel", unten Fußnote 22.
[17] Vgl. Stolleis (oben Fußnote 13), S. 343.
[18] Bettine v. Arnims dem preußischen König Friedrich Wilhelm IV. gewidmetes Werk „Dies Buch gehört
dem König" (1843) knüpfte noch im Vormärz an diese Tradition an.
[19] Stolleis, S. 343.

Worten de Bruyns - „politische Tendenzroman mit utopischen Zügen"[20] bei Autor und Publikum besonders beliebt. Vor allem im letzten Drittel des 18. Jahrhunderts stehen viele Werke politisch und literarisch in der Tradition eines Staatsdenkens, das Modelle einer künftigen Gesellschafts- und Staatsordnung erörtert. Hier sind neben Schnabels präludierender „Insel Felsenburg" (1731-43), Hallers „Usong" (1771), Wielands „Goldnem Spiegel" (1772) und Jean Pauls „Unsichtbarer Loge" (1793) heute kaum noch bekannte Titel zu nennen wie Meyerns „Dya-Na-Sore (1787-91), Knigges „Geschichte der Aufklärung in Abyssinien" (1790), sowie, mit gewissen Einschränkungen, Hippels „Zimmermann I. und Friedrich II." (1790) und Johann Gottwerth Müllers „Romane aus den Papieren des braunen Mannes" (1786)[21].

Sengle spricht dem „Goldnen Spiegel" die Qualität einer literarischen Hofkritik ab. Das Werk sei auch nicht ansatzweise eine „Kampfschrift, sondern ein vollkommen unverbindliches Salongespräch über religiöse und politische Fragen". In Anbetracht des sich damals bereits abzeichnenden Autoritätsverlustes der deutschen Fürstenhäuser könne die Arbeit zwar nicht mehr als höfisches Werk im alten Sinne verstanden werden, sie weise aber immer noch die Merkmale höfischer Literatur auf[22]. Sengle verkennt zunächst, daß der „Goldne Spiegel" auf drei Handlungsebenen Elemente der literarischen Hofkritik mit denen des Fürstenspiegels und der Staatsutopie verbindet und infolgedessen bereits keinem Genre eindeutig zugeordnet werden kann. Während die Rahmenhandlung den Hof des fernöstlichen Herrschers Schach-Gebal ironisch-kritisch darstellt und hierbei historische Anleihen bei den damaligen deutschen Residenzen nimmt, entwirft die als Binnenhandlung gestaltete Chronik des scheschianischen Reiches einen klassischen Fürstenspiegel. In seinem Mittelpunkt

---

20 Nachwort zu Meyerns „Dya-Na-Sore", S. 954.

21 Beide Werke haben keine utopische Dimension. Hippel und Müller suchen den Maßstab für richtiges politisches Handeln nicht in utopischen (antiken, asiatischen usw.) Entgegensetzungen zum Bestehenden, sondern thematisieren vorbildliche Handlungen „erfundener" Zeitgenossen.

22 Sengle, Wieland, S. 260.

142

steht der Entwurf eines monarchisch-konstitutionellen Idealstaats, der der damaligen historischen Wirklichkeit des vorkonstitutionellen Absolutismus entgegengesetzt wird. In die Binnenhandlung eingefügt ist schließlich die in sich abgeschlossene Geschichte des „Emirs von Jemen", mit der Wieland den Entwurf eines utopischen Gemeinwesens vorlegt, das sich seine Natürlichkeit bewahrt hat, und damit den damals häufig verwendeten Hof-Land-Kontrast literarisch gestaltet[23].

Ebensowenig kann Sengles Ansicht zur Unverbindlichkeit der politischen Dichtung Wielands überzeugen, die von Weyergraf[24] („Rede ohne Überzeugungskraft") und Thomé[25] („folgenlose Rede") auch in bezug auf seine nachrevolutionären Schriften geteilt wird, und zwar unabhängig von der in den genannten Arbeiten unbeantwortet bleibenden Frage, welche Merkmale politisch engagierte Literatur denn aufweisen muß, um folgen*reiche* Rede zu sein. Ein generalisierendes Herausstellen der politisch reaktionären und konterrevolutionären Facetten im Denken Wielands berechtigt nicht zum Schluß auf seine Folgenlosigkeit. Vielmehr müßte daraus geschlossen werden, daß der dem Publikum durch die künstlerische Autorität Wielands vermittelte feudale Idealstaat Tifans zu einer Stabilisierung der bestehenden Herrschaftsverhältnisse beiträgt. Das Kunstverständnis der genannten Autoren erkennt demgegenüber bürgerlicher Ideologie und Literatur offenbar nur dann gesellschaftliche Wirksamkeit zu, wenn sie unmittelbar zur politischen Revolution führt oder doch wenigstens dazu aufruft (Stichwort „Kampfschrift").

Dieses Denken mißachtet neben den fortschrittlichen politischen Elementen die revolutionären intellektuellen Grundlagen im künstlerischen Schaffen Wielands. Mit Metscher[26] ist die Kategorie Revolution hier nicht

---

23 Kiesel, S. 267.
24 Weyergraf, Der skeptische Bürger, S. 85.
25 Thomé, Utopische Diskurse, S. 521.
26 Thomas Metscher, Die Revolution in der Form der Kunst. Deutsche Klassik im europäischen Kontext 1760-1832, in: Herzig u.a. (Hg.): „Sie, und nicht Wir", Bd. 2, S. 567 ff.

143

auf die Sphäre des Politischen und nicht auf den Tatbestand der politischen Machtergreifung eingeengt, sondern wird im Sinne von Marx als Prozeß qualitativer Umgestaltung einer ganzen gesellschaftlichen Formation verstanden. Wie Meyer-Krentler[27] von der Annahme einer Einheit von gesellschaftlicher Transformation und struktureller Transformation der Philosophie und Künste (S. 568) ausgehend, sieht Metscher den gesamten Zeitraum zwischen 1760 und 1830/48 als permanente intellektuelle Revolution, die neben die politische und die industrielle Revolution tritt. Der genannte Zeitraum bildet die entscheidende letzte Phase in der Geschichte des bürgerlichen Konstitutions- und Emanzipationsprozesses, der mit Renaissance und Reformation begonnen hat (S. 571). Jede Kunstform, die sich den Herausforderungen der Geschichte stellt, erteilt auf diese innerhalb ihrer eigengesetzlichen Formenwelt und spezifischen Materialien gültige ästhetische Antworten (S. 569).

Wielands Ästhetik antwortet nach der hier vertretenen Theorie auf die Herausforderungen der Geschichte geradezu idealtypisch, indem sie für den deutschen Sprachraum grundsätzlich neue literarische Ausdrucksformen entwickelt. Wieland verarbeitet den dynamisierten gesellschaftlichen Prozeß im Medium der Kunst und verhilft ihm zu verbindlichem ästhetischen Ausdruck. Signifikante Beispiele hierfür sind neben dem „Agathon" (1766) als erstem deutschen Entwicklungsroman weitere „Pionierleistungen" Wielands wie das erste deutsche Drama in Blankversen („Lady Johanna Gray", 1758), das erste deutsche Singspiel („Alceste", 1773), die erste belletristische Zeitschrift in Deutschland („Deutscher Merkur", 1773-89), die erste deutsche Shakespeare-Übersetzung usw. Schließlich wird die Einheit von gesellschaftlicher Transformation und Transformation der Künste anschaulich durch die von Wieland in der Literatur vollzogene Trennung von Staat und Gesellschaft belegt.

---

[27] Oben, A III, 5 c, S. 36 f.

c) Erkenntnistheoretischer Ausgangspunkt des Staats- und Rechtsverständnisses

Verläßliche Quelle der menschlichen (Vernunft-)Erkenntnis ist für Wieland neben der Natur insbesondere die Geschichte, deren Gesetzmäßigkei-
ten sich empirisch ermitteln lassen.

aa) Empirische Vernunfterkenntnis

So läßt Wieland seinen „sinesischen Übersetzer" des „Goldnen Spiegels"
eingangs behaupten, daß allgemeinverbindliche sittliche Werte durch das
Studium der Vergangenheit festgestellt werden können:

„Immerhin mag ein von sich selbst betrogener Schwärmer die Natur der
sittlichen Dinge verkehren wollen, und lasterhafte, ungerechte, unmenschliche Handlungen löblich, heroisch, göttlich nennen, rechtmäßige und
unschuldige hingegen mit den verhaßtesten Namen belegen: nach Verfluß
einiger Jahrhunderte kostet es keine Mühe, durch den magischen Nebel,
der den Schwärmer blendete, hindurch zu sehen" (II/6/XV).

Aus diesem Grund

„empfehlen uns die ehrwürdigen Lehrer unsrer Nation die Geschichte der
älteren Zeiten als die beste Schule der Sittenlehre und der Staatsklugheit,
als die lauterste Quelle dieser erhabenen Philosophie, welche ihre Schüler
weise und unabhängig macht, und indem sie das, was die menschlichen
Dinge scheinen von dem, was sie sind, ihren eingebildeten Wert von dem
wirklichen, ihr Verhältnis gegen das allgemeine Beste von ihrer Beziehung auf den besonderen Eigennutz der Leidenschaften, unterscheiden
lehrt, uns ein untrügliches Mittel wider Selbstbetrug und Ansteckung mit
fremder Torheit darbietet; eine Philosophie, in welcher niemand ohne
Nachteil ganz ein Fremdling sein kann, aber welche, in vorzüglichem
Verstande, die *Wissenschaft der Könige ist.*" (XVI f.)

Das Studium der Geschichte befähige dazu, das allgemeine Beste vom
Eigennutz der Leidenschaften zu unterscheiden. Die nacherzählte

Geschichte der Könige von Scheschian sei hierfür exemplarisch :

„Große, dem ganzen Menschengeschlecht angelegene Wahrheiten, merk-
würdige Zeitpunkte, lehrreiche Beispiele, und eine getreue Abschilderung
der Irrungen und Ausschweifungen des menschlichen Verstandes und
Herzens, scheinen mir diese Geschichte vor vielen anderen ihrer Art auszuzeichnen, und ihr den Titel zu verdienen, womit das hohe Ober-Polizei-
Gerichte von Sina sie beehrt hat; eines *Spiegels,* worin sich die natürlichen Folgen der Weisheit und der Torheit in einem so starken Licht, mit
so deutlichen Zügen und mit so warmen Farben darstellen, daß derjenige
in einem seltsamen Grade weise und gut - oder töricht und verdorben sein
müßte, der durch den Gebrauch desselben nicht weiser und besser sollte
werden können." (II/6/XVIII)

Dagegen erhebt Müller in seinen „Papieren des braunen Mannes" - offensichtlich gegen Wieland gerichtet - das Leben der „niederen Stände" zum
Maßstab:

„Gewinnt ein Roman an Interesse, wenn die hervorstehenden Charaktere
aus höhern Ständen genommen werden? Es wäre sehr traurig für manchen Mann von Kopf, der aber nie Prinzenhofmeister oder sonst dem
vornehmen Haufen nahe genug war, um ihn schildern zu können, - und
zugleich wäre es sehr demütigend für das ganze Menschengeschlecht,
wenn ein ehrlicher Mann notwendig Prinz gewesen sein, oder zum wenig-
sten seine richtigen sechzehn Ahnen gezählet haben müßte, um andre
Menschenkinder durch seine Tugenden zur Nacheifrung anzufeuern, oder
ihnen durch seine Fehltritte zur Warnung, und durch den Gang seiner
Schicksale zur Unterhaltung dienen zu können! - Ich nehme mir die Freiheit, sehr entgegengesetzter Meinung zu sein, und gründe meinen Beweis
unter anderem darauf, daß es Romane gibt, die gerade deswegen nichts
taugen, weil sie aus lauter Majestäten und Durchlauchten zusammengekne-
tet sind."[28]

Der „naturalistischen" geschichtsphilosophischen Überzeugung Wielands
gemäß ist das historische Beispiel die lauterste Quelle und beste Schule für
Sittenlehre und Staatsklugheit. Zeitlose und überstaatliche Ordnungsprin-

---

[28] Bde. 3 - 6, Emmerich, eine komische Geschichte. Erster Teil - Über Charaktere und Interessen, S. 13
f.

zipien („Natur der sittlichen Dinge") lassen sich durch das vernunftgeleitete Studium der Geschichte ermitteln und für die Gegenwart fruchtbar machen. Damit steht Wielands Denken zum einen im Widerspruch zur rationalistischen Metaphysik der Aufklärung, für die sich vernunftgeleitete Erkenntnis apriorisch und spekulativ vollzieht. Zum anderen widerlegt dieser Ausgangspunkt die These von McNeely[29], derzufolge Wieland im „Goldnen Spiegel" die Auffassung eines historischen Relativismus vertritt. Die geschichtliche Abfolge von konkurrierenden Regierungsformen (Staatszyklen) bedeutet bei Wieland nicht deren historische Relativität. Vielmehr läßt sich seiner Auffassung nach aus dem Erfahrungspotential der Geschichte die ideale, nämlich monarchische Regierungsform und ein allgemeingültiger Katalog politischer Rechte und Pflichten ableiten.

bb) Induktion als ästhetische Methode

In seiner Vorrede „Der Herausgeber an den Leser"[30], die den beiden letzten Büchern des „Goldnen Spiegels" in der Fassung von 1772 vorangestellt ist, verweist Wieland darauf, daß die künstlerische Exposition des Stoffs seinen erkenntnistheoretischen Prämissen verpflichtet ist:

„Wer über Gegenstände der praktischen Philosophie, das ist, über Gegenstände, welche für den größesten sowohl als den vornehmsten Teil der Menschen von der vorzüglichsten Wichtigkeit sind, zum Unterricht und zur Besserung seiner Leser schreiben will, hat dazu zween Wege vor sich liegen. Er kann es entweder durch allgemeine Betrachtungen, Theorien und Beweise a priori, oder durch Beispiele und Induktionen bewerkstelligen."

Wieland unterscheidet somit auch in bezug auf die Form der künstlerischen Darstellung zwei Schulen der praktischen Philosophie, die uns spä-

---

[29] McNeely, Historical Relativism in Wieland's Concept of the Ideal State, S. 269.
[30] Wieland, Der goldne Spiegel, 1772, Bd. 3/4, S. IV-XXVI.

ter in Kants „Kritik der reinen Vernunft" begegnen werden, und wägt die Vor- und Nachteile beider Darstellungsmöglichkeiten ab:

„Allgemeine Theorien haben den Vorteil, daß der Zusammenhang und die Ordnung der Begriffe, woraus sie bestehen, leichter übersehen werden kann. (...) Auf der andern Seite (...) sind sie (...) nur den Gelehrten von Profession, und auch unter diesen nur dem kleinsten Teil verständlich. Durch eine sehr natürliche Folge werden sie also wenig gelesen; und dies allein wäre schon ein hinreichender Grund, Schriftsteller (...) zu Verlassung dieses Weges zu bewegen."

Insoweit stellt Wieland die apriorische Vernunfterkenntnis, der die rationalistische Naturrechtslehre seiner Zeit anhängt, noch gleichberechtigt neben die empirische Vernunfterkenntnis, die deduktive Spekulation neben die empirische Induktion, entscheidet sich aber aus Gründen der Didaktik für den letzgenannten Weg:

„Der Weg durch Beispiele oder durch die Induktion zu unterrichten und zu bessern (...) gewährt uns eine Art von anschauender Erkenntnis, wozu die Fähigkeit der Meisten zureicht; die Begriffe, welche wir dadurch bekommen, sind bestimmt, und leiten uns eben dadurch zu sichern praktischen Urteilen. Das Herz wird angezogen, gerührt, erschüttert (...) wir fühlen das Wahre, wir lieben das Schöne und Gute, wir verabscheuen das Unrecht, das Laster, wir beten die Tugend an (...)

Wieland begibt sich mit dieser Gedankenführung in einen unlöslichen Widerspruch: Wie soll sich die praktische Vernunft am (historischen) Beispiel schulen lassen, obwohl es sich hierbei lediglich um die Wirklichkeit fiktionaler Literatur handelt?

„Der Herausgeber hat Ursachen, welche für ihn von Wichtigkeit sind, gehabt, warum er seinen gemeinnützlichen Zweck lieber durch Bekanntmachung einer erdichteten Geschichte als durch Personen und Begebenheiten, welche im eigentlichen Verstande historisch genannt werden könnten, zu erreichen gesucht (...) Er behält sich vor, dem Publikum von diesen Ursachen die genaueste Rechenschaft abzulegen, wenn sie, wider Vermuten, den meisten nicht von selbst in die Augen fallen sollten" (XXIV f.).

Die „gefesselte Muse" der Aufklärung ist gezwungen, sich der dichterischen Verfremdung zu bedienen, um nicht der Zensur zum Opfer zu fallen. Allerdings eröffnet die Verfremdung zugleich die Möglichkeit, über den politischen Aussagegehalt der Essayistik hinauszugelangen. Wieland stellt den Wert des Kunstschönen bewußt hinter die Aufgabe des literarischen Mediums zurück, dem Publikum nützliche Inhalte zu vermitteln. Damit erleiden die als Aussprüche der allgemeinen Vernunft gemeinten Bekanntmachungen zwangsläufig das Schicksal des Delphischen Orakels:

„Hingegen ist mit diesem Wege unter andern der Nachteil unbedachtsamer oder mutwilliger Mißdeutungen (...) beinahe unvermeidlich verbunden" (S. IV ff.).

Die Ausgabe des „Goldnen Spiegels" von 1794 verzichtet auf die Wiedergabe der „politischen Ästhetik" Wielands. Das mag mit der verunglückten Argumentation gleichermaßen zusammenhängen wie mit dem Umstand, daß die Erkenntnistheorie Wielands seit dem Essay „Über das göttliche Recht der Obrigkeit" die spekulative Vernunfterkenntnis der rationalistischen Metaphysik vollständig zugunsten der empirischen und geschichtlichen Vernunfterkenntnis verwirft.

Wielands These, derzufolge die Zwecke von Politik, Staat und Recht durch Deduktion oder Induktion allgemeingültig inhaltlich bestimmbar sind, wird im Grunde bereits durch sein eigenes Staats- und Rechtsverständnis widerlegt, das nicht konstant bleibt, sondern sich im Lauf der Zeit ändert. Die nacherzählte Geschichte Scheschians im „Goldnen Spiegel" zeigt als historische Essenz, daß der Staatszweck des bonum comune, des „allgemeinen Besten", mangels geeigneter Kenntnisse und Fertigkeiten des Volkes idealerweise durch den monarchisch regierten Feudalstaat verwirklicht wird. Zwar wird bereits eine gewisse verfassungsmäßige Beschränkung der personalen politischen Herrschaft zugestanden; gleichwohl ist das Staatswesen weitgehend gewaltenmonistisch aufgebaut und

reglementiert das Leben der Staatsbürger in allen Einzelheiten. Demgegenüber zeichnet sich der ideale Staat im „Aristipp" durch einen weitgehenden Verzicht auf obrigkeitliche Bevormundung aus. Hier unterwerfen
sich politisch mündige Bürger Regeln, die sie zuvor über den Prozeß des
kritischen Räsonnements selbst inhaltlich gestaltet haben. Das allgemeine
Beste wird so durch eine Meinungskontroverse der politischen Öffentlichkeit ermittelt und nicht einer letztlich unkontrollierbaren Auslegung
durch den personalen Herrschaftsträger überlassen.

d) Aufgeklärt-absolutistisches Staats- und Rechtsdenken

Für den bürgerlichen Philosophen Danischmend ist die konstitutionelle
Monarchie die ideale Staatsform. In ihr herrscht das Gesetz durch den
Monarchen und nicht der Monarch durch das Gesetz. Aber auch im Absolutismus, in dem politische Herrchaft nicht an Recht und Gesetz gebunden
ist, hat der Fürst einem Katalog von Herrschertugenden zu folgen, unter
denen die austeilende Gerechtigkeit die vorzüglichste ist. Die Idealstaaten
Tifans und Psammis' entsprechen so mit ihrer obrigkeitsgläubigen Staats-
ethik in vielem dem staatstheoretischen Selbstbild Brandenburg-Preußens
im 18. Jahrhundert, das von der „überlegenen Einsicht" des absolutistischen Fürsten in das allgemeine Beste ausgeht.

Im „Goldnen Spiegel" finden sich noch keine Elemente der politischen
Theorie des Liberalismus. Rahmen-, Haupt- und Binnenerzählung trans-
portieren die Ideologie des aufgeklärten Absolutismus. Die kapitalistische
Wirtschaftsform war in Deutschland zum Entstehungszeitpunkt der Dichtung (1772) zu rudimentär entwickelt, als daß sich eine die Anarchie des
Marktes gewährleistende Trennung von Staat und Gesellschaft politisch
und ästhetisch hätte durchsetzen lassen können. Gleichwohl steht Wielands
Denken ideengeschichtlich im Zusammenhang der bürgerlichen Aufklärung und wendet sich bereits im „Goldnen Spiegel" gegen die frühabsolu-

tistische Variante des Feudalstaates. Obwohl die Gestaltung des bürgerlichen Lebens noch in allen Einzelheiten vorgeschrieben ist, orientiert sich
der Tifanische Idealstaat an der Kodifikationsidee der Aufklärung mit seinen materiellen naturrechtlichen Bezügen. Politische Herrschaft ist kein
begründungsfreier Akt fürstlicher Willkür mehr, sondern wird am Maßstab der rational zu ermittelnden „Natur der sittlichen Dinge" und damit
an ihrem praktischen Nutzen für das Gemeinwesen gemessen, dessen vor-
kapitalistische Wirtschaftsverfassung noch ständisch-hierarchisch ausgestaltet ist.

Die Verfassung Tifans ruht im wesentlich auf zwei Grundlagen: der
Begrenzung und Kontrolle politischer Herrschaft durch das Prinzip der
Gewaltenteilung zwischen König, Adel und Volk bei gleichzeitigem Wert-
konsens aller Herrschaftsunterworfenen. Dem Staat ist zwar ideelles Recht
vorgelagert, dessen Durchsetzung die staatliche Gesetzgebung zur Aufgabe hat. Die Anerkennung bzw. Geltung von Gesetzen ist und bleibt aber
die „natürliche Folge der freien Überzeugung des Volkes von ihrer einleuchtenden Vernunftmäßigkeit" (341).

Da der Staat das bürgerliche Leben nach Maßgabe des absolutistischen
Polizei- oder Wohlfahrtsstaates reguliert, wird kein staatsfreier gesellschaftlicher Raum gewährleistet. Selbst die Privatsphäre der scheschianischen Bevölkerung unterliegt der hoheitlichen Kontrolle. Im „Goldnen
Spiegel" wird noch nicht die von der bürgerlichen Schicht der
„räsonnierenden Privatleute" vollzogene Scheidung von Privatheit und
Öffentlichkeit auf das Gemeinwesen übertragen und infolgedessen auch
keine Trennung von Staat und Gesellschaft als wesentliches Prinzip individueller Freiheitswahrung verfassungsrechtlich verankert.

Der säkularisierte Idealstaat Tifans weist neben den Elementen des feudalistischen Ständestaates jedoch in Ansätzen bereits Prinzipien des
modernen Rechtsstaats auf: Es besteht ein Katalog von naturrechtlich
abgeleiteten Bürgerrechten, allerdings in Zuordnung zum jeweiligen
Stand, die zu schützen und durchzusetzen Aufgabe des Staates ist.

„Grundrechte" und Staatsorganisation werden durch eine geschriebene Verfassung unverbrüchlich festgelegt und bleiben - einer „Ewigkeitsgarantie" vergleichbar - nachträglichen Änderungen entzogen. Ausgehend von der Herrschaft des Gesetzes sind Legislative und Exekutive an Recht und Gesetz gebunden. Politische Herrschaft ist damit bereits nicht mehr personal, sondern institutionell ausgestaltet und institutioneller Kontrolle unterworfen. Nach dem Prinzip der aristotelischen Mischverfassung üben die Stände und Bürger des Staates über Repräsentativorgane Kontrollfunktionen aus. Damit ist die scheschianische Verfassung nicht nur eine objektive rechtliche, sondern auch eine die politische Herrschaft begrenzende und in diesem Sinn moderne Ordnung.

Zentrale Elemente des liberalen Rechtsstaats fehlen: Es gibt keine funktionelle Teilung der Gewalten durch ihre Differenzierung in Exekutive, Legislative und Judikative, keine parlamentarische - geschweige denn numerische - Repräsentation, keine individuellen Freiheits- und Abwehrrechte. Erst im Verlauf der weiteren Beschäftigung mit dem Thema wird Wieland sich immer deutlicher für eine Beschränkung der staatlichen Gewalt im Sinne der bürgerlich-liberalen Staatsidee aussprechen.

e) Das absolutistische „suum cuique"

Das von Danischmend entworfene Szenario feudalabsolutistischer Willkür, Mätressen- und Günstlingswirtschaft während der Regentschaft von Lili und Azor läßt Schach-Gebal nach den grundlegenden Herrscherpflichten fragen, die Danischmend in einem Katalog von Tugenden beschreibt:

„Einem jeden sein Recht widerfahren zu lassen, und alle Ungerechtigkeiten, die er nicht verhindern kann, zu bestrafen;
Die tauglichsten Personen zu den öffentlichen Ehrenstellen und Ämtern zu befördern;
Die Verdienste zu belohnen;

152

Die Staatseinkünfte weislich anzuwenden;
Und seinen Völkern sowohl innerliche Ruhe als Sicherheit vor auswärti-
gen Feinden zu verschaffen." (II/6/162)

Gute politische Herrschaft ist im Verständnis Wielands an eine Pflichtethik gebunden und damit auch ohne verfassungsmäßige Beschränkungen
niemals unumschränkt. Die Geschichte zeige, daß nur ein tugendhafter
Herrscher ein vollkommener Herrscher sei. Als hervorragendes Beispiel
wird von Wieland an dieser Stelle der von Aristoteles unterrichtete Alexander der Große genannt (14 f.). Aristoteles selbst hat in seiner „Niko-
machischen Ethik" ein umfassendes Tugendsystem entwickelt, in dem die
Gerechtigkeit die vorzüglichste ist[31]. Damit übereinstimmend nennt der
von Danischmend vorgelegte Katalog grundlegender Herrscherpflichten
das Gerechtigkeitsgebot an erster Stelle.

Die ersten drei Maximen des politischen Tugendkanons entsprechen der
aristotelisch-aquinischen Unterscheidung in iustitia distributiva und iustitia commutativa, der zuteilenden und ausgleichenden Gerechtigkeit. Mit
der ersten Maxime ist zugleich eine allgemeine Definition der Gerechtigkeit gegeben: Gerechtigkeit ist, jedem das Seine zu gewähren
(distributiva) und Unrecht zu vergelten (commutativa). Es kommen bei
Wieland zur Bestimmung von Recht und Gerechtigkeit damit zwei klassische Grundsätze der Sozialphilosophie zur Anwendung: die Formeln
„suum cuique tribuere"[32] und „Gleiches mit Gleichem"[33].

Gerechtigkeit ist im aristotelischen Verständnis kein objektives Prinzip,
sondern eine Tugend[34]. In diesem Sinn hat der von Danischmend vorgestellte Idealfürst jedem das Seine zu gewähren, Unrecht zu bestrafen, Verdienste zu belohnen, die Staatsämter unter den Fähigsten zu verteilen und

---

[31] Aristoteles, Nikomachische Ethik, hg. v. G. Bien 1972, Randnummer 1129 b.

[32] Die antike Definition der Gerechtigkeit findet sich z. B. in den Digesten Justinians, D 1,1,10: Iustitia
est constans et perpetua voluntas ius suum cuique tribuendi, lat: Die Gerechtigkeit ist der beständige und
dauerhafte Wille, jedem sein Recht zuteil werden zu lassen.

[33] Vgl. Hans Kelsen, Was ist Gerechtigkeit? (1975), S. 23 f.

[34] In diesem Verständnis ist auch das „suum cuique" eine sittliche Tugend, vgl. Waldstein, Ist das „Suum
cuique" ein Leerformel? (1980), S. 288, Fußnote 14.

die Staatseinkünfte nach diesen Maßgaben zu verwenden. Dem absolutistischen Staatszweck des bonum comune mit seinen polizei- und wohlfahrtsstaatlichen Elementen entsprechend, liegt der Schwerpunkt der vorgestellten Herrschaftsethik weniger auf der iustitia commutativa als auf der iustitia distributiva. Der tugendhafte Fürst gewährt, belohnt, verteilt, verwendet. Ein Rechtsanspruch der Untertanen auf diese Handlungen besteht nicht.

Erst an letzter Stelle der Aufzählung steht bei Danischmend die Pflicht zur Gewährleistung der inneren und äußeren Sicherheit des Gemeinwesens. Nach Maßgabe seines liberalen Staats- und Rechtsdenkens beschreibt Wieland demgegenüber in späteren Schriften die Herstellung der inneren und äußeren Sicherheit als Hauptzweck des Staates. In allen übrigen Daseinsbereichen hat der Staat ausschließlich die rechtlichen Rahmenbedingungen für eine eigenverantwortliche Entwicklung der Bürger herzustellen. Staatszweck ist nicht mehr, jedem das Seine zu gewähren, sondern jedem das Seine zu belassen[35].

2. „Schach Lolo"

Die in seinem Aufsatz „Das göttliche Recht der Obrigkeit" behandelten Fragen nach Volkssouveränität, Recht des Stärkeren und Gesellschaftsvertrag sind von Wieland in der Verserzählung „Schach Lolo" literarisch umgesetzt worden. Er verwirft Volkssouveränität und Vertragstheorie und versucht nachzuweisen, daß politische Herrschaft faktisch durch Unterwerfung der Schwächeren unter den Stärkeren begründet wird. Infolgedessen fehlt es an einer vertraglichen Grundlage, aus der sich subjektive Rechte der Herrschaftsunterworfenen ableiten ließen. Politische Herrschaft wird nur durch naturrechtliche Gebote im Sinne einer Herrschaftsethik des Fürsten begrenzt.

---

[35] Unten II (Werke nach der Französischen Revolution), 2 c, dd, S. 187 ff.

a) Handlung

Erzählt wird die Geschichte eines orientalischen Despoten, dessen „arka-
nische" Regierungsweise sich vor der Kulisse der verschwenderischen
Pracht seines Palastes willkürlich und gewalttätig je nach den eigennützi-
gen Einflüsterungen seines Hofstaates gestaltet. Servilität, Habgier und
Intrige der fürstlichen „Kamerilla" beeinflussen jede Entscheidung des
Herrschers und machen ein gerechtes absolutistisches Regieren unmöglich.

Wieland macht sich nicht den rechtsphilosophischen Standpunkt des
„preußischen Naturrechts" zu eigen, demzufolge personale Herrschaft
durch die überlegene Einsicht des aufgeklärten Herrschers gerechtfertigt
sein soll. Vielmehr führt er in „Schach Lolo" derartige Begründungsversuche ad absurdum, indem er die zerstörerischen Folgen rechtlich unge-
bundener personaler Herrschaft anhand eines korrupten politischen
Systems aufzeigt.

„Wenn er in seinem ganzen Leben
Vom füßeleckenden verrät'rischen Geschmeiß
Raubgier'riger Masken stets belagert und umgeben
Den Biedermann zuletzt nicht mehr zu finden weiß" (315),

dann kann von einer überlegenen Einsicht des Herrschers in die Belange
des Gemeinwesens keine Rede sein. Statt dessen vollzieht sich die absolutistische Herrschaftspraxis in vollständiger Willkür:

„Der Großwesir verrichtet nun sein Amt,
Und Lolo, der indes mit hohen Augenbrauen
Im Staate sitzt und sich mit Betelkauen
Die Zeit vertreibt, begnadigt und verdammt
So wie sichs trifft, die Bösen und die Frommen." (319)

Der kritische Befund fordert die Moral heraus, die eine Beendigung der
Mißstände verlangt:

„Erkennet denn: das irdische Geschlecht
Murrt ohne Grund; die Götter sind gerecht,
Und lassen, wo ihr Plan das Übel nicht verhütet,
Kein Unrecht unbestraft, kein Leiden unvergütet." (312)

Allerdings gründen die Mißstände nicht nur in der Unzulänglichkeit der Herrschenden. Wieland macht hierfür nicht weniger die Mentalität der Untertanen verantwortlich.

„Daß, wie ihr meint, die guten Götter sich
(Cum venia) so grob prostituieren,
Die Welt, wie oft geschieht, durch - Schachs zu regieren.
Der Meinung bin ich nicht. Mir däucht, just umgekehrt,
Das Volk stets seines Schachs, der Schach des Volkes wert" (313).

Die mangelnde Kritikfähigkeit und -bereitschaft der Untertanen trägt ganz wesentlich zum Versagen des Fürsten bei:

„Zuerst so gut, so fromm, so willig
Es recht zu machen! Ging es schief,
Nun, so vergriff er sich; er griff zu hoch, zu tief,
Gemeint war's recht. Allein, da hebt man Aug' und Hände,
Und klatscht und jubiliert, als hätt' ein Gockelhahn
Ein Ei gelegt. (...)
So gewöhnt er sich daran,
Und nimmt das Schmeichlerlob am Ende
Wie Jupiter den Weihrauch an." (313 f)

Der Despot wird letzlich zum Fehlgeleiteten:

„Und nun der arme Schach,
Zum Nero nicht zu weise, nur zu schwach,
Durch Nichtstun, Furcht der Wahrheit nachzufragen,
Unschlüssigkeit, Mißtrauen, Wankelmut,
Mehr Böses oft als zehn Tyrannen tut:
Wer hat die Schuld? Und wer ist zu beklagen?" (316)

Die Auswirkungen der absolutistischen Regierung sind augenfällig:

„Daß manchmal auch dabei ein braver Mann gelitten
Und leiden wird, das bleibt wohl unbestritten." (316)

Das Gute kommt in der Versdichtung - und nur dort - zu seinem Recht:
Der Despot wird durch einen Akt der Zauberei seiner gerechten Bestrafung zugeführt. Da es in der Realität keine Zauberei gibt, macht Wieland
mit seiner Dichtung die in der politischen Wirklichkeit des Absolutismus
nicht vorkommende Bestrafung von Despoten augenfällig. Paradoxer-
weise erklärt er hier das Volk für mitverantwortlich, dem er gewöhnlich
alle politische Verantwortlichkeit abspricht.

b) Politische Herrschaft als göttliches Recht des Stärkeren

Wieland setzt in „Schach Lolo" zugleich seine im „Göttlichen Recht der
Obrigkeit" formulierte Kritik an der Erkenntnistheorie und den rechtsphilosophischen Folgerungen des rationalistischen Naturrechts der Aufklärung dichterisch um. Er wiederholt und verallgemeinert zu Beginn der
Versdichtung seine im „Göttlichen Recht der Obrigkeit" vertretene Prämisse:

„Regiert - darin stimmt alles überein -
Regiert muß einmal nun die liebe Menschheit sein,
Das ist gewiß! Allein -
Quo Jure und von wem? In diesen beiden
Problemen sehen wir die Welt sich oft entzwein"(305)

und entwickelt anschließend anhand historischer Beispiele seine Sicht, daß
nach dem Recht des Stärkeren geherrscht wird:

„Gewöhnlich fing man damit an,
Was Pyrrhus, Cäsar, Mithridates,
Und Muhamed und Gengiskan,
Und mancher der nicht gern genannt ist, auch gethan:
‚Sich förderst in Besitz zu setzen.'"

Wieland vertritt insoweit die Ansicht, daß politische Herrschaft aus dem Eigentum an den Produktionsmitteln folgt. Das Recht erfüllt für ihn lediglich die rechtfertigende Funktion eines ideologischen Überbaus.

„Das *Recht* schleppt dann so gut es kann
Sich hinter drein: das sind Subtilitates,
Woran (man gönnt es ihnen gern)
Die knasterbärtigen Doktoren sich ergetzen."

Daß sich die Anerkennung politischer Herrschaft etwa am Maßstab natur-rechtlicher Grundsätze vollzieht, will Wieland bereits für die griechische Antike nur als Ansicht vermessener Philosophen gelten lassen, deren Denken schon damals an der Wirklichkeit scheiterte:

„Und schon zur Zeit der blinden Heiden
(Als noch was Rechtens sei sich Krantor und Chrysipp
Nach ewigen Gesetzen zu entscheiden
Vermaßen) fand der Sohn des listigen Philipp,
Man komme kürzer weg den Knoten zu zerschneiden."

Nicht die philosophische Schule der Stoa, das Schwert Alexanders des Großen entscheidet über Recht und Unrecht. Das angeblich nach ewigen Gesetzen Gesollte sind philosophische Phantasmen, die nicht weniger ver-worren als der Gordische Knoten sind:

„ ‚Die Red' ist, sprecht ihr, wie es sollte,
nicht wie es ist -‘
So? Wie es sollt'- Ihr also wißt
Es besser? So, so sollt' es - wenn es wollte!
Allein es will nun nicht! All der Ideenkram
Der Weltenflicker, sagt, was hat er je gebessert?
Verschoben hat er viel! und wessen ist die Scham?
‚Es sollte' - Nein, ihr Herrn! Verkleinert und vergrößert
Nur nicht was ist in eurer Phantasie,
So ist's just recht; und euch erspart's die Müh." (308)

Im Ergebnis ist für Wieland das ius divinum, wie er es versteht, weniger

Erkenntnisgegenstand der Naturrechtslehre und Legitimationsinstrument personaler Herrschaft als eine Chiffre für das empirisch abgeleitete Recht des Stärkeren.

„Das Jus Divinum, liebe Herrn,
Steht also, wie ihr seht, so feste
Und fester als der Kaukasus:
‚Befiehlt wer kann, gehorcht wer muß;'
Ein jeder spielt mit seinem Reste,
Und - unser Herr Gott tut bei allem dem das Beste."

Wieland wendet sich mit dem Bild, das göttliche Recht stehe fester als der Kaukasus, gegen die rationalistischen Naturrechtslehren, die das ius divinum mit der logischen Begründung ablehnen, daß es bei der Nichtexistenz Gottes entfalle und infolgedessen nicht verbindlich für den Menschen sein könne. Der Berg Kaukasus, an den Zeus Prometheus zur Strafe dafür schmieden ließ, daß er den Menschen die Fackel der Erkenntnis brachte, steht bei Wieland als Metapher für die Begrenztheit menschlichen Denkens und Handelns angesichts der göttlichen Allmacht.

Für die von Wieland in diesem Zusammenhang erwähnte philosophische Schule der Stoa, der neben Diogenes auch Chrysipp angehörte, ist demgegenüber die wahre Vernunft (logos orthos) ewiges Weltgesetz, das sich mit dem Naturrecht deckt. Chrysipp lehrt, daß der logos orthos infolgedessen auch

„Herrscher und Führer der von Natur zur politischen Gemeinschaft veranlagten Lebewesen und dementsprechend die Richtschnur für gerecht und ungerecht ist, indem er befiehlt, was zu tun, und verbietet, was zu unterlassen ist."[36]

Die Weltvernunft ist - in Übereinstimmung mit der Philosophie der Aufklärung - im Menschen allerdings nur keimhaft angelegt und kommt erst durch Erziehung und Selbsterkenntnis zur Entfaltung. Vernunft und

---

[36] Zit. nach Verdroß, Abendländische Rechtsphilosophie, S. 45.

Natur werden von Wieland erst seit der „Lustreise ins Elysium" zu den obersten Gesetzgebern des Menschen erhoben - anstatt der bestehenden Herrschaftsverhältnisse (oder: Geschichte und Natur), wie noch in „Das göttliche Recht der Obrigkeit" und „Schach Lolo".

Die Gottgewolltheit des Herrschaftsrechts des Stärkeren bestimmt nicht nur das Verhältnis zwischen Fürsten und Untertanen, sondern findet sich in maßstabsgerechter Verkleinerung ebenso im gesellschaftlichen und im familialen Raum der Herrschaftsunterworfenen. Sie ist das Begründungsfundament des Patriarchats überhaupt. Der Hausvater steht der Familie vor wie der Fürst seinem Volk:

„Der winzigste Deunkulus
Macht's eben so in seinem Spannenkreise,
Nur nicht so gut; behauptet frisch sein Jus
Divinum über Weib und Kinder,
Haus, Hof und Habe, Schaf' und Rinder,
Und gibt nicht Rechenschaft davon, als - wenn er muß." (308)

Da Fürst und Volk dieselbe patriarchalische Herrschaftsform pflegen, ist der „Ideenkram der Weltenflicker" überflüssig.

c) Recht als ideologischer Überbau

Die Frage, „Quo jure und von wem" Herrschaft ausgeübt wird, ist für Wieland somit schnell und ohne komplizierten metaphysischen Rekurs - weder auf das ius divinum noch auf das ius naturale - zu beantworten: Das sogenannte Gottesgnadentum personaler Herrschaft folgt originär aus dem Eigentum und seiner gewaltsamen Aneignung. Das positive Recht wird auf die Funktion beschränkt, die auf faktischen Gewaltverhältnissen beruhende Herrschafts- und Eigentumsordnung zu rechtfertigen. Aus dem Naturrecht verbindliche Maßstäbe für Recht und Unrecht ableiten zu wollen wird als Phantasie vermessener Philosophen entlarvt. Angesichts dieser „empirischen" geschichtlichen Ausgangslage bieten die Gegenstände und Protagonisten der Rechtsphilosophie und Jurisprudenz für Wieland folglich nur Anlaß zu Spott. Als Erkenntnisgegenstand kommen Naturrecht und Gerechtigkeit nur für „knasterbärtige Doktoren" in Betracht, die bestenfalls Mitleid verdienen.

Wieland entwirft seine Theorie von der normativen Kraft des Faktischen in Gestalt des göttlich legitimierten Herrschaftsrecht des Stärkeren im Zusammenhang der geschichtlichen Wirklichkeit des 18. Jahrhunderts, die von der wirtschaftlichen und politischen Bedeutungslosigkeit des deutschen Bürgertums gekennzeichnet ist. In England hatte sich dagegen die Lower Gentry nach der „Glorious Revolution" politisch mit dem Bürgertum arrangiert und partizipierte am wirtschaftlichen Aufschwung des Landes; in Frankreich überließ die Nobilité Handel und Industrie ganz dem Bürgertum.

Im Unterschied zu den französischen und englischen Königen waren die deutschen Territorialfürsten große Grundbesitzer. Ihren feudalen Interessen, die kein starkes Wirtschaftsbürgertum duldeten, kam entgegen, daß die Versperrung der südlichen Handelswege durch das Vordringen der Türken und die Verlagerung der nördlichen Handelswege an den Atlantik schon im 15. und 16. Jahrhundert den Niedergang des deutschen (wie auch des oberitalienischen) Wirtschaftsbürgertums bewirkt hatte. Nach der Niederschlagung der Bauernaufstände und nachdem der Dreißigjährige Krieg den verbliebenen politischen und wirtschaftlichen Einfluß der Handelsstädte vernichtet hatte, konnten die deutschen Territorialfürsten die unbeschränkte Landesherrschaft für sich reklamieren.

Das positive Reichsstaatsrecht dieser Zeit war wegen der schwachen politischen Stellung des Deutschen Reichs weitgehend bedeutungslos geworden. Mit den Worten Wielands schleppt es sich hinter der Entwicklung her und ist für ihn auch als wissenschaftlicher Untersuchungsgegenstand nicht ernst zu nehmen.

d) Kritik der rationalistischen Metaphysik

Die rationalistische Philosophie stellt mit ihrer Lehre von den unveräußerlichen und vorstaatlichen Naturrechten das ideologische Rüstzeug zur
Verfügung, die bestehenden Herrschaftsverhältnisse von Gottes Gnaden
kritisch zu hinterfragen. Dem setzt Wieland seine angeblich empirische
Vernunfterkenntnis entgegen. Mit der aus dem geschichtlichen Material
abgeleiteten Gottgewolltheit eines Herrschaftsrechts des Stärkeren verwirft er das spekulative Naturrecht als kritischen Maßstab politischen
Handelns und unterläuft damit die Herrschaftskritik der rationalistischen
Metaphysik. Während Wieland mit seiner „materialistischen" Geschichts-
philosophie, die Herrschaft aus dem Eigentum an den Produktionsmitteln
ableitet und Recht und Gesetz als Überbauphänomene ansieht, einen für
das 18. Jahrhundert avantgardistischen Standpunkt einnimmt, verbaut er
der bürgerlichen Klasse damit zugleich jeden Anspruch auf politische
Einflußnahme und liefert eine Apologie der bestehenden Herrschaftsverhältnisse. Das Bürgertum seiner Zeit ist außerstande, sich „förderst in
Besitz zu setzen". Es bleibt deswegen von der politischen Willensbildung
ausgeschlossen und ist - literarisch - auf einen Akt der Zauberei angewiesen, um politische Gerechtigkeit herzustellen.

3. „Der Stein der Weisen"

In das Erscheinungsjahr von „Das Geheimnis des Kosmopoliten-Ordens",
1788, fällt auch die Veröffentlichung von „Nikolaus Flamel, Paul Lukas
und der Derwisch von Brussa. Historische Nachrichten, Untersuchungen
und Vermutungen. Ein Beitrag zur Geschichte des Unsichtbaren". Darin
wird die Lebensgeschichte von Christian Rosenkreuz, dem Gründer der
Geheimgesellschaft der Rosenkreuzer, beschrieben. Die Erzählung folgt

der „Fama Fraternitatis" von 1614, die von der Existenz und Zielsetzung des Rosenkreuzer-Ordens berichtet[37].

Der Legende zufolge soll Rosenkreuz sich im Besitz des sogenannten Steins der Weisen befunden haben,

„in welchem die wahre Medizin liege, durch die der Mensch nicht nur alles, was das Temperament seiner Natur in Unordnung bringen und zerstören kann, von sich entferne, sondern überhaupt alle die Kenntnisse erhalte, welche Gott in den Verstand des ersten Menschen gelegt habe, und deren dieser durch den Mißbrauch seiner Vernunft verlustig geworden sei." (X/30/249)

Dieser Theorie des Naturzustandes des Menschen ist als motivische Ergänzung die kurze Erzählung „Der Stein der Weisen" beigeschlossen.

a) Handlung

König Mark, Enkel des edlen und unglücklichen Tristan von Lennois, ist Herrscher von Cornwall und wie sein Großvater „hoffärtig ohne Ehrgeiz, wollüstig ohne Geschmack, und geizig ohne ein guter Wirt zu sein" (X/30/274). Sein verschwenderischer Regierungsstil richtet das Land zugrunde. Er beutet seine Untertanen mit ständig neuen Abgaben aus, „und als sie nichts mehr zu geben hatten, machte er sie selbst zu Gelde, und verkaufte sie an seine Nachbarn" (aaO). Sein unersättlicher Geldbedarf läßt ihn schließlich mit dem ägyptischen Alchemisten Misfragmutosiris ins Geschäft kommen. Dieser gibt vor, das Geheimnis des Steins der Weisen zu kennen, das ihn befähige, Blei in Gold zu verwandeln. Die zur Herstellung des Steins der Weisen angeblich erforderlichen Edelsteine stellt Mark sogleich zur Verfügung. Misfragmutosiris verschwindet mit seiner Beute, nicht ohne Mark zuvor in einen Esel verwandelt zu haben. In der Zwischenzeit konnte Mabillje, die tugendreiche Gattin des Mark,

---

[37] Vgl. Wehr, Rosenkreuzerische Manifeste, S. 24.

den Reizen eines schönen Jünglings nicht widerstehen und wurde in eine Ziege verwandelt. Ohne vom Schicksal des anderen zu wissen, verlassen beide die königliche Residenz. In der freien Natur wird Mark nach mehreren schmerzhaften Erfahrungen geläutert und beschließt, „lieber ewig ein Esel zu bleiben, als ein König ohne Kopf und ein Mensch ohne Herz zu sein" (X/30/324 f.). Durch den Verzehr einer Lilie verwandelt er sich jedoch in Sylvester, einen vor „Gesundheit strotzenden Bauernkerl von dreißig Jahren" (325). Er trifft auf Rosine, „vierundzwanzig Jahre alt und eine unverfälschte Tochter der Natur" (330). Sie beschließen zu heiraten und entdecken bald, daß Sylvester Mark war und Rosine seine Gattin Mabillje (335). Daraufhin werden sie von ihren „guten Geistern" vor die Wahl gestellt, wieder zu werden, was sie vor ihrer Verwandlung in Esel und Ziege waren, oder aber Sylvester und Rosine zu bleiben:

„Laßt uns bleiben was wir sind, riefen sie aus einem Mund, indem sie sich den himmlischen Wesen zu Füßen warfen; der Himmel bewahre uns, einen andern Wunsch zu haben!" (337)

Mit diesem Entschluß haben sie in der freien Natur den Stein der Weisen gefunden.

b) Wechsel von der höfischen zur bürgerlichen Öffentlichkeit

Die Erzählung markiert den Perspektiven- bzw. Figurationswechsel in der politischen Dichtung Wielands, der sich in den 1780er Jahren vollzieht.

König Mark ist wie Azor oder Isfandiar im „Goldnen Spiegel" und Schach Lolo zunächst mit allen Wieland-typischen Attributen eines despotischen Herrschers ausgestattet. Er regiert willkürlich, ist wollüstig und verschwendungssüchtig, preßt seine Untertanen aus und verkauft sie schließlich an andere Länder. Wie im „Goldnen Spiegel" oder bei „Schach

Lolo" verlangt es die aufklärerische Moral der Erzählung, daß die Pflichtvergessenheit König Marks leidvolle Erfahrungen nach sich zieht. Es kommt jedoch zu keinen Veränderungen im Staatswesen durch Umsturz oder eine geläuterte Regierungsweise des Fürsten. Vermittelt durch den der Geheimgesellschaft der Rosenkreuzer zugeschriebenen Stein der Weisen entdecken Mark und Mabillje vielmehr für sich die Schönheit des einfachen Lebens und ziehen es ihren höfischen Privilegien vor.

Wieland setzt in seiner Erzählung der Öffentlichkeit höfischer Repräsentanz das Ideal der bürgerlichen Privatheit und empfindsamen Liebe entgegen. Beides sind wesentliche Keimzellen seines gewandelten bürgerlich-liberalen Staatsverständnisses. Erst außerhalb des Hofes haben Mark und Mabillje Gelegenheit, sich ineinander zu verlieben. Liebe entsteht nicht in der öffentlichen Sphäre, sondern in der bürgerlichen Gesellschaft der Privatleute. Zugleich sind Liebesehe und Familie für Wieland verkleinerte Leitbilder für die ideale staatliche Gemeinschaft.

Wielands Protagonisten ziehen sich infolgedessen aus der Öffentlichkeit höfischer Repräsentanz zurück in die Privatheit, aus der heraus sie in den späteren Arbeiten die bürgerliche (Gegen-)Öffentlichkeit entwickeln werden. Sie treten nicht mehr, wie die Handlungsträger im „Goldnen Spiegel" oder in der Dionysos-Episode im „Agathon", an, einen absolutistischen oder tyrannischen Herrscher bei Hofe bzw. das städtische Patriziat der „Abderiten" in staatsbürgerlicher Absicht zu belehren. Sie übernehmen keine korrumpierenden öffentlichen Ämter, sondern weichen in die unverdorbene Abgeschiedenheit der Natur aus oder bilden Geheimgesellschaften und organisieren sich in der Gelehrtenrepublik.

Der Austritt Marks und Mabilljes aus dem höfischen und ihr Eintritt in den bürgerlichen Lebenszusammenhang versinnbildlichen Wielands gewandelten Zugriff auf den Gegenstand. Gemäß der Einheit von gesellschaftlicher und künstlerischer Transformation wird die höfische Bühne verlassen und die Abscheidung der Gesellschaft vom Staat und ihre Selbstorganisation künftig zum ästhetischen und politischen Programm erhoben. In seinen literarischen Arbeiten stellt Wieland fortan einen von staatlicher Einflußnahme freien gesellschaftlichen Binnenraum dar, der eigenen wirtschaftlichen und sozialen Regeln folgt und so mit dem im „Geheimnis des Kosmopoliten-Orden" erhobenen Autonomieanspruch von Geheimgesellschaft und Gelehrtenrepublik korrespondiert.

4. Exkurs: Politische Ohnmacht als „moralisches Martyrium"?

Peter[38] und Schlink[39] haben anhand von Lessings 1772 (also zeitgleich mit dem „Goldnen Spiegel") erschienenen Tragödie „Emilia Galotti" herausgearbeitet, daß sich die politische Einflußlosigkeit des Bürgertums im 18. Jahrhundert literarisch in einem zum Martyrium übersteigerten moralischen Protest äußern konnte. Für Schlink steht

„Lessings moral- und rechtsphilosophisches Denken zwischen Leibniz und Kant. Es ist ein Denken des Übergangs; einerseits hat es noch die Vorstellung einer Einheit des sittlich, rechtlich und eudämonistisch Guten, andererseits hat es schon die Tendenz, die Moral in einen kritischen Gegensatz zur Eudämonie und auch zur rechtlichen und politischen Ordnung zu setzen".(S. 1141)

Der daraus entstehende Konflikt werde - wie „Emilia Galotti" zeige - von Lessing dichterisch im Sinne eines „moralischen Martyriums" des Bürgertums entschieden. Eine „modernisierte" Virginia habe von Lessing deshalb von allem „Staatsinteresse" befreit werden müssen[40]. In diesem Verständnis sei auch Schillers „Kabale und Liebe" zu lesen. Hier wie dort spiele „das Bürgertum noch lieber die Rolle des moralischen Märtyrers

---

38 Klaus Peter, Stadien der Aufklärung. Moral und Politik bei Lessing, Novalis und Friedrich Schlegel (1980).
39 Bernhard Schlink, Gotthold Ephraim Lessing - bürgerliches Denken über Recht, Staat und Politik am Vorabend der bürgerlichen Gesellschaft (1983).
40 Lessing in einem Brief an seinen Bruder Karl vom 1.3.1772; zit. nach Schlink, S. 1141, Fußnote 39.

als die eines moralischen, geschweige denn eines politischen Rebellen"(aaO).

In Anbetracht der von Wieland u.a. im „Goldnen Spiegel" und dem „Stein der Weisen" vorgeschlagenen Lösungen politischer Konflikte erscheint diese Auffassung über „das" Bürgertum allerdings zweifelhaft. Insbesondere berücksichtigt Schlinks Argumentation zu wenig das ästhetische Konstruktionsschema der Gattung Tragödie. Die Geschichte der Virginia wird von Livius nicht als Tragödie überliefert. Ein „Sieg" der Moral, und sei es in Gestalt einer politischen Revolte, würde dem Wesen der Tragödie widersprechen, die ihre Dramatik aus einem zur Katastrophe führenden tragischen Konflikt entwickelt. Lessing konnte der antiken Vorlage demnach ohne weiteres den Teil entnehmen, den er für die dramatische Gestaltung eines unlöslichen Konflikts benötigte, und auf alles „Staatsinteresse" verzichten. Folglich ist das moralische Martyrium Emilias weniger der spiegelbildliche Ausdruck der drückenden politischen Unmündigkeit des Bürgertums, als vielmehr eine konsequente Umsetzung der Dramentheorie Lessings, den Zuschauer durch Furcht und Schrecken sittlich zu läutern. Odoardo Galotti wird dem Publikum durchaus nicht als positiver Held sondern als tragische Figur präsentiert. Sein Handeln offenbart zwar fraglos die rechtliche und politische Ohnmacht des Untertanen im Absolutismus[41]; zugleich steht aber die rigide bürgerliche Sexualmoral im Zentrum der Lessing'schen Kritik, die es keinesfalls rechtfertigt, das Leben eines Menschen zu opfern.

Schlink hebt seinerseits hervor, daß Lessing die Antagonismen der Gegenwart insbesondere durch ein Besinnen auf die in der Tradition aufgehobenen Gemeinsamkeiten miteinander zu versöhnen suchte[42]. Dann berechtigt aber selbst der entfesselte moralische Protest emilianischer Provenienz nicht zum Sturz der überkommenen, jedoch ihrerseits in der Tradition wurzelnden Ordnung.

---

[41] Exemplarisch Odoardo Galottis Worte zum Prinzen, nachdem er Emilia getötet hat: „Ich gehe und erwarte Sie als Richter. - Und dann dort - erwarte ich Sie vor dem Richter unser aller" (V.8).

[42] AaO, S. 1144.

Der Konflikt zwischen bürgerlicher Moral und absolutistischem Regime bleibt für den Autor unüberwindbar. Im Bereich der politischen Publizistik, der Lessings „Ernst und Falk" zuzurechnen ist, wird das Dilemma - wie bei Wieland - dadurch gelöst, daß die Bereiche der moralischen Pflicht und des staatlichen Gesetzes zwar auseinandertreten, Gesetzestreue aber moralisch geboten bleibt. Einerseits ist es die Aufgabe der Freimaurerei, „den unvermeidlichen Übeln des Staats entgegen zu arbeiten"[43]. Andererseits gehört jede radikale moralische Kritik zu den Wahrheiten, „die man besser verschweigt"[44] oder im Maurergeheimnis verbirgt.

II. Werke nach der Französischen Revolution

Wieland verlegte seine Auseinandersetzung mit Staat und Recht seit der Einstellung des „Teutschen Merkur" im Jahr 1789 fast ausschließlich in das Medium der Dichtung (u.a. „Peregrinus Protheus" 1791, „Die Wasserkufe" 1795, „Agathodämon" 1799, „Aristipp" 1800/1802, „Das Hexameron von Rosenhain" 1805).

Seine Handlungsträger bilden als räsonnierende Privatleute eine bürgerliche Öffentlichkeit, die die Funktion des Staates auf die Wahrung der äußeren und inneren Sicherheit, insbesondere auf den Schutz des Eigentums beschränkt und nach diesen Maßgaben auf die politische Willensbildung Einfluß nimmt. Sie befolgen in den genannten Dichtungen eine asketische Wirtschaftsethik, die sie materiell unabhängig macht und von der staatlichen Daseinsvorsorge befreit. Damit stellt Wieland dem Lesepublikum noch vor Herausbildung der kapitalistischen Produktionsweise in Deutschland den Prototyp der künftigen bürgerlichen Wirtschaftselite vor.

---

[43] Ernst und Falk, 3. Gespräch.
[44] Zweites Gespräch.

1. „Die Wasserkufe"

Die Versdichtung „Die Wasserkufe" entstand 1795. Sie basiert - wie Wieland im Untertitel mitteilt - auf einer alten französischen Erzählung aus dem 13. Jahrhundert.

a) Handlung

Bruder Lutz lebt seit über dreißig Jahren in einer abgeschiedenen engen Schlucht in weltabgewandter Klausur,

„Um seinen tier'schen Teil durch strenge Klausnerzucht,
Durch Fasten und Kasteien und übern Wolken schweben
Zur geistigen Natur, wo möglich, zu erheben." (VI/18/71)

Vollständiger Triebverzicht ist für ihn der Inbegriff der Tugend, der ihm in seinem „öden Winkel" und bei „magerer Diät" auch verwirklicht scheint. Er sieht sich bereits auf einer Stufe mit den Heiligen Antonius und Paulus stehend. Eines Nachts wird er durch eine göttliche Erscheinung eines Besseren belehrt:

„Wer hoch zu stehen wähnt, ist seinem Falle nah!
Willst du an Tugend dich weit übertroffen sehen,
So brauchst du nicht sehr weit zu gehen,
Geh nur zum Seneschall von Aquilegia." (73)

Ungläubig begibt Lutz sich, „einem wandernden Gespenste ähnlich", nach Aquilegia. Bereits auf seinem Weg dorthin begegnet er dem Seneschall, einem schönen und reichgeschmückten Mann mit großem Gefolge, und bittet ihn um Unterkunft. Da der Seneschall in dringenden Amtsgeschäften unterwegs ist, läßt er seiner Frau ausrichten, sie möge Lutz aufnehmen und ihn so behandeln wie ihn selbst. Die ihrerseits überirdisch schöne Seneschallin gewährt Lutz das versprochene Gastrecht in einem prachtvollen Stadthaus. Lutz ist fassungslos, daß jemand, der sein Leben „in lauter Wollust Tag und Nacht" zubringt, tugendhafter sein soll als er selbst. Lutz wird ein verführerisch reichhaltiges Gastmahl angeboten, der diesen „Unrat von üppigen Gerichten" (81) gemäß seinem asketischen Ideal zurückweist. Die Seneschallin hält dem zwar entgegen, daß nicht alle Lust Sünde sei und nichts „entheilige", was maßvoll genossen werde. Dennoch würden auch sie und ihr Mann für sieben Jahre ein heiliges Gelübde befolgen, das sie zur enthaltsamen Lebensführung verpflichte und ihnen unter anderem aufgabe, sich nur von Brot und Gemüse zu ernähren. Lutz, angesichts der kulinarischen Verlockungen schon jetzt nahe daran, „Enthaltung und Verdienst so schändlich zu verlieren" (83), ist unbegreiflich, warum eigentlich seine Gastgeber einen die unterdrückte Sinnlichkeit derart herausfordernden Haushalt führen. Die Seneschallin, „in ihrem heitern still vergnügten begierdenfreien Aug'", sieht darin eine zusätzliche Bewährung des Gelübdes. Zudem gebiete es der soziale Status des Seneschalls, Gäste und Bedürftige großzügig zu bewirten.

Für die Nacht bittet Lutz sich das schlechteste Kämmerchen im fürstlichen Hause aus. In Erfüllung der Anweisung des Seneschalls, sein Gast möge behandelt werden wie er selbst, wird Lutz statt dessen in das prächtige eheliche Schlafzimmer des Seneschalls geführt, „ein schöner Tummelplatz zu süßen Liebesspielen" (86). Lutz kapituliert vor dem Luxus und beschließt, sich diesmal „durch Wollust zu kasteien". Zum Entsetzen des vorgeblich sinnenfeindlichen Eremiten erscheint nach kurzer Zeit die leichtbekleidete Seneschallin im Schlafgemach und nimmt unbefangen ihren angestammten Platz im Bett ein:

„Mein Mann
Hat (wie du sagest) mir ausdrücklich anbefohlen,
Dir so zu tun als wär' er's selbst an deiner statt:
Was tu ich nun, als was er mir befohlen hat?
Ich bin in meiner Pflicht; und könnten wir ihn holen,

Um Richter zwischen uns zu sein,
Gewiß, ich würde Recht bekommen!" (90 f.)

Die von Lutz geäußerten sittlichen Bedenken zerstreut sie mit dem treu-
herzigen Hinweis, er, Lutz, sei schließlich ein heiliger Mann - von ihr
habe er nichts zu befürchten. Auch umgekehrt sind Vorkehrungen getrof-
fen:

„Aus weiser Vorsicht stand
Ein tiefes Marmorbecken zwischen
Dem Bette und der Seitenwand,
Mit Wasser angefüllt bis an den hohlen Rand.
Wie nun mein Lutz die frevelvolle Hand
An ihren Busen legt, faßt sie mit starken Armen
Ihn um den Leib, und schleudert ohn' Erbarmen
Ihn in den Wassertrog hinab." (97)

Lutz wird von der barmherzigen Seneschallin zwar wieder aus dem eis-
kalten Wasser gezogen. Da ihm in Gegenwart ihrer unwiderstehlichen
Reize jedoch der „Teufel-Amor" in den Leib gefahren ist, wiederholt sich
der geschilderte Vorgang so lange, bis Lutz mehr tot als lebendig aufgibt.

Gegenüber der Seneschallin entschuldigt sich Lutz damit, daß seine
Tugend auf eine Probe gestellt worden sei, die kein Mann bestehe. Die
Seneschallin widerspricht dem. Die Wasserkufe sei zwar auf ausdrückli-
chen Wunsch des Seneschalls aufgestellt worden. Denn das vorerwähnte
Gelübde der Ehegatten umfasse auch sexuelle Enthaltsamkeit. Und doch
habe sich in sieben Jahren zwischen den Eheleuten nicht einmal ereignet,
was dem Eremiten in einer Nacht gleich dreimal widerfuhr. Das Versagen und der gescheiterte Versuch, sein Verhalten zu rechtfertigen, seien
Folge der selbstgewählten Einsamkeit des Klausners, die verhindere, sich
mit Besseren messen zu können und somit eine Flucht vor der Wirklichkeit bei gleichzeitiger Selbstüberschätzung bedeute. Dagegen stellten der
Seneschall und seine Frau sich stets der „Forderung des Tages":

„Der Seneschall und ich, wir leben
Auf unserm Posten in der Welt;
Fest überzeugt, wir sind dahin gestellt,
mit stillem redlichen Bestreben
Nicht mehr noch weniger als unsre Pflicht zu tun:
Und wenn wir uns verbunden schätzten
Zu halten, was ein rasches Wort zur Pflicht
uns machte, so geschah es nicht
Als ob wir großen Wert in diese Opfer setzten;
Genug, ein Biedermann erfüllt was er verspricht,
Wenns möglich ist. Mit gleich einfält'gem Willen
Sind wir, wie uns Gelegenheit
Gegeben wird, nicht weniger bereit
Gemein're Pflichten zu erfüllen,
Wir, die uns um den Ruf und Schein der Heiligkeit
In unsrer Einfalt nie bewarben,
Wir teilen unsren Überfluß
Mit allen gern, die unverschuldet darben;
Und was wir uns für sie entziehn, ist uns Genuß." (111)

Im Morgengrauen verläßt Lutz beschämt den Ort seiner Niederlage und
kehrt um vieles demütiger in seine „Bärenhöhle" zurück.

b) Säkulare Pflichtethik

Seneschall und Seneschallin handeln nach einer zwar religiös rückgebun-
denen, aber diesseitigen Pflichtethik. Die von ihnen befolgten sittlichen
Grundsätze werden aus innerer Überzeugung vertreten. Materieller
Wohlstand und gesellschaftlicher Status schaffen den äußeren Rahmen der
inneren Unabhängigkeit. Das Zusammenleben in der häuslichen Privatheit
wird autonom nach selbstgewählten Regeln gestaltet. Obwohl ihnen ihr
Reichtum eine feudalistisch-repräsentative Haushaltung gestattet, leben sie
bescheiden und selbstgenügsam. Das von ihnen ohne Zwang abgelegte
Bekenntnis zur Askese untermauert nur die von ihnen getragene Verantwortung. Zwar stehen sie dem maßvollen Genuß grundsätzlich aufge-
schlossen gegenüber. Kulinarische und körperliche Reize können sie aber

auch völlig kalt lassen. Sie sind reich, ohne zu verschwenden; das Mehr an Einfluß bedeutet ein Mehr an Pflichten.

Die adligen Gastgeber des Bruders Lutz leben eine bürgerlich-puritanische Eheauffassung, deren übermäßige Betonung sexueller Enthaltsamkeit der libertinären Feudalordnung entgegengesetzt ist. Das von Wieland gewählte erzählerische Konstruktionsprinzip soll die unbedingte Autonomie des Individuums vorführen. In einer Zeit, die vom Standesdenken des feudalen Regimes und von ökonomischen Zwängen geprägt ist, demonstriert der fiktionale Text die Selbstbestimmung der von ihrer Triebnatur befreiten Person im Partnerschaftsbereich. Hierbei wird die Frau des Seneschalls im Kontext der sich herausbildenden bürgerlichen Öffentlichkeit, insbesondere bei der publikumsbezogenen Konstituierung eines von Vernunft geordneten Raumes der Privatheit, zur eigentlichen Protagonistin der bürgerlichen Tugendpropaganda. Die in aufklärungstypischer Manier gestaltete Dialektik aus einer Überbetonung der Zweierbeziehung und ihrer fortwährenden äußeren Bedrohung soll ihre - jedenfalls imaginierte - Überlegenheit bei der Durchsetzung des neuen moralischen Codes zeigen. Danach ist die Wasserkufe wie selbstverständlich zur Abkühlung des Seneschalls oder, aus gegebenem Anlaß, von Bruder Lutz, nicht aber der Seneschallin vorgesehen.

Im Gegensatz zur Seneschallin ist Lutz ein religiöser Fanatiker und Schein-Heiliger. Die Grundlage seiner Selbstbeschränkung liegt weniger in einem religiös oder philosophisch motivierten Pflichtbewußtsein, als vielmehr in der Größenphantasie, dem Heiligen Antonius oder dem Apostel Paulus zu gleichen. Seine Enthaltsamkeit verwirklicht sich nicht durch bewußte Triebkontrolle, sondern durch den Mangel an Gelegenheit. Er sucht nicht Maß und Ausgleich, sondern das Extrem. Er stellt sich nicht seinen bürgerlichen Pflichten, sondern weicht in die Einsamkeit aus und muß deswegen scheitern. Seneschall und Seneschallin leben eine innerweltliche, den Wohlstand mehrende, der Eremit eine außerweltliche fruchtlose Askese.

c) Einheit von privater und öffentlicher Pflichtethik

Seneschall und Seneschallin sind das Gegenstück zu Mark und Mabillje vor deren Verwandlung in Sylvester und Rosine. Die im häuslichen Bereich befolgten sittlichen Grundsätze führen nach außen gewendet zu einer positiven Verschmelzung von Politik und Moral. Der Seneschall nimmt sowohl staatlich-politische Aufgaben in Gestalt eines öffentlichen Amtes als auch paternalistische Aufgaben der Fürsorge nach Maßgabe seines in der häuslichen Sphäre gelebten Pflichtbewußtseins wahr. Durch die an seine Frau gerichtete Bitte, Lutz in das eigene Haus aufzunehmen, verbindet er individuelle Ethik und allgemeine Moral.

In der „Wasserkufe" wird die Beschränkung staatlicher Gewalt durch die ethisch fundierte Selbstbeschränkung eines personalen Trägers politischer Herrschaft, des Seneschalls, repräsentiert und gewährleistet, und nicht durch ein institutionalisiertes Kontrollsystem. Hierbei wird das Regelwerk der privaten Sphäre auf die öffentliche Sphäre übertragen. Der Seneschall vertritt in der Öffentlichkeit dieselben Tugenden wie privat. Seine bürgerliche Pflichtethik befreit ihn von seiner Triebnatur und läßt ihn infolge-dessen auch gesellschaftlich und politisch verantwortlich handeln. Die „rule of law and not of man" schlägt sich noch nicht in einer objektiven begrenzenden staatlichen Ordnung nieder, sondern nur subjektiv im Pflichtbewußtsein des personalen politischen Funktionsträgers. Insoweit nimmt das in der „Wasserkufe" zum Vorschein kommende politische Denken Wielands noch einen vorliberalen (keinen antiliberalen!) Standpunkt ein.

d) Entwicklung des frühliberalen Staatsmodells

Die geschilderte Figuration wirft zunächst die Frage auf, wie Wieland denn bei der Adaptation eines Stoffs aus dem 13. Jahrhundert[45] überhaupt liberales Staats- und Rechtsdenken entwickeln kann. Obwohl sich der Stoff dazu eignet, aufgeklärtes bürgerliches Denken zu demonstrieren, geschieht dies anhand einer spätmittelalterlich-feudalen Gesellschaftsordnung. Daran kann die noch fortbestehende Nähe des Wieland'schen Denkens zur politischen Ideologie des aufgeklärten Absolutismus und zum Ideal des guten personalen Herrschaftsträgers abgelesen werden. Es läßt sich jedoch auch nachweisen, daß Wieland in dieser späten Versdichtung bereits sein gewandeltes philosophisches, politisches und ästhetisches Programm ausbreitet.

Die bürgerlich-liberale Komponente der dargestellten politischen Ideologie gewinnt an Bedeutung. Die Handlung ist im privaten Bereich eines Repräsentanten der bestehenden Feudalordnung angelegt. Dort werden bürgerliche Prinzipien vertreten und von hier aus in den politischen Raum umgesetzt. Die private Sphäre bleibt jedoch von der öffentlichen abgeschieden, womit die Trennung von Gesellschaft und Staat vorbereitet wird. Zugleich mit der Selbstverpflichtung, sozial verantwortlich handeln zu müssen, wird auch der Anspruch darauf vertreten. Darin läßt sich ansatzweise der Wunsch nach politischer Umsetzung der eigenen Normen und Werte mittels politischer Partizipation erkennen.

e) Herausbildung der kapitalistischen Wirtschaftsethik

In der „Wasserkufe" treten bereits Elemente der sich in Deutschland ankündigenden bürgerlich-kapitalistischen Staats- und Gesellschaftsform in Erscheinung. Die dargestellte und verherrlichte bürgerliche Lebensführung der innerweltlichen Askese ist frei von religiösen Inhalten. Der „Biedermann" hält seiner säkularen Pflichtauffassung gemäß sein einmal

---

45 Vgl. den Untertitel der „Wasserkufe": „Nach einer alten Erzählung in Le Grand's Contes devots pour servir de Suite aux Fabliaux et Contes du treizieme Siecle, etc" (VI/18/67).

gegebenes Wort. Als Begleiteffekt der Askese tritt Kapitalakkumulation ein. Der angesammelte Reichtum wird zwar noch nach den sozialethischen Grundsätzen des Seneschalls gesellschaftlich umverteilt, ließe sich aber auch im Geist des Kapitalismus reinvestieren.

In dem dargestellten Zusammenhang liest sich das Werk wie eine programmatische literarische Umsetzung der These Max Webers, derzufolge sich die „Genesis des kapitalistischen Geistes" aus der Umgestaltung religiöser Bewußtseinsinhalte erklären läßt[46]: .

Wesentliches Unterscheidungsmerkmal der calvinistischen und in Ansätzen auch der lutherischen Prädestinations- bzw. Heilslehre gegenüber dem Katholizismus ist für Weber der Fortfall kirchlich-sakramentalen Heils (94). Die „Entzauberung" der Welt - die Ausschaltung der Magie als Heilsmittel - war in der katholischen Frömmigkeit nicht mit derselben Konsequenz durchgeführt worden wie in der puritanischen Religiosität. Dem Katholiken stand (und steht) die Sakramentsgnade seiner Kirche als Ausgleichsmittel eigener Unzulänglichkeit zur Verfügung und gewährte damit die Entlastung von jener ungeheuren Spannung, in welcher zu leben das unentrinnbare Schicksal des Calvinisten war (114), bis

„der Krampf des Suchens nach dem Gottesreich sich allmählich in nüchterne Berufstugend aufzulösen begann, die religiöse Wurzel langsam abstarb und utilitarischer Diesseitigkeit Platz machte"(197).

Dadurch entstand ein spezifisch bürgerliches Berufsethos. Mit dem Bewußtsein, in Gottes voller Gnade zu stehen und von ihm sichtbar gesegnet zu werden, vermochte der bürgerliche Unternehmer, wenn er sich innerhalb der Schranken formaler Korrektheit hielt, sein sittlicher Wandel untadelig und der Gebrauch, den er von seinem Reichtum machte, kein anstößiger war, seinen Erwerbsinteressen zu folgen und sollte dies

---

46 Max Weber, Die protestantische Ethik und der Geist des Kapitalismus, in: Gesammelte Aufsätze zur Religionssoziologie, Bd 1, S. 17-206.

tun (198). Der Gelderwerb wird somit unter strengster Vermeidung eines unbefangenen Genießens zum höchsten Ideal.

In konsequenter Anwendung dieses Denkens wird in Wielands Versdichtung der materielle Wohlstand des Seneschalls - als Antithese zur Armut des Bruders Lutz, der kirchlich-sakramentales Heil sucht - zur sichtbaren Segnung durch Gott für seinen sittlich untadeligen Lebenswandel. Die vom Klausner geübte asketische Praxis sperrt sich bei Seneschall und Seneschallin nicht mehr hinter Klostermauern ein oder sucht anderweitig die weltabgeschiedene Einsamkeit. Zwar wirkt sie auch hier

„mit voller Wucht gegen den unbefangenen Genuß des Besitzes, sie schnürte die Konsumption, speziell die Luxuskonsumption, ein. Dagegen entlastete sie (...) den Gütererwerb von den Hemmungen der traditionalistischen Ethik, sie sprengt die Fesseln des Gewinnstrebens, indem sie es nicht nur legalisierte, sondern (...) direkt als gottgewollt ansah."(190)

Die oben erwähnte Ausschaltung der Magie als Heilsmittel erleben wir im dichterischen Kontext durch Wielands dezidierten Verzicht auf poetische Gerechtigkeit, wie sie noch in „Schach Lolo" oder dem „Stein der Weisen" zu finden ist, bzw. den Verzicht auf das „Genien- und Feenunwesen" im „Hexameron". Die Zunahme an gesellschaftlichen Möglichkeiten, das Dasein erfolgreich individuell und vernunftgeleitet zu gestalten, macht den Rückgriff auf transzendentale und metaphysische Lösungen entbehrlich. Träger der historischen und fiktiven Geschichte sind vor allem real existierende bürgerliche Helden. Der Seneschall verwirklicht die Gebote christlicher Ethik diesseitig und eigenverantwortlich in einer nüchternen Berufstugend. Der Staat wird in diesem Zusammenhang von der Einflußnahme auf die individuelle Daseinsmeisterung ausgeschlossen und sein Zweck auf die Aufgabe reduziert, die hierfür erforderlichen rechtlichen Rahmenbedingungen zu schaffen. Im „Aristipp" erhebt Wieland die diesem Anspruch gerecht werdende liberale Staatstheorie, die ansatzweise bereits in die Gedankenführung seiner letzten publizistischen Schriften eingeflossen war, nun endgültig zum politischen Programm.

2. „Aristipp und einige seiner Zeitgenossen"

„Aristipp und einige seiner Zeitgenossen" (1800/02) ist nach „Agathodämon" (1799) der letzte Roman Wielands. Das dreißig Jahre nach dem
„Goldnen Spiegel" (1772) entstandene Werk widmet Staat und Recht
erneut so breiten Raum, daß seine Klassifizierung als „Staatsroman"
gerechtfertigt erscheint. Nach Aussage Wielands waren fünfzig Jahre seines Lebens nötig, um mit dieser Dichtung seinem Gesamtwerk die Krone
aufsetzen zu können[47]. Ihr folgen bis 1805 nur noch einige kleinere
Erzählungen, wie z. B. „Meander und Glycerion" und „Das Hexameron
von Rosenhain".

Von dem historischen Aristippos von Kyrene (um 435 bis nach 366 v.
Chr.) sind keine authentischen Schriften überliefert. Im Werk Wielands
ist Aristipp erstmals in der „Geschichte des Agathon" Romangestalt. Während Wieland in Aristipp anfangs nur einen Höfling und „Wollüstling"
sah, entdeckte er später die positiven Seiten dieses griechischen Philosophen, für den sich das richtige Verständnis für die Öffentlichkeit vom
Privaten her erschloß und der aus dem Wohlleben eine schwere Kunst
machte. Von da an erscheint Aristipp mit zunehmender Tendenz in Wielands Briefen und Werken[48], bis er schließlich zur Hauptfigur in Wielands
umfangreichster Arbeit wird. Salomon Geßner gegenüber äußerte Wieland gar den Wunsch, „noch ein Aristippus zu werden"[49].

a) Handlung

Wieland läßt den Sokratiker Aristipp mit befreundeten Briefpartnern
über 140 Briefe in vier Büchern wechseln. Ein fünftes Buch war geplant,
kam aber nicht mehr zur Ausführung. Der Roman ist zugleich ein eroti-

---

[47] Brief vom 14.12.1799 an seinen Verleger Göschen, zit. nach Gruber, C. M. Wielands Leben, S. 294.
[48] Vgl. Manger, Klassizismus und Aufklärung. Das Beispiel des späten Wieland, S. 176.
[49] AaO, zit. nach: Werke und Briefe 3, 22, 8.

sches, philosophisches, humoristisches, politisches und historisches Werk und entwirft ein kulturgeschichtliches Panorama der gesamten antiken griechischen Poliswelt nach dem Peloponnesischen Krieg. Die Briefe setzen fünf Jahre vor dem Tod des Sokrates (399 v. Chr.) ein[50]. In ihnen entwirft Aristipp seine kosmopolitischen und humanistischen Vorstellungen vom Weltbürgertum: Während der „citoyen" nur den engen Standpunkt seines Gemeinwesens kennt, sprengt der Weltbürger diesen Rahmen und kann deswegen zugleich „homme" sein. Hierzu im Widerspruch entwikkeln sich die politischen Verhältnisse seiner Zeit, die Aristipp mit wachsender Sorge betrachtet. Athens Hegemonie ist gebrochen, Sparta verbindet sich mit Persien und bereitet Griechenlands Weg zur Großmacht vor. Vor diesem Hintergrund rücken Staat, Recht und Politik in den ersten drei Büchern immer wieder in das Blickfeld, bis sie im vierten Buch durch die kritische Auseinandersetzung Aristipps mit Platons Staatsdialog (XI/36/32-268) zum zentralen Gegenstand der Erörterung werden.

b) Die kyrenische Mischverfassung

Kyrene, die Heimatstadt Aristipps, wird im Verlauf des ersten Buchs Schauplatz eskalierender Auseinandersetzungen rivalisierender politischer Gruppierungen. Einer oligarchischen Phase und anschließender Tyrannis folgen Revolution und Bürgerkrieg. Erst auf Vermittlung zweier Freunde Aristipps kommt es zur Befriedung des Gemeinwesens und zur Schaffung einer „aristodemokratischen" Verfassung, der die solonische Staatsorganisation Athens Pate gestanden haben soll.

Höhle[51] hat darauf hingewiesen, daß die von Wieland gestalteten Vorgänge in Kyrene Parallelen zur bürgerlichen Revolution in der Schweiz

---

[50] Vgl. Manger (oben, Fußnote 48), S. 9 ff.

[51] Thomas Höhle, Revolution, Bürgerkrieg und neue Verfassung in Kyrene, S. 595 ff. Wielands Briefwechsel aus dieser Zeit kennzeichnet eine rege Anteilnahme an den politischen Veränderungen in der Schweiz.

von 1798 erkennen lassen. Die nach französischem Vorbild geschaffene schweizerische Verfassung von 1798 konstituierte - wie auch die kyrenische Verfassung - als gesetzgebende Körperschaften einen Senat und einen großen Rat. Die neue Verfassung löste eine intensive Staatsrechtsdebatte aus, die sich insbesondere mit den Vor- und Nachteilen der aristodemokratischen Staatsform auseinandersetzte (S. 599).

Die verabschiedete Mischverfassung Kyrenes konstituiert mehrere, sich wechselseitig hemmende und kontrollierende Gewalten. Es besteht ein aristokratischer Senat, ein demokratischer großer Rat und ein zwischen beiden vermittelndes Gremium. Der Senat setzt sich aus Mitgliedern des städtischen Patriziats zusammen, das seine Ämter vererbt. Ihm sind im wesentlichen die Aufgaben der Exekutive und der Legislative zugeordnet. Sein Vorsitzender ist Staatsoberhaupt und als solches Exekutivorgan mit „beinah königlicher Gewalt" (XI/33/350). Die Senatoren nehmen neben gesetzgebender und ausführender Gewalt zugleich Aufgaben der Rechtsprechung wahr, sie sind Schiedsrichter und gerichtliche erste Instanz. Der große Rat besteht aus gewählten Plebejern, die die Stadtbevölkerung repräsentieren. Alle vom Senat verabschiedeten Verordnungen mit Gesetzesrang bedürfen der Genehmigung des großen Rats, während Verordnungen, die aufgrund bestehender Gesetze erlassen werden, zustimmungsfrei sind. Daneben hat der jeweilige Senatsvorsitzende dem großen Rat monatlich Bericht über seine Tätigkeit zu erstatten, zusätzlich ist jährlich Rechenschaft über die Verwaltung der öffentlichen Einkünfte abzulegen. Neue Abgaben werden nur von ihm bewilligt, auch über Krieg und Frieden hat der große Rat ausschließlich zu befinden. Neben Senat und großem Rat besteht ein sechsköpfiges Kollegium,

„um der großen Macht, die dem aristokratischen Senat anvertraut ist, das Gegengewicht zu halten, und dem demokratischen großen Rat jeden Mißbrauch seiner *hemmendenGewalt* unmöglich zu machen." (XI/31/353)

Das Kollegium wird zur Hälfte vom Senat aus dem Volk und zur Hälfte vom großen Rat aus der Reihe der Senatoren gewählt. Es übt als „Bewahrer der Gesetze und der Verfassung" (354) Aufgaben der Verfassungsgerichtsbarkeit aus und ist im Fall verfassungswidriger legislativer oder exekutiver Maßnahmen befugt, auch in den Gesetzgebungs- bzw. Vollziehungsprozeß einzugreifen. Das Kollegium nimmt zugleich Aufgaben des polizeilichen Staats- und Verfassungsschutzes wahr und hat die Befugnis,

„jeden Bürger, der etwas gegen die Republik oder ihre Verfassung unternehmen wollte, in Verhaft zu nehmen, und einem besondern Gerichte (...) zur Untersuchung und Bestrafung zu übergeben" (354).

Politik und Moral, Staat und Kirche verschmelzen, das Staatsoberhaupt ist - nach englischem Vorbild - zugleich oberster Priester der Staatsreligion.

Am Ende des ersten Buchs prophezeit Aristipp, daß auch diese

„Staatsmaschine, ..., noch ehe dreißig Jahre in die Welt gekommen sind, wieder ins Stocken (gerät)... . Alle bürgerlichen Gesellschaften haben den unheilbaren Radikalfehler, daß sie, weil sie sich nicht selbst regieren können, von Menschen regiert werden müssen, die - es größtenteils eben so wenig können. Man kann unsere Regierer nicht oft genug daran erinnern, daß bürgerliche *Gesetze* nur ein sehr unvollkommnes und unzulängliches *Surrogat* für den Mangel guter *Sitten*, und jede Regierung, ihre Form sei noch so künstlich ausgesonnen, nur eine schwache Stellvertreterin der Vernunft ist, die in jedem Menschen regieren sollte."(356)

Nicht die Staatsorganisation gewährleistet für Wielands Aristipp ein geordnetes bürgerliches Zusammenleben, sondern das Sittengesetz, durch das sich die Vernunft verwirklicht. Sittlichkeit und Vernunft bedingen den Staat und nicht der Staat Sittlichkeit und Vernunft.

c) Das liberale Staatsmodell

Höhle ist der Auffassung, daß Wieland das aristo-demokratische Modell zwar begrüßt habe, es für ihn aber keineswegs das Ideal darstellte (599). Der politische Diskurs im „Aristipp" lege vielmehr den Gedanken nahe, daß Wieland die Möglichkeit eines idealen Staatsmodells überhaupt ablehne. Den „Aristipp" kennzeichne nicht das Parteiergreifen für das eine oder andere politische System oder die Ausarbeitung eines vorbildlichen staatstheoretischen Modells, „sondern das aufklärerische geistige Ideal des Selbstdenkens." (602 f.)

Entgegen der von Höhle, Würzner[52] und Jaumann[53] vertretenen Auffassung einer metakritischen politischen Position Wielands ist zu zeigen, daß die im „Aristipp" hervortretende Rechts- und Staatsauffassung Wielands nach Maßgabe der liberalen Staatsauffassung besitzindividualistisch überformt wurde. Wieland betont zwar, daß Staat, Gesetze und Regierung nur unzulängliche Surrogate für Vernunft und Sittlichkeit darstellen. Das hindert ihn indessen nicht daran, sich für ein Staatsmodell zu entscheiden, das er für das zweckmäßigste hält. Die umfangreiche Kritik von Platos Idealstaat wird hierbei zur Folie der Auseinandersetzung sowohl mit dem überkommenen mechanistischen Staatsdenken der Aufklärung als auch mit der aufkommenden politischen Romantik. Der Roman ist damit alles andere als „antiquarisch", wie Sengle meint, sondern stellt eine zeitgemäße Antwort auf die antiaufklärerischen Strömungen des beginnenden neunzehnten Jahrhunderts dar.

Nach der im „Aristipp" entwickelten politischen Theorie sind Staat und Gesellschaft zu trennen und die staatlichen Aufgaben auf ein Minimum zu beschränken, um die Entwicklung des einzelnen zur Humanität nicht zu behindern. Neben der Herstellung innerer und äußerer Sicherheit hat der Staat vor allem die Unantastbarkeit des Eigentums zu garantieren. Im übrigen ist das Streben nach Glückseligkeit ausschließlich Angelegenheit und Aufgabe des Individuums. Daraus ist zu schließen, daß Wieland sich im „Aristipp" - neben der von ihm ebenso konkret befürworteten konsti-

---

[52] Würzner, S. 171.
[53] Jaumann, S. 462 f.

tutionell-monarchischen Regierungsform - endgültig für das Modell des frühliberalen Rechtsstaats entschieden hat. Er wendet sich gegen jede Staatstheorie, die die Privatautonomie hinter die staatliche Allgewalt zurücktreten läßt, etwa durch die Fiktion der volonté générale oder durch die romantische Gleichsetzung des Staates mit einem Organismus, in dem der einzelne lediglich Teil eines übergeordneten Ganzen ist.

aa) Bedeutung des Plato-Monologs

Hierbei kommt den umfangreichen Plato-Briefen Aristipps (XI/36/32-268) zentrale Bedeutung zu. Die Auseinandersetzung mit der Philosophie Platos dient Wieland zur Abrechnung mit jeder totalitären Ideologie. Er verarbeitet hierbei seine Erfahrungen mit der Französischen Revolution und ihrem ins Totale gewendeten und aggressiv umgesetzten ideologischen Anspruch. Plato ist für Wieland aber nicht nur das antike Pendant zu Rousseau. Seine Philosophie steht zugleich stellvertretend sowohl für die vereinseitigenden Tendenzen der neuzeitlichen mechanistischen Staatslehre als auch der antiindividualistischen politischen Romantik.

In der Sekundärliteratur wurde die Bedeutung des „Aristipp" und insbesondere der Plato-Briefe für die Entwicklungsgeschichte des politischen Denkens Wielands bisher weitgehend verkannt:

Sengle sieht in der „prätendierten Weltlichkeit und Eleganz" des Briefromans „ein eigentümliches Widerspiel zum intellektuellen und ästhetischen Rausch der Frühromantik"[54]. Für ihn steht das letzte große Werk Wielands im Wettbewerb mit der Literatur der Frühromantik[55]. Sengle bezieht dies allerdings nicht auf eine inhaltliche Auseinandersetzung Wielands mit dem politischen Denken der Romantik, sondern vor allem auf

---

[54] Sengle, Wieland, S. 503.
[55] Hirzel (Wielands Verhältnis zu den Romantikern, 1908), der sich noch vor Sengle und Sommer mit den Angriffen der Brüder Schlegel auf Wieland befaßt hat, trägt nichts zur inhaltlichen Auseinandersetzung Wielands mit dem romantischen Denken bei.

183

die Gattungsmerkmale des Werks, auf ein Strukturschema, „mit dessen Hilfe die mannigfaltigen ‚nützlichen' Inhalte verknüpft und ‚angenehm' gemacht werden" (S. 504). Der mehr als 200 Seiten umfassende „Briefwechsel" über Platos „Politeia" lasse den „Aristipp" als Rückfall in den enzyklopädischen Roman der Barockzeit erscheinen (aaO). Abgesehen von der zweifellos gegebenen symbolischen Funktion des historischen Stoffs, also seiner Bezogenheit auf die Gegenwart, gewinne diese bildungsbürgerliche Ausbreitung antiken Wissens einen lediglich antiquarischen Eigenwert.

Auch Müller[56] und Sahmland[57] weisen auf die symbolische Bedeutung bzw. „Spiegel- und Gegenbild"-Funktion der „griechischen Milieus" hin. Wenn „allgemein relevante Sachverhalte"[58] angesprochen seien, könne Wieland

„am Gedanken eines dauernden Fortschritts festhalten und doch eine vergangene Epoche als Spiegel, in einzelnen Zügen sogar als Vorbild seiner Zeit darstellen."[59]

Anhand des Plato-Monologs ist demgegenüber zu zeigen, daß die Rezeption der Antike im „Aristipp" in vielem durch das Denken der Gegenwart korrigiert wird. Wieland konstruiert die Gegenbildfunktion der vergangenen Epoche erst durch die gezielte Verwendung politischer Ideen, die er der Philosophie der Neuzeit entnimmt und die seiner gewandelten Staatsauffassung entsprechen. Dadurch erhalten die griechischen Milieus weniger eine symbolische als eine utopische Dimension.

Anders als etwa Sengle geht Manger[60] ausführlich der Frage nach, was die umfängliche Zwiesprache Aristipps mit Platos Opus magnum bezwecke. Er kommt zu dem zutreffenden Ergebnis, daß die Plato-Kritik als

---

56 Jan-Dirk Müller, Wielands späte Romane (1971).
57 Irmtraut Sahmland, Christoph Martin Wieland und die deutsche Nation (1990), S. 333 f.
58 AaO, S. 367.
59 Müller, S. 126.
60 Manger, Klassizismus und Aufklärung, S. 169-202, 179.

„allgemeiner Widerspruch gegen jede Form von Indoktrination, Dogmatismus und Totalitarismus" (192) gelesen werden kann. Allerdings ist der Ansicht von Manger, Wielands „Widerspruch" werde lediglich „allgemein" vom Standort der Aufklärung aus geleistet, zu widersprechen. Er erfolgt vielmehr ganz konkret vom Standort des Frühliberalismus aus. Wielands Aristipp nimmt die Kritik der Philosophie Platos, die er mit dem Staatsdenken der politischen Romantik gleichsetzt, zum Anlaß für staats- und rechtstheoretische Ausführungen, die die kulturelle und wirtschaftliche Entfaltung des autonomen Individuums zum wesentlichen Staatszweck erheben und dies durch eine konsequente Trennung von Staat und Gesellschaft gewährleistet sehen.

bb) Staats- und rechtstheoretische Prämissen

Dem Plato-Monolog sind grundsätzliche Überlegungen zur richtigen Regierungsform vorangestellt, die Aristipp Anlaß für ein nicht ungebrochenes Bekenntnis zur monarchischen Regierungsform geben:

„Meine Vorliebe zur Monarchie dauert gewöhnlich nur so lange, als ich in einem demokratischen oder oligarchischen Staat lebe, und ich bin der Freiheit nie wärmer zugetan, als da wo ein einziger alle Gewalt in den Händen hat. Ein weiser und edel gesinnter Monarch weiß jedoch beides sehr gut miteinander zu vereinigen." (XI/36/7)

Wieland unterscheidet zwischen Herrschaft und Regierung und begründet seine Vorliebe für die monarchische Alleinherrschaft in der bekannten Weise aus seiner Ablehnung oligarchischer oder demokratischer „Vielherrscherei":

„Ich für meine Person werde immer und überall frei gestehen, daß mir die Wörter *Herr und Herrschaft* eben so herzlich zuwider sind als *Knecht und Knechtschaft*; ich will *regiert sein*, nicht *beherrscht*; wenn ich aber doch ja einen Herren über mich *dulden* muß, so sei es ein *einziger Aga-*

memnon, nicht *alle Heerführer* - und am allerwenigsten das *ganze Heer der Achaier*. Da jedoch die Wahl nicht immer in meiner Willkür steckt, so werde ich mich, im Notfall wenigstens bis uns Plato mit seiner Republik beschenken wird, mit meiner Philosophie zu behelfen wissen, die mich *allenthalben* unter *leidlichen* Umständen so glücklich zu sein lehrt als ich in billiger Weise verlangen kann."(XI/36/9)

Anschließend geht Aristipp der Frage nach, ob politische Herrschaft auf einem Gesellschaftsvertrag, auf erzwungener oder auf freiwilliger Unterwerfung beruhe. Ausgangspunkt der Überlegungen ist der vorpolitische Naturzustand der Menschen:

„Jener angebliche Naturstand ist also ein *allgemeiner Kriegsstand*, bei welchem sich am Ende, wo nicht alle, doch gewiß die meisten so übel befinden, daß sie sich entweder in Güte zu einem gesellschaftlichen Leben auf gleiche Bedingungen verbinden, oder irgend einem Mächtigen *gezwungen* unterwerfen müssen, falls sie sich ihm nicht aus Achtung und Zutrauen, mit oder ohne Bedingung, *freiwillig* untergeben. In allen drei Fällen sind *Gesetze*, welche bestimmen was sowohl den *Regierenden* oder Machthabern als den *Regierten* oder Unterworfenen recht und unrecht ist, notwendig." (60)

Wieland verwendet wenig später die bekannte Formulierung von Hobbes wörtlich: Der Naturzustand des Menschen sei „ (...) eine Art Kriegsstand Aller gegen Alle"(83).

Die zitierte Passage spiegelt eine fast vierzigjährige Auseinandersetzung Wielands mit dem Themenkreis Gesellschafts-, Herrschafts-, und Unterwerfungsvertrag wider: Im „Goldnen Spiegel" bereits angedeutet, vertieft im Aufsatz „Über das göttliche Recht der Obrigkeit" (1777), ausführlich erörtert in „Eine Lustreise ins Elysium" (1787), offengelassen in „Das Geheimnis des Kosmopoliten-Ordens" (1788), wiederum aufgegriffen und problematisiert in den „Göttergesprächen" und den „Gesprächen unter vier Augen" (1798). Im Ergebnis kann für Wieland der Theorienstreit nunmehr unentschieden bleiben, da für die Erhaltung der wie auch immer begründeten politischen Herrschaft in jedem Fall Gesetze notwendig sind, an die sich in gewissem Umfang selbst ein Tyrann halten wird, um im Besitz der Herrschaft zu bleiben (60).

cc) Das Rechtsgefühl

Nach der Erörterung des Zwecks von Gesetzen setzt Aristipp zu einer inhaltlichen Bestimmung der Gesetze an, wobei erstmals auch das Rechtsgefühl als Kriterium für die Richtigkeit bzw. Gerechtigkeit von Recht und Gesetz erörtert wird. Menschen treten in gesellschaftliche Verbindungen und unterwerfen sich Gesetzen,

„die ihrer aller Erhaltung und Sicherheit beabsichtigen, und insofern ihrer aller gemeinsamer Wille sind; aber die Verbindungen, diese Gesetze sind nicht die *Quellen*, sondern *Resultate* des allen Menschen natürlichen Gefühls von Recht und Unrecht, welches einem jeden sagt, daß alles was nur einem und allenfalls seinen Mitgenossen und Spießgesellen nützt und allen übrigen schadet, *Unrecht* sei." (83)

Der Rekurs auf das Gefühl als Erkenntnismöglichkeit wird von Wieland in einer Zeit in die Diskussion gebracht (1800-02), in der sich die Romantik im Namen des Gefühls gegen die Vernunft zu wenden beginnt. Wie später zu zeigen ist, verwendet Wieland bei der Bewertung von Platos „Politeia" mehrfach Begriffe, die sich im Organismusdenken der romantischen Staatslehre wiederfinden. Während er aber die politische Theorie der Romantik ablehnt, erkennt er das Gefühl neben der Vernunft als Erkenntnismöglichkeit des Menschen an. Allerdings betont er den vorläufigen Charakter des Rechtsgefühls. Nur solange Menschen „noch keine Worte zur Bezeichnung allgemeiner Vernunftbegriffe" (86) hätten, sei das Gefühl Quelle des Rechtsverständnisses.

Verdroß hat darauf hingewiesen, daß dem vorwissenschaftlichen Denken die Erkenntnis des Naturrechts keine Schwierigkeiten bereite, da es davon überzeugt sei, daß unser Rechtsbewußtsein intuitiv erkennen könne, was Recht und was Unrecht sei[61]. Diese Erkenntnis halte einer wissenschaftlichen Analyse dieser so komplexen Erscheinung zwar nicht stand; dennoch lasse sich das Phänomen des Rechtsbewußtseins bzw. des damit verbundenen Rechtsgefühls jedenfalls auf zwei Komponenten zurückführen: auf das eigene Persönlichkeitsgefühl und auf die daraus notwendig folgende Achtung vor Ansprüchen anderer Personen. Das Rechtsbewußtsein weise demnach einen Zug zur Gleichheit auf (S. 223).

Der von Aristipp entwickelte Gerechtigkeitsbegriff enthält - in etwas verschwommener Gedankenführung - eben diese beiden Komponenten:

„Alle Menschen haben, als Menschen, *gleiche Ansprüche* an den Gebrauch ihrer Kräfte, und an die Mittel, welche die Natur, der Zufall und ihr eigener Kunstfleiß ihnen zu ihrer Erhaltung und zu Beförderung ihres Wohlbefindens darreichen. Wer dies anerkennt und diesem gemäß handelt, ist *gerecht*; ungerecht also, wer alles für sich allein haben will, und das Recht der übrigen nicht anerkennt, oder tätlich verletzt." (85)

Allerdings folgert Wieland hieraus nicht länger die Forderung nach einer wohlfahrtsstaatlichen iustitia distributiva:

„Mich dünkt, zwei Sätze folgen notwendig und unmittelbar aus dieser durch sich selbst klaren Wahrheit: *erstens*, daß jeder Mensch, der einen anderen vorsätzlich beleidigt, sich eben dadurch für einen *Feind* aller übrigen erklärt; *zweitens*, daß sobald mehrere Menschen nebeneinander leben, zu eines jeden Sicherheit entweder ein stillschweigend zugestandener oder ausdrücklich unter ihnen geschlossener *Vertrag* vorwaltet, ‚jedem auf das, was er sich ohne Beraubung eines anderen erworben hat, ein unverletzliches Eigentumsrecht zuzugestehen.'" (86)

dd) Das besitzindividualistische „suum cuique"

Aus dem Eigenwert der menschlichen Persönlichkeit und der daraus fol-

---

61 Verdroß, S. 223.

genden Achtung vor Ansprüchen anderer Personen, leitet Aristipp ein unverletzliches Eigentumsrecht ab. Diese besitzindividualistische Akzentuierung des Gleichheitsgedankens wird sodann durch eine Neubestimmung des „suum cuique" untermauert:

„In dieser Rücksicht kann also mit vollkommenem Grunde gesagt werden: Jedem das *Seinige* - nicht zu *geben* (denn das hat er schon) sondern zu *lassen*, und im Fall, daß es ihm mit Gewalt genommen worden, ihm entweder zur *Wiedererlangung* des Geraubten oder zu einer angemessnen *Entschädigung zu verhelfen*, werde von allen Menschen auf dem ganzen Erdboden Gerechtigkeit genannt, oder, falls sie noch keine Worte zur Bezeichnung allgemeiner Vernunftbegriffe hätten, als Gerechtigkeit gefühlt und anerkannt." (86)

Wie im „Goldnen Spiegel" macht Wieland das „suum cuique" zum Mittelpunkt seiner Gerechtigkeitslehre. Er betont aber nunmehr den Aspekt der aus*gleich*enden Gerechtigkeit (Schuld - Strafe, Leistung - Gegenleistung, Schaden - Ersatz) vor dem der austeilenden Gerechtigkeit, wie dies in der politischen Herrschaftsethik des „Goldnen Spiegel" der Fall ist. Der agrarisch-feudale und ständisch gegliederte Wohlfahrtsstaat Tifans suchte seinem Anspruch nach als „Polizey-Staat" das Gemeinwohl durch die obrigkeitliche Regulierung aller Daseinsbereiche der Untertanen zu verwirklichen. Dagegen wendet sich die liberale Staatsauffassung, für die der Staatszweck nur noch darin besteht, die potentiell gleichen Freiheits- und Eigentumsrechte der Bürger abzugrenzen und zu sichern. Im Bereich der materialen Gerechtigkeit wird dieses Prinzip im „Aristipp" durch die besitzindividualistische Akzentuierung des „suum cuique" verwirklicht, jedem das Seine „nicht zu geben (denn das hat er schon), sondern zu lassen". Die von Wieland im „Goldnen Spiegel" vertretene Idee des sozialen Staats wird von der des liberalen Eigentümerstaates verdrängt: Wer nichts ererbt und nichts erworben, dem wird auch nichts gegeben.

Bevor Aristipp die staatsorganisatorische Dimension des Besitzindividualismus ausleuchtet, grenzt er sein Modell gegen die mechanistische und die romantische Staatstheorie ab.

ee) Kritik der mechanistischen Staatslehre

Wielands Aristipp wendet sich zunächst gegen die Übertragung mathematisch-naturwissenschaftlicher Methoden auf die Staatslehre, die er in die Philosophie Platos hineinliest:

„Plato scheint mir von den Geometern und Rechnern angenommen zu haben, daß er immer gewisse Begriffe und Sätze, als an sich selbst klar, ohne Beweis (wenigstens ohne strengen Beweis) voraussetzt, aus diesen aber sodann mit der genauesten Folgerichtigkeit alles ableitet, was sowohl aus ihnen selbst, als aus ihrer Verbindung mit andern Begriffen und Sätzen gleicher Art, durch Schlüsse herausgebracht werden kann. Wo von Zahlen, Linien und Winkeln die Rede ist, kann diese Art zu räsonnieren nicht leicht irre führen; (...) aber wo es um Auflösung solcher Aufgaben zu tun ist, die den *Menschen* und dessen *Tun* und *Lassen*, Wohl- und Übelbefinden, vornehmlich seine ursprüngliche Natur, seine innere Organisierung, seine Verhältnisse zu den übrigen Dingen, seine Anlagen, seinen Zweck, seine Erziehung und Bildung für das gesellschaftliche bürgerliche und kosmopolitische Leben, und andere hierher gehörige Gegenstände betreffen, kurz, bei Gegenständen, an welche man weder Meßschnur noch Winkelmaß anlegen kann, findet jene Methode keine sichere Anwendung." (XI/36/175 f.)

Plato wird somit zum Ahnherrn der neuzeitlich-rationalistischen Staatstheorie erhoben, die mit Hobbes behauptete, daß die Lehre von der Staatsgründung „more geometrico" festen, Arithmetik und Geometrie ähnlichen Regeln folge[62].

Aristipp vertritt demgegenüber die Ansicht, daß der

„Mensch (...) sich nicht, wie eine regelmäßige geometrische Figur, in etliche scharf gezogene gerade Linien *einschließen*" (176)

lasse.

---

[62] Oben Kapitel A V, 1 e, S. 42.

Wielands kritische Wendung gegen die vereinseitigenden Strömungen der rationalistischen Staatslehre stimmt zunächst argumentativ mit den staatstheoretischen Prämissen der Romantik überein.

Im Gegensatz zu der von ihnen kritisierten einseitig rationalistischen und mechanistischen Denkweise der Aufklärung betonen die Romantiker neben der Anerkennung der irrationalen Züge des menschlichen Daseins eine Einbettung des Lebens in größere überdauernde Ordnungen[63]. Aus diesem Blickwinkel ist der Staat eine von der Natur vorgegebene, geistige und persönliche Verbindung und keine rationale Schöpfung des Verstandes. Wird in der Aufklärung der Staat vielfach mit einer Maschine verglichen[64], so tritt in der Romantik die - auf Goethe und sein Symbol der Urpflanze zurückgehende - Vorstellung eines natürlichen Organismus in den Vordergrund. An die Stelle der dem Herrscher vorgeschriebenen Aufgabe der rationalen Staatslenkung tritt nun der Gedanke, daß der Monarch bereits durch seine Person vorbildhaft auf das Ganze einwirkt. Dem als organisch angesehenen Staatsganzen wird eine überindividuelle vorgegebene Existenz verliehen, aus der die Eigentümlichkeiten des nationalen Rechts, der nationalen Sprache und Dichtung entspringen.

ff) Kritik der romantischen Staatsauffassung

Im „Aristipp" werden in Übereinstimmung mit der Romantik die irrationalen Züge des menschlichen Daseins durch die Anerkennung des Gefühls als Erkenntnismöglichkeit richtigen Rechts betont und die ausschließlich rationalistische Betrachtungsweise von Staat und Politik verworfen. In

---

[63] Ulrich Scheuner, Staatsbild und politische Form in der romantischen Anschauung in Deutschland, in: Romantik in Deutschland, Sonderband der Deutschen Vierteljahresschrift für Literatur und Geistesgeschichte 52, 1978, S. 70 ff., 72.

[64] Vgl. den Staat-Maschine-Vergleich im „Goldnen Spiegel", oben I, 1 c, S. 134 (Fußnote 10).

191

diesem Zusammenhang kommt der Vorbildfunktion des Monarchen ebenfalls durchgängig zentrale Bedeutung zu.

Gleichwohl wendet Wieland sich entschieden gegen die romantische
Gleichsetzung des Staates mit einem überindividuellen Organismus, die er
- allen Unterschieden zwischen organologischem und mechanistischem
Denken zum Trotz - wiederum aus der Philosophie Platos ableitet:

> „Der Irrtum (Platos) liegt darin, daß er die Bürger als organische Teile
> eines politischen Ganzen, d. i. als ebensoviele Gliedmaßen *eines* Leibes
> betrachtet, welche nur durch ihre Einfügung in denselben leben und
> bestehen, keinen Zweck für sich selbst haben, sondern bloß zu einem
> gewissen besondern Dienst, den sie dem Ganzen leisten, da sind. Da dies
> bei den Gliedmaßen eines jeden organischen Körpers wirklich der Fall ist,
> so kann man freilich mit Grund behaupten: daß die Glieder um des Leibes
> willen da sind, nicht der Leib um der Glieder willen." (179)

Dem Organismusdenken der Romantik hält Aristipp das bürgerlich-
individualistische Staatsverständnis entgegen:

> „Allein mit einer bürgerlichen Gesellschaft, die aus lauter für sich beste-
> henden Gliedern zusammengesetzt ist, hat es eben deswegen eine ganz
> andere Bewandtnis. Die Menschen, woraus sie besteht, haben sich (wie
> Plato selbst anfangs voraussetzt) bloß in der Absicht vereinigt, ihre *natür-
> lichen, d. i.* ihre *weltbürgerlichen* Rechte, in die möglichste Sicherheit zu
> bringen, und sich durch diesen Verein desto besser zu befinden. Hier ist
> es also gerade umgekehrt: der Staat ist um des Bürgers willen da, und
> nicht der Bürger um des Staates willen."(aaO)

Die hier durchscheinende Lehre vom Gesellschaftsvertrag findet sich
bereits bei Lessing in „Ernst und Falk" (1778/80), 2. Gespräch:

> „Glaubst du, daß die Menschen für die Staaten erschaffen werden? Oder
> daß die Staaten für die Menschen sind? (...) Die Staaten vereinigen die
> Menschen, damit durch diese und in diesen Vereinigungen jeder einzelne
> Mensch seinen Teil von Glückseligkeit desto besser und sicherer genießen
> könne. - Das Totale der einzeln Glückseligkeiten aller Glieder ist die
> Glückseligkeit des Staats."[65]

---

[65] Lessings Werke, 6. Band, S. 438.

Demzufolge ist für Aristipp die

„Erhaltung des Staats (...) nur insofern das höchste Gesetz, als sie eine notwendige Bedingung der Erhaltung und der Wohlfahrt seiner sämtlichen Glieder ist; nur wenn es *allen Bürgern*, insofern jeder nach Verhältnis und Vermögen zum allgemeinen Wohlstand mitwirkt, verhältnismäßig auch wohlergeht, kann man sagen, *daß der Staat sich wohl befinde*"(180).

gg) Die Trennung von Staat und Gesellschaft

Im Verständnis der rationalen Staatsauffassung formuliert Wielands Aristipp sodann das liberale Prinzip der Trennung von Staat und Gesellschaft als Voraussetzung individueller Freiheitswahrung:

„(Und) damit dies möglich werde, darf der *einzelne* in freier Anwendung und Ausbildung seiner Anlagen und Kräfte nur *so wenig als möglich*, d. i. nicht *mehr* eingeschränkt werden, als es der letzte Zweck des Staates, mit Rücksicht auf die äußern von unserer Willkür unabhängigen Umstände, unumgänglich nötig macht." (180)

Das hier zum Ausdruck kommende Prinzip der freiheitswahrenden Trennung von Staat und Gesellschaft hatte Wilhelm v. Humboldt bereits 1792 programmatisch in seiner Frühschrift „Ideen zu einem Versuch, die Grenzen der Wirksamkeit eines Staates zu bestimmen" niedergelegt[66].

Humboldt reduziert den Staatszweck im frühliberalen Verständnis auf eine negative und eine positive Aufgabe. Er geht von der Prämisse aus,

„daß die wahre Vernunft dem Menschen keinen anderen Zustand als einen solchen wünschen kann, in welchem nicht nur jeder einzelne der ungebundensten Freiheit genießt, sich aus sich selbst, in seiner Eigentümlichkeit zu entwickeln, sondern in welchem auch die physische Natur keine andere Gestalt von Menschenhand empfängt, als ihr jeder einzelne, nach dem Maße seines Bedürfnisses und seiner Neigung, nur beschränkt durch die Grenzen seiner Kraft und seines Rechts, selbst und willkürlich gibt."(412)

---

[66] Vgl. Lenz (Hg.), Deutsches Staatsdenken im 18. Jahrhundert, S. 14. Die folgenden Seitenangaben folgen dem Abdruck bei Lenz.

Daraus folgert er den die Aufgaben des Staates negativ fassenden Grundsatz:

„der Staat enthalte sich aller Sorgfalt für den positiven Wohlstand der Bürger und gehe keinen Schritt weiter, als zu ihrer Sicherstellung gegen sich selbst und gegen auswärtige Feinde notwendig ist; zu keinem anderen Endzweck beschränke er ihre Freiheit." (414)

In diesem Zusammenhang führt Humboldt weiter aus:

„Ohne Sicherheit vermag der Mensch weder seine Kräfte auszubilden, noch die Früchte derselben zu genießen; denn ohne Sicherheit ist keine Freiheit."(418)

Dieses Bedürfnis nach Sicherheit ist für Humboldt der Kern seines zweiten, die Aufgaben des Staats positiv fassenden Grundsatzes:

„Ich glaube daher hier als den ersten positiven (...) Grundsatz aufstellen zu können: daß die Erhaltung der Sicherheit sowohl gegen auswärtige Feinde als innerliche Zwistigkeiten den Zweck des Staats ausmachen und seine Wirksamkeit beschäftigen muß; da ich bisher nur negativ zu bestimmen versuchte, daß er die Grenzen seiner Sorgfalt wenigstens nicht weiter ausdehnen dürfe."(418 f)

Wielands „Aristipp" bestimmt im Gegensatz zur politischen Romantik den Zweck des Staates vom einzelnen her und betont in Übereinstimmung mit Humboldt den freiheitswahrenden Charakter der Begrenzung staatlicher Wirksamkeit. Hierdurch wird der „einzelne in freier Anwendung und Ausbildung seiner Anlagen und Kräfte nur so wenig als möglich" eingeschränkt, „als es der letzte Zweck des Staates, mit Rücksicht auf die äußern von unserer Willkür unabhängigen Umstände, unumgänglich nötig macht" (180). Ohne die staatlicherseits zu gewährleistende Sicherheit ist bei Wieland in Übereinstimmung mit Humboldt keine Freiheit denkbar. Zugleich hat sich der Staat bei Humboldt „aller Sorgfalt für den positiven Wohlstand der Bürger" zu enthalten bzw., wie Wieland formuliert, „jedem das Seine zu belassen".

194

d) Aufgeklärter Liberalismus als Antwort Wielands auf den politischen Traditionalismus seiner Zeit

Die im „Aristipp" zu verzeichnende kritische Absetzung des Spätaufklärers Wielands von der politischen Romantik läßt eine Reihe von Ergebnissen der Romantik- und der Wielandforschung fraglich erscheinen. Zum einen kann der von Teilen der jüngeren Romantikforschung vertretenen Ansicht nicht gefolgt werden, derzufolge die Frühromantik weniger eine schroffe Abkehr von der Aufklärung, als vielmehr deren Selbstkritik sei (aa). Am Beispiel Wielands zeigt sich, daß die *Selbst*kritik der Aufklärung nicht von der Romantik sondern von der Spätaufklärung geleistet wird. Zum anderen ist der These zu widersprechen, daß Wielands Denken dem politischen Traditionalismus bzw. Konservatismus zuzuordnen sei (bb). Wielands Entwurf des bürgerlichen Eigentümerstaates ist mit der spätabsolutistischen Staatsauffassung nicht mehr in Einklang zu bringen.

aa) Spätaufklärung und Frühromantik

Die ältere marxistische Romantikforschung sah in der Romantik ausschließlich eine reaktionäre Antithese zur Aufklärung. Georg Lucàcs betrachtete ihren

„antiaufklärerischen Irrationalismus und Obskurantismus als Vorbereitung einer wesentlich reaktionären, fortschrittsfeindlichen Politik bis hin zum Faschismus"[67].

Die neuere Romantikforschung versuchte dagegen Anfang der 80er Jahre, dieses Verdikt einer reaktionären Ideologie zu widerlegen. Vietta[68] ist der

---

[67] Georg Lucàcs, Fortschritt und Reaktion in der deutschen Literatur (1971), S. 73 ff., sowie: ders., Die Zerstörung der Vernunft (1962).
[68] Silvio Vietta, Frühromantik und Aufklärung, in: ders. (Hg.), Die literarische Frühromantik, S. 7 ff.

Ansicht, das epochemachende Werk von Novalis „Die Christenheit oder Europa" dürfe nicht als historiographische Verzerrung der mittelalterlichen Wirklichkeit gelesen werden. Denn Novalis habe den Utopie- und Fiktionscharakter seiner Mittelaltervision mitreflektiert und ihr eine geschichtskorrigierende, ideale Gegenbildfunktion zugemessen. In „Glauben und Liebe" werde die Monarchie als Erziehungsmittel zu einer Staatsverfassung gesehen, in der der Staat seine Untertanen nicht mehr fabrikmäßig verwalte, sondern die „Thronfähigkeit" jedes einzelnen anstrebe[69]. Auch für Brinkmann[70] gewinnen Novalis' staatsphilosophische Schriften „aus dem Rückblick in die Vergangenheit ein Leitbild für die Zukunft, die Grundlage für eine Theorie zur Gestaltung der Zukunft" (S. 182).

Mit der Wendung gegen den Absolutismus und der Erarbeitung von utopischen Gegenentwürfen zur feudalstaatlichen Bevormundung haben Spätaufklärung und Frühromantik zunächst denselben politischen Ausgangspunkt. Soweit sich die Kritik der Romantik an der ausschließlichen Herrschaft rationaler ökonomischer, zweckutilitarischer und mechanistischer Denkformen in der frühbürgerlichen Gesellschaft entzündet[71], weiß sie sich in Übereinstimmung mit dem spätaufklärerischen Denken Wielands.

Soweit indessen der Staat mit dem Monarchen gleichgesetzt und der einzelne als unselbständiges Glied einer überindividuellen Ordnung gesehen wird, formiert die Romantik sich zur reaktionären Antithese der Aufklärung und nicht zu ihrer selbstkritischen Fortentwicklung. Utopisches Denken entspringt vor allem dem Bedürfnis nach Leitbildern innerhalb einer diesseitigen Ordnung, ohne daß es deswegen zwingend als fortschrittlich zu charakterisieren wäre. An diese Stelle tritt vielmehr der politische Humanismus des Spätaufklärers Wieland, der sich in seinen letzten Wer-

---

69 Vietta, S. 18.
70 Richard Brinkmann, Deutsche Frühromantik und Französische Revolution, in: ders., Deutsche Literatur und Französische Revolution (1974), S. 172 ff.
71 Vietta, S. 21, unter Hinweis auf Horkheimer und Adorno, Dialektik der Aufklärung (1947).

ken entfaltet. Im Mittelpunkt seines politischen Denkens steht im Gegensatz zur Romantik das emanzipierte Individuum, das den Staat ausschließlich zur Wahrung seiner individuellen Bildungs- und Erwerbsinteressen anerkennt.

bb) Konservatismuskritik

Wielands politische Philosophie wendet sich insbesondere gegen konservative und traditionalistische Elemente im deutschen Staats- und Rechtsdenken. Konservative Positionen werden etwa von dem österreichischen Staatsbeamten v. Sonnenfels oder im Umfeld der romantisch-organologischen Staatslehre vertreten. Die politische Romantik[72] sieht im Konservatismus ein geistiges System für die Rückkehr in den „wahren Grund der Dinge"[73], der durch die alte vorabsolutistische Feudalordnung repräsentiert wird. Diese Ordnung ist für sie kein zufälliges oder willkürliches, dem ständigen Wechsel unterworfenes politisches System, sondern ein in zeitlosen Gesetzen gegründetes und durch göttliche Stiftung geheiligtes staatlich-gesellschaftliches Gefüge.

Dementsprechend wendet der Konservatismus sich gegen das individualistische Freiheitsdenken des Liberalismus und gegen parlamentarische Repräsentation. Die aus dem Repräsentationsgedanken hervorgehende Herrschaft des Parlaments stellt für den Konservatismus keine Gewährleistung wirklicher Freiheit dar, sondern bedeutet vor allem „Parlamentsabsolutismus"[74]. Dem wird der Gedanke des monarchischen Ständestaats

---

[72] Adam Müller (Elemente der Staatskunst, 1809), Karl Ludwig v. Haller (Restauration der Staatswissenschaft, 1816-34), G. W. F. Hegel (Rechtsphilosophie, 1821) und Friedrich Julius Stahl (Das monarchische Prinzip, 1845).

[73] Ernst Rudolf Huber, Deutsche Verfassungsgeschichte seit 1789, Bd. 2, S. 326 ff.; Hartwig Brandt, Landständische Repräsentation im deutschen Vormärz. Politisches Denken im Einflußfeld des monarchischen Prinzips, Neuwied/Berlin 1968, S. 48 ff.

[74] Huber, S. 241.

197

entgegengestellt[75]. Der politische Herrschaftsanspruch des Monarchen soll nicht durch das aus freien und gleichen Wahlen hervorgehende Parlament begrenzt sein, das ja - wie auch Wieland stets betont - einem ständigen Interessenwechsel unterworfen ist. Die nichtsdestoweniger geforderte Begrenzung politischer Herrschaft - auch der Konservatismus wendet sich gegen den Absolutismus - soll sich aus der hierarchischen Ständeordnung ergeben. Nicht die allgemeine, bürgerlich-individuelle, sondern die ständische Freiheit, die Freiheit des einzelnen in der Zuordnung zu seinem Stand, soll die Allgewalt der staatlichen Vorherrschaft begrenzen.

Damit begibt sich die konservative Rationalismus- und Kapitalismuskritik der Romantik in diametralen Gegensatz zum aufklärerisch fundierten Liberalismus, wie er von Wieland vertreten wird. Konservatismus und Traditionalismus arbeiten auf die feudalabsolutistische Reaktion zwangsläufig schon dadurch zu, daß sie den Staat mit dem Monarchen gleichsetzen und den Ständestaat mit seiner überkommenen agrarisch-feudalen Wirtschaftsverfassung befürworten.

In der ersten Hälfte des 19. Jahrhunderts finden sich irrationale und organologische Elemente allerdings nicht mehr ausschließlich in der konservativen Staatslehre, sondern auch in der Staatslehre des Liberalismus[76]. Anders als bei Wieland wird der Begriff der Gemeinschaft bei Teilen der liberalen deutschen Staatstheorie zu einer zentralen Kategorie. Die Gemeinschaft wird als überindividuelles Sein verstanden, das mehr ist als die Summe seiner Teile und somit mehr als die Gesellschaft. Wieland erkennt vom Boden des voridealistischen Rationalismus dagegen als soziale Realität nur das Individuum und seine Interessen an. Für ihn gibt es als überindividuelle Realität nicht die Gemeinschaft, sondern nur die Gesellschaft, also die durch gemeinsame Interessen verbundene, aber auch durch gegensätzliche Interessen gespaltene Personenvielheit.

Die in dieser Kategorie denkenden Liberalen waren - nach Ansicht

[75] Brandt, S. 49 f.
[76] Huber, S. 374.

Hubers - am französischen Rationalismus orientiert und bekämpften die organische Theorie als „Verhüllungsideologie"[77]. Dagegen galt den angelsächsisch orientierten Liberalen der Staat als eigenständige Einheit, die uranfänglich mit der sozialen Existenz des Menschen als eines zoon politikon gegeben und in diesem Sinne daseinsnotwendig ist. Über diese Denkfigur konnte an die organische Theorie angeknüpft werden.

Wieland steht zwischen den soeben skizzierten Positionen. Sein Denken ist orientiert an der Daseinsnotwendigkeit menschlicher Gemeinschaft, um den Naturzustand des bellum omnium contra omnes zu überwinden. Dabei ist sein Eintreten für den altständisch-monarchischen Konstitutionalismus nach damaligem Verständnis nicht das wesentliche Merkmal einer konservativen Einstellung; es ist vielmehr Bekenntnis zur konstitutionellen Richtung des deutschen Liberalismus, die sich im Gegensatz zum parlamentarischen Liberalismus am „gewachsenen" englischen und nicht am revolutionären französischen Verfassungsmodell orientierte[78]. Zugleich ist der „menschliche Verein" für ihn nicht als überindividuelle organische Gemeinschaft zu verstehen. Der Staat ist die rationale Gründung einer durch Interessen verbundenen Personenvielheit. Aus diesen Interessen leitet er seine Legitimität ab und hat ihnen im Sinne Humboldts dienstbar zu sein.

Zusammenfassend läßt sich sagen, daß Wieland die politische Theorie des aufgeklärten Absolutismus über eine Selbstkritik der Aufklärung zum politischen Humanismus in Gestalt des frühliberalen Verfassungsstaates transformiert. Vom Boden des voridealistischen Rationalismus aus, dessen Vereinseitigungen durch die Aufwertung des Gefühls als Erkenntnismöglichkeit korrigiert werden, erkennt er als soziale Realität nur das Individuum und seine Interessen an. Damit wendet er sich zugleich gegen romantische und traditionalistische bzw. spätabsolutistische Begründungsversuche politischer Herrschaft.

---

[77] Huber, S. 375.
[78] Vgl. Huber, S. 391.

cc) Literarische Aufklärung und politische Utopie

Thomé stellt unter Verwendung der Theorie Habermas' vom „herrschaftsfreien Diskurs" der „idealen Gesprächsgemeinschaft" die These
auf, daß die späten Romane Wielands die literarische Utopie der idealen
Gesprächsbedingungen vermitteln (S. 515). Sie fingierten einen Rahmen
unabhängig von gesellschaftlichen Zwängen, in dem das tatsächliche
Funktionieren des Raisonnements der Vernunft demonstriert werden könne. Den Begriff der idealen Gesprächsgemeinschaft sieht Thomé in
Anschluß an Habermas als Versuch einer systematischen Rekonstruktion
dessen,

„was das 18. Jahrhundert unter dem Begriff des ‚öffentlichen Raisonnements' verstanden hat, jenes Raisonnements, in dem, so Kant, die Vernunft nur dem aus dem Bereich der religiösen oder politischen Normen
ihre Achtung bewilligt, ‚was ihre freie und öffentliche Prüfung hat aus-
halten können'"[79].

In der utopischen Antike als Gegenbild zur absolutistischen Gesellschaft
werde so der Entwurf der idealen Gesprächsgemeinschaft verwirklicht.
Allerdings fehle bei Wieland die Überprüfung der Rede an der Praxis des
Handelns (S. 519/21):

„Der Entwurf der idealen Gesprächsgemeinschaft ist der realen
Gesprächsgemeinschaft wohl überlegen. Fiktion und Realität zeichnen sich
aber beide gleicherweise dadurch aus, daß sie weitgehend bloß folgenlose
Rede sind."(S. 521)

Die in der Sekundärliteratur weit verbreitete Auffassung von der Folgenlosigkeit der Rede Wielands ist eine Behauptung, der keine Beweisführung folgt. Ohne weitere Begründung wird als Funktion der - oder mög-

---

[79] S. 504, unter Verwendung eines Zitats aus Kants Kritik der reinen Vernunft, in: Werke, hg. v. W.
Weischedel, Wiesbaden 1965, Bd. 2, Anm. S. 13.

licherweise als Forderung an die - Literatur vorausgesetzt, daß sie unmittelbare gesellschaftliche bzw. politische Wirksamkeit entfaltet. Kant, dessen Philosophie jedenfalls von seinen Zeitgenossen das Attribut zugemessen wurde, „alleszermalmend" zu sein, lehnte ein Widerstandsrecht gegen fürstliche Willkür ab. Sein wesentliches „Palladium der Volksrechte", die „Freiheit der Feder"[80] wäre nach der Argumentation Thomés dann ebenfalls nur folgenlose Rede.

Aus der Gestaltung einer „idealen Gesprächsgemeinschaft" die Forderung nach der unmittelbaren Gestaltung einer analogen „realen Gesprächsgemeinschaft" abzuleiten, überfordert indessen nicht nur die gesellschaftliche Funktion der Kunst, sondern verwechselt auch Ursache und Wirkung. Die Dichtungen Wielands sind Ausdruck der sich wandelnden politischen, wirtschaftlichen und gesellschaftlichen Verhältnisse in Deutschland. Dieser Wandel bedingt bzw. begünstigt formale und inhaltliche Eigenheiten wie die Briefform, die bürgerlichen Sujets, die rationalistische Staats- und Rechtsauffassung. Wieland überträgt bürgerlich-liberales Denken in das Medium der Dichtung. Seine literarische Rede ist nicht folgenlos, sondern selbst Folge der gesellschaftlichen Transformation. Seine brieflich räsonnierenden Protagonisten konstituieren die politische Öffentlichkeit in der vom Staat abgegrenzten bürgerlichen Gesellschaft, ohne damit Politik und Gesellschaft zu trennen.

Daneben bietet Literatur die Möglichkeit, die sich ankündigenden neuen Potentiale der veränderten Wirklichkeit vorwegzunehmen bzw. durchzuspielen. Die Träger der „realen Gesprächsgemeinschaft" im 18. Jahrhundert besaßen kaum Abwehrrechte gegen absolutistische Willkür, wenige Teilnahmemöglichkeiten an der politischen Willensbildung und befanden sich im ständigen Kampf um die Meinungsfreiheit. Also versucht ihre Literatur dieses Defizit im Rahmen ihrer Gestaltungsmöglichkeiten auszugleichen. Die Potentiale des bürgerlichen Autonomiestatus lassen sich im Wege der unbeschränkten Kommunikation der Protagonisten ausloten.

[80] Kant, Über den Gemeinspruch usw., 1793, II, Folgerung.

Durch das System der freien Meinungskonkurrenz reguliert sich die bürgerliche Gesellschaft von selbst. Die allgemeinen vernünftigen „Spielregeln" des Zusammenlebens werden durch den Wettbewerb der Argumente ermittelt. Die Protagonisten folgen dadurch „inneren" Gesetzen jenseits der staatlichen Zwangsordnung, die nicht der konventionellen Moral entsprechen müssen. So entsteht in der Literatur eine „ideale Gesprächsgemeinschaft", bei Wieland im Schlafzimmer Schach-Gebals, im Elysium der Unterwelt oder in der griechischen „Gelehrtenrepublik", für die in der (politischen) Wirklichkeit zwar kein Raum ist, deren Werte dieser aber als Verhaltensmaßstab dienen und damit die Umgestaltung des Bewußtseins und die Erzeugung von Selbstbewußtsein in der Gesellschaft beschleunigen.

dd) Das Ideal einer guten personalen Herrschaft

Wieland verlegt den Gegenentwurf zu den bestehenden politischen und gesellschaftlichen Verhältnissen im Gegensatz zur politischen Romantik in die Antike und im Gegensatz zur Philosophie Platos in den gesellschaftlichen Binnenraum der Familie. In Übereinstimmung mit Thomé (S. 520) ist festzustellen, daß in den Werken Wielands die Tendenz besteht, die utopische Welt insgesamt als Familie zu fassen. Die ideale Familie bildet den idealen Staat in verkleinertem Maßstab ab. Infolgedessen wird das Hauswesen Aristipps stilisiert und Platos „Politeia" entgegengesetzt, in der die Familie nur einen geringen Rang einnimmt.

Das von Wieland literarisch vermittelte Ideal der herrschaftsfreien Kommunikation und der Identität von Herrschern und Beherrschten enthält allerdings nicht auch den Verzicht auf autoritäre Strukturen überhaupt.

Gemäß seiner Überzeugung, daß bürgerliche Gesellschaften von Menschen regiert werden, die kaum in der Lage sind, sich selbst zu beherr-

202

schen, befürwortet Wieland durchgängig die politische Herrschaft eines einzelnen, der sich vernunftgeleitet durch besondere sittliche Qualitäten auszeichnen muß. Dem der patriarchalischen Familie vorstehenden Hausvater gleicht der gute Regent des Gemeinwesens, der patriarchalischen entspricht die monarchische Souveränität. Unter der Voraussetzung vernunftgemäßen Handelns sind für ihn aufgeklärter Absolutismus und konstitutionelle Monarchie erträglicher als parlamentarische bzw. demokratische Regierungsformen. Letztere sind institutionalisiert und damit unpersönlich, sie widersprechen Wielands Leitbild einer personalen und familialen Herrschaft. Eine gute Regierung wurzelt aus seiner Sicht nicht im Prozeß willkürlicher kollektiver Meinungsbildung, sondern in den rationalen und dadurch von der öffentlichen Meinung kontrollierbaren Entscheidungen eines personalen Herrschaftsträgers. Der gute Herrscher führt das Land zur politischen, wirtschaftlichen und kulturellen Blüte und wird von der gesamten Bevölkerung als Vorbild verehrt, ohne ihn allerdings - wie in der Romantik - mit dem Staat gleichzusetzen. Nach langer Regentschaft stirbt er eines natürlichen Todes. Der Verlust des Leitbildes bedingt einen allmählichen Verfall der Sitten, und das Rad der Staatsformen beginnt sich erneut zu drehen[81].

Das Ideal charismatischer Herrschaft wird im „Goldnen Spiegel" durch Tifan und Psammis, im „Aristipp" durch Peisistratos, Perikles und Dionysos I. verkörpert. Napoleon Bonaparte war für Wieland die realgeschichtliche Inkarnation Tifans, dessen in den „Gesprächen unter vier Augen" vorausgesagte Alleinherrschaft seit dem 18. Brumaire Wielands uneingeschränkte Zustimmung fand.

Wielands Modell verschließt sich mit seinem Ideal des gerechten Regenten einer wesentlichen Errungenschaft moderner Staatlichkeit, nämlich der Möglichkeit, sich seiner Regierung unblutig durch Abwahl entledigen zu können. Die Herrschaft grausamer oder unfähiger Despoten wie

81 Dazu: James A. McNeely, Historical Relativism in Wieland's Concept of the Ideal State, in: Modern Language Quarterly (1961), S. 269 ff., 282.

Ariston oder Dionysos II. im „Aristipp" kann bei Wieland infolgedessen nur gewaltsam durch die Erhebung des Volks beendet werden.

Diesem barbarischen Element in seiner Regierungskunst begegnet Wieland durch Überlegungen darüber, wie die Grenzen staatlicher Gewalt zu bestimmen sind. Er erweitert sein Staatsverständnis um das passive rechtsstaatliche Sicherungselement, das die gesellschaftliche Sphäre vor Übergriffen politischer bzw. unkontrollierbarer personaler Herrschaft abschirmt.

Das aktive rechtsstaatliche Sicherungselement, Übergriffen durch die Abwahl der politischen Herrschaftsträger zu begegnen, wird von Wieland nur in Ansätzen (an)erkannt, da er gute Herrschaft nur durch charismatische Führungspersönlichkeiten gewährleistet sieht, die sich der Wankelmütigkeit eines Wahlvolkes ebensowenig zu beugen haben wie der Familienvater dem Willen von Frau und Kindern. Damit fehlt seinem Denken in Übereinstimmung mit großen Teilen der deutschen bürgerlichen Intelligenz des 18. Jahrhunderts die radikale Stoßkraft, die in England und Frankreich über den Gedanken der Parlamentsherrschaft bzw. der volonté générale zur Revolution führte.

Das Ideal gelebter gesellschaftlicher Autonomie bei weitgehender herrschaftsfreier Kommunikation wird von Wieland ausschließlich in der fiktionalen Literatur verwirklicht. Nichtsdestoweniger versucht er, sein Modell auch für die gesellschaftliche Wirklichkeit fruchtbar zu machen und trennt die politische Sphäre mit ihrem zwangsläufigen Herrschaftsgefälle von der gesellschaftlichen Sphäre. Der Rahmen für die eigenverantwortliche Gestaltung der Lebensverhältnisse soll durch den Staat und seine Gesetzgebung gewährleistet werden, dessen Aufgabe auf diese eine Funktion beschränkt ist. Zwar erkennt Wieland, daß die Umformung des Staats nach Maßgabe der politischen Theorie des Liberalismus nur über die Einflußnahme auf den bestehenden staatlichen Entscheidungsapparat praktikabel ist. Die Einflußnahme erfolgt für ihn jedoch fast ausschließlich über die bürgerlich dominierte öffentliche Meinung und nicht durch eine parlamentarische Legislative. Denn der nicht nach englischem Vorbild „gewachsene", sondern wie in Frankreich „künstlich" errichtete Parlamentarismus führt über numerische Repräsentation und Mehrheitsprinzip nicht nur zu „Parlamentsabsolutismus", der ja auch als aufgeklärte Variante denkbar ist, sondern zur Herrschaft des unaufgeklärten Volkes und damit der Unvernunft.

3. „Das Hexameron von Rosenhain"

Der Märchen- und Novellenzyklus „Das Hexameron von Rosenhain" (1805) steht am Endpunkt des dichterischen Schaffens Wielands. Für die vorliegende Untersuchung von besonderem Interesse ist die Erzählung „Freundschaft und Liebe auf der Probe". Hier werden zwei befreundete Paare auf der Grundlage „revolutionären" Scheidungsrechts, das in den französisch besetzten linksrheinischen Provinzen Anfang des 19. Jahrhunderts zu Anwendung kam, in die Lage versetzt, einen „perfekten" Partnertausch zu vollziehen.

a) Handlung

Wieland berichtet als fiktiver Herausgeber von einer ihm unter dem genannten Titel zugesendeten Handschrift, die er für veröffentlichungswürdig hält. Dem eigentlichen Text vorangestellt ist der „Vorbericht eines Unbekannten", der in die Einzelheiten des Sujets einführt: Im Sommer 1804 findet sich auf dem großzügigen Landsitz des Herrn von P. eine Gesellschaft gebildeter und liebenswürdiger Menschen mit der Absicht zusammen, für mehrere Wochen gemeinsam das Landleben zu genießen. Um möglicher Langeweile vorzubeugen, beschließt die Gesellschaft, daß einige der Anwesenden der Reihe nach kurze erfundene oder nacherzählte Begebenheiten in Form von Märchen oder Anekdoten vortragen sollen.

Als Ergebnis einer intensiven Diskussion einigt sich die Gesellschaft darauf, daß der erzählerische Inhalt nach zwei Regeln zu gestalten ist. Zum einen werden alle empfindsamen Familiengeschichten und sogenannten moralischen Erzählungen mit ihren personifizierten Tugenden und Lastern als unzeitgemäß ausgeschlossen. Zwar betonen die Beteiligten den sittlichen Nutzen der Werke eines Starke oder Gessner, jedoch „nichts als Unschuld und Wohltätigkeit geschildert zu sehen, könnte zuletzt auch dem wärmsten Liebhaber von Unschuld und Wohltätigkeit lästig werden" (XII/38/8).

„Da kommt es uns dann vor, als ob uns der Dichter wirklich täuschen und überreden möchte, es gebe solche empfindsame Tischler und Schneidergesellen, so edelgesinnte gewissenhafte Tagelöhner und Bettler, so holdselige, kunstlose, und doch zugleich so feingebildete, madonnenartige Pfarrerstöchter, und so unendlich freigebige und reiche Hof-, Kammer- und Kommerzien-Räte in unserm lieben deutschen Vaterlande überall vollauf; und wer kann sich das weiß machen lassen?" (XII/38/9)

Die aufgrund des Verlustes ständischer Privilegien vom Pauperismus bedrohten Handwerker (empfindsame Tischler- und Schneidergesellen), gesellschaftliche Unterschichten (gewissenhafte Tagelöhner und Bettler) und die Repräsentanten der überkommenen Ordnung, von Politik (freigebige Hof-, Kammer- und Kommerzienräte) und Moral (madonnenartige Pfarrerstöchter) kommen in den folgenden Erzählungen entsprechend selten zu Wort; Erzähler und Protagonisten der einzelnen Episoden gehören ausnahmslos den aufstrebenden besitzenden und/oder adligen Klassen an. Die Lebenswelten von niederem Adel und gehobenem Bürgertum verschmelzen miteinander. Der adlige Grundbesitzer v. P. öffnet sein Territorium einer alternativen Öffentlichkeit. Der einzige adlige Erzähler hat sich aus der schmutzigen Tagespolitik des ancien régime zurückgezogen, andere Handlungsträger verfügen über einen „jungen Adelsbrief", sind also erst kürzlich nobilitiert worden.

Zum anderen soll alles Außernatürliche und Wunderbare, „das gesamte Feen- und Genien-Unwesen", ausgespart bleiben. Diese Einschränkung der dichterischen Freiheit zugunsten einer realistischen Darstellung wird allerdings nicht ohne Vorbehalt anerkannt und der Gebrauch,

„den sie vom Wunderbaren zu machen gedächten, lediglich ihrer (der Erzähler) Bescheidenheit und Klugheit anheim"

gestellt (XII/38/16).

Somit werden Empfindsamkeit, konventionelle Moral und Irrationalität aus dem „Gesellschaftsentwurf" der folgenden Erzählungen gleichermaßen ausgespart. Die Handlungsträger sowohl der Rahmen- als auch der Binnenhandlung gestalten ihre Verhältnisse in dem von ihnen geschaffenen Raum autonom ohne Rücksicht auf die (noch) „herrschende Moral". Sie sind in der Lage, entstehende Konflikte mit profanen Mitteln rational zu lösen. Insoweit läßt sich diese Konzeption als die spielerische Übertragung des Gedankens des Gesellschaftsvertrags auf den Mikrokosmos der Gartengesellschaft verstehen[82].

Es folgen als Binnenhandlung sechs Geschichten: „Narcissus und Narcissa", „Dafnidion", „Die Entzauberung", „Die Novelle ohne Titel", „Freundschaft und Liebe auf der Probe" und „Die Liebe ohne Leidenschaft". Sie spielen zahlreiche Varianten zwischenmenschlicher Beziehungen durch, wobei brüderliche Freundschaft und eheliche Partnerschaft im Vordergrund stehen. Im Anschluß an die Wiedergabe der Episoden diskutieren Erzähler und Publikum deren Exposition und entwickeln Handlungsvarianten.

Der letzte Erzähler offenbart seine Identität mit der Hauptfigur seiner Geschichte und verknüpft dadurch die erzählte Binnenhandlung mit der „Wirklichkeit" der Rahmenhandlung, so daß das Hexameron mit den

---

[82] Vgl. Schneider, „Ein einzig Volk von Brüdern", S. 381, 387.

Worten schließen kann:

„Der fernere Erfolg dieser Geschichte liegt außerhalb des *Hexamerons von Rosenhain*; und da das Schicksal sein Möglichstes für die Hauptpersonen des Stücks getan hat, so können wir, falls sie uns einiges Wohlwollen eingeflößt haben sollten, ziemlich gewiß sein, daß die Schuld nur an ihnen selbst liegen müßte, wenn sie mit ihrem Lose nicht zufrieden wären." (XII/38/321)

b) Episode „Freundschaft und Liebe auf der Probe"

Selinde und Clarisse sind bei aller charakterlichen Verschiedenheit seit ihrer Kindheit auf das engste miteinander befreundet. Selinde trägt zwar alle erdenklichen Tugenden in sich; gleichwohl sind ihr die „Begierde zu gefallen und ein nicht minder starker Hang zur Freude und zu allen Vergnügungen" (XII/38/223) zu eigen. Clarisse hingegen hat es zu hoher geistiger Vollkommenheit gebracht, sie gleicht einem „weiblichen Sokrates" (XII/38/229), ihr Wesen ist aber spröde: „Unter uns gesagt, sie ist etwas kalt" (XII/38/258).

Ganz ähnlich verhält es sich mit den Freunden Mondor und Raymund. Auch hier legten die „Knabenjahre, wo die Verschiedenheit der Sinnesarten noch nicht so stark ausgesprochen ist, (...) den ersten Grund" (XII/38/136). Der vermögende Mondor verfügt über „beinahe alles, was man überhaupt zum Charakter eines achtungswerten Mannes fordert" (XII/38/233); allerdings neigt er zu extremen Stimmungsschwankungen zwischen Schwärmerei und gallig-ernster Besonnenheit. Der Künstler Raymund ist hierzu das Gegenteil. Sein Leichtsinn macht ihn zwar zum „entschiedensten Liebhaber aller gesellschaftlichen Freuden und Zeitkürzungen" (XII/38/235). Gleichwohl pflegt er eine „kaltblütige Ansicht der Dinge" und ist ebenso „sehr edler Handlungen fähig".

Raymunds Kunstsinn wird so intensiv durch Clarissas Erscheinung und ihre Art, sich zu kleiden, angesprochen, daß beide heiraten. Mondor und

Selinde gehen ebenfalls eine Verbindung ein, nachdem seine Leidenschaft für sie durch ihre Schönheit schlagartig entfacht worden war.

Nach einer anfangs glücklichen Ehezeit der beiden Paare erkennt der schwärmerische Mondor ernüchtert die „Menschlichkeit seiner Göttin" und beginnt, unter der Verschiedenheit ihrer Gemüter zu leiden. Zugleich entdeckt er die Vorzüge der Frau seines Freundes, die völlig frei ist „von allen Schwächen und Unarten ihres Geschlechts" (XII/38/247). Sie kommen sich näher. Auch Raymund hat durch den häufigen Umgang der beiden Freundinnen Gelegenheit, Selinde zu begegnen. Die beiden finden ebenfalls Gefallen aneinander. Raymund gesteht Mondor seine Liebe zu Selinde und dieser ihm seine zu Clarisse. Daraufhin verfällt Raymund auf den Gedanken eines Partnertauschs. Im Gespräch mit ihren Frauen stellt sich heraus, daß diese ihr Anliegen teilen.

Den beiden Paaren kommt die geopolitische Lage ihrer Heimat zur Hilfe: Sie leben in „einer schon seit langer Zeit unter französischer Botmäßigkeit stehenden deutschen Provinz" (XII/38/221):

„Zu gutem Glück erschien in Frankreich um eben diese Zeit das berüchtigte Gesetz, welches die Unauflöslichkeit der Ehe aufhob, und die Scheidungen so leicht und willkürlich machte, als es der Leichtsinn und Wankelmut des lebhaftesten Volkes auf dem Erdboden nur immer wünschen konnte. Eine Menge übel zusammengejochter oder einander überdrüssiger Ehepaare eilten, was sie konnten, von dieser Freiheit Gebrauch zu machen, und die Beispiele getrennter Ehen wurden in kurzem in den größern Städten so häufig, daß die Furcht vor dem öffentlichen Urteil niemanden mehr abschrecken konnte, zu tun was sein Herz gelüstete." (255)

Die Französische Nationalversammlung hatte 1792 ein Gesetz beschlossen, das die Unauflöslichkeit der Ehe aufhob und die Scheidung aufgrund beiderseitigen Einverständnisses der Ehegatten für zulässig erklärte. In seiner Präambel wird zur Begründung ausgeführt, daß sich die Möglichkeit einer Ehescheidung „aus der individuellen Freiheit ergibt, für welche eine unauflösliche Verbindung den Untergang"[83] bedeute. Das revolutionäre Scheidungsrecht trat - wie später der erst im Jahr 1900 durch das BGB abgelöste napoleonische Code Civil - auch in den damals unter französischer Herrschaft stehenden linksrheinischen Provinzen Deutschlands in Kraft.

Mondor und Raymund verurteilen zwar den ihrer Meinung nach stattfindenden Mißbrauch des neuen Gesetzes; gleichwohl halten sie es „für das heilsamste unter allen (...), an welchen die Revolution so fruchtbar war" (aaO). „So standen die Sachen zwischen unseren vier Freunden" - sie sind in der glücklichen Lage, ihrem vereinbarten Partnertausch die „gehörige Gesetzmäßigkeit" zu geben.

Allerdings stellt sich nach kurzer Zeit wiederum heraus, daß die Beteiligten mit der neuen Verbindung sehr viel weniger zufrieden sind, als sie es mit der alten waren. Sie müssen erkennen, daß die ursprüngliche Konstellation die richtige war. Raymund:

„Wir haben beide eine große Torheit begangen, Mondor! Wir konnten mit unserem Lose zufrieden sein, glaubten uns verbessern zu können, und sind nun beide überzeugt, wir hätten besser getan, wenn jeder das Seinige behalten hätte." (276)

Das besitzindividualistische „suum cuique" prägt auch das Geschlechterverhältnis. Schnell kommen die Beteiligten überein, den Rücktausch zu vollziehen.

Die Handlung der Episode ist ausnahmsweise nicht in einem abstrakten Griechenland oder einem fiktiven Orient, mittelalterlichen England oder Frankreich, im Elysium oder auf dem Olymp angelegt; sie bearbeitet keinen überlieferten Stoff neu und handelt auch nicht in der Götter-, Feen-, Genien- oder Fabelwelt. Unter Verzicht auf jede ästhetische Verfremdung erzählt Wieland am Endpunkt seines künstlerischen Schaffens eine Episode aus dem Deutschland des beginnenden 19. Jahrhunderts, das von den

---

[83] Vgl. Wieland, „Das Hexameron von Rosenhain", Zeilenkommentar von P. Goldammer, Anm. S. 231.

Umwälzungen der Französischen Revolution betroffen ist. Zwar ist die Revolution im Spätwerk Wielands allgegenwärtig - in den „Göttergesprächen" und den „Gesprächen unter vier Augen", in der letzten Fassung des „Goldnen Spiegel" und im „Aristipp" -; und doch ist die Direktheit, mit der die politischen und gesellschaftlichen Auswirkungen des weltgeschichtlichen Ereignisses in der vorliegenden Erzählung präsentiert werden, die Ausnahme. Ihre inhaltliche Anlehnung an die wenige Jahre vorher erschienenen „Unterhaltungen deutscher Ausgewanderten" Goethes ist unübersehbar.

Wieland macht mit aufklärerischem Selbstverständnis von der entstandenen rechtlichen Möglichkeit Gebrauch, die Konstellation eines Partnertauschs zwar literarisch, aber gleichsam legal durchzuspielen und die daraus gewonnenen Erkenntnisse für das gesamte deutsche Lesepublikum fruchtbar zu machen. Nach der Einführung des revolutionären französischen Scheidungsrechts in den Rheinlanden bedarf es keiner artifiziellen Handlungsführung mehr, wie wir sie bei Gellerts „Schwedischer Gräfin" oder Goethes „Die Geschwister", aber auch bei anderen Erzählungen Wielands finden, um eine Beschäftigung mit einem gesellschaftlich tabuisierten Thema, hier die Infragestellung der Monogamie, zu ermöglichen.

Andere Themenbereiche bleiben dagegen auf eine künstlerische Verfremdung angewiesen. So gibt sich in einer weiteren Episode des „Hexameron" eine Prinzessin als Prinz aus, verliebt sich naturgemäß in einen jungen Mann und nährt damit bei Hofe den unerträglichen Verdacht, homosexuell zu sein. Hier muß der Skandal der gleichgeschlechtlichen Liebe[84] zunächst durch die Travestie der Prinzessin fingiert und anschließend aufgelöst werden, um überhaupt Gegenstand der literarischer Erörterung sein zu können. In diesem Verständnis stellt Wieland beispielsweise auch in den „Komischen Erzählungen" Ehebruch, Homosexualität und Inzest ausschließlich als Erscheinungen der griechischen

---

[84] Vgl. das von Bychowski nachgezeichnete Schicksal von Wielands Zeitgenossen Winckelmann, in: Psyche 9/1966, S. 700 ff.

Götterwelt dar; und doch trug allein schon der Umstand ihrer dichterischen Bearbeitung ihrem Autor den Vorwurf ein, „epikursche Schweinheiten"[85] verbreitet zu haben. Es zeigt sich, daß die bürgerliche Öffentlichkeit in dem Moment hoheitliche Aufgaben wie die Überwachung der Sexualmoral übernimmt, als sie vom Feudalstaat aus bürgerlicher Sicht unzureichend ausgefüllt werden. In der Konsequenz begegnen wir beim Reizthema Sexualität derselben ästhetischen Strategie Wielands, die er beim Reizthema Politik anwendet: Sobald er einen politisch, sittlich oder sonstwie anstößigen, gesellschaftlich tabuisierten Gegenstand unverschleiert thematisiert, verlegt er ihn in einen jenseitigen Handlungs- und Gesprächsraum, während diesseitige Repressionsopfer wie Winckelmann im „irdischen" Abseits bleiben. Erst wenn der Gegenstand öffentlich erörterbar ist, entsteht bei Wieland eine unverfremdete literarische Wirklichkeit, in der die Potentiale der gewonnenen Freiheit ausgeschöpft werden.

Die Erzählung „Freundschaft und Liebe" verarbeitet mit der Umsetzung des legalen Partnertauschs zugleich die Erfahrung, daß der Mensch durch revolutionäre Umwälzungen zum geschichtlichen Subjekt wird und in der Lage ist, seine Verhältnisse eigenverantwortlich zu gestalten. Der einzelne ist nicht mehr in einer starren und unwandelbaren Gesellschaftsordnung eingezwängt, sondern bewegt sich in einem gesellschaftlichen Raum, der individuelle Gestaltungsmöglichkeiten zuläßt. Die überkommene soziale Konfiguration der Ehe auf Lebenszeit wird diesen dynamisierten gesellschaftlichen Verhältnissen und ihrem Ideal individueller Freiheit nicht mehr gerecht und infolgedessen aufgelöst.

Damit ist auch dem Dichter die Möglichkeit gegeben, seinen Stoff unter veränderten bzw. verbesserten Bedingungen zu gestalten. Er kann die behandelten politischen, gesellschaftlichen und zwischenmenschlichen Konflikte neuen und vor allem wirklichkeitsnahen Lösungsmöglichkeiten zuführen, die nicht auf das Wunderbare oder Übernatürliche zurückgehen. Wieland berücksichtigt diese veränderten Gegebenheiten, indem er

---

[85] Zitat bei Gruber, II S. 421.

seine Erzähler des „Hexameron von Rosenhain" weitgehend auf die „Möglichkeiten" der Fabelwelt verzichten läßt. Das „Hexameron" markiert damit am Ende seines Schaffens auch einen Wandel der literarischen Form.

c) Gesellschaftliche Autonomie im literarischen Kontext

Auch im Kunstraum der literarischen Wirklichkeit hat Selbstbestimmung zur Voraussetzung, sich auf glaubwürdige Art und Weise jeglicher Fremdbestimmung entziehen zu können. Da die politische Wirklichkeit im Zeitalter Wielands noch keine autonome (bürgerliche) Gesellschaft kennt, konstruiert unser Autor die hierfür erforderlichen Bedingungen:

aa) Territoriale Unabhängigkeit

Erste Bedingung des autonomen Binnenraums ist ein eigenes Territorium, das sich der Einflußnahme des politisch-öffentlichen Raums entzieht.

In der Binnenerzählung des „Goldnen Spiegel" und des „Agathodämon" findet es sich in der Abgeschiedenheit der Natur, Wüste oder Bergwelt, in der „Wasserkufe" und im „Aristipp" in der Privatautonomie des Hauses, im „Hexameron von Rosenhain" auf dem Privatbesitz des Herrn v. P. Handlungsort ist im Gegensatz zur Haupterzählung im „Goldnen Spiegel", in „Schach Lolo" und „Der Stein der Weisen" nie die höfisch-öffentliche Sphäre, kein Regierungssitz, Ratssaal oder Forum.

bb) Materielle Unabhängigkeit

Gesellschaftliche Autonomie erfordert darüber hinaus materielle Unabhängigkeit.

Wieland verwendet zwei Modelle: Entweder sind die Handlungsträger im Besitz eines stattlichen, oft ererbten Vermögens; dadurch konnte und kann sie kein Zwang zur Erwerbstätigkeit kompromittieren. Oder sie beschränken ihre Lebenshaltung auf das notwendige Minimum. Beide Modelle können, wie die „Wasserkufe" zeigt, auch ineinandergreifen.

Narcissus und Narcissa im ersten Stück des „Hexameron" entstammen den reichsten Familien des Landes. Mondor, Ehemann der Selinde im vierten Stück des Hexameron, besitzt ein sehr „ansehnliches Vermögen und einen ziemlich jungen Adelsbrief" (XII/38/233), auch sein Freund Raymund ist aller Existenzsorgen enthoben: „Eine reiche Erbschaft, die ihm unverhofft zufiel, befreite ihn von der Notwendigkeit sein Talent geltend zu machen" (XII/38/235). Baron von Werdenberg, einer der Erzähler im „Hexameron", ist

„ein Mann von Bildung und Geschmack, der die Welt kannte und vieles gesehen hatte, aber, weil er ohne Ehrgeiz und Habsucht war, einen zu hohen Wert auf seine Freiheit setzte, um sich in die vergoldeten Fesseln eines Hofs zu schmieden, oder sich versucht zu fühlen, die Welt regieren und verwirren zu helfen." (XII/38/281 f.)

Schon im „Agathon" läßt Wieland Aristipp anmerken:

„Du hättest dich entweder niemals mit einem Dionysius einlassen, oder an dem Platze, den du einmal angenommen hatttest, deine moralischen Begriffe - oder doch wenigstens deine Handlungen - nach den Umständen bestimmen sollen. Auf diesem Schauplatze der Verstellung, des Betrugs, der Intrigen, der Schmeichelei und Verräterei, - wo Tugenden und Pflichten bloße *Rechenpfennige*, und alle Gesichter *Masken* sind, - kurz an einem Hofe, gibt es keine andere Regel als die Konvenienz, keine andere Politik, als einen jeden Umstand mit unsern eigenen Absichten so gut zu vereinigen als man kann." (I/3/108 ff.)

Gleichermaßen wird im „Agathodämon" von den Chancen in der Römischen Welt berichtet, zu Ämtern und Würden zu kommen:

„Wer in jenen Zeiten reine Grundsätze und Sitten, als einen solchen Titel zu solchen Stellen hätte anführen wollen, würde für einen aus dem Monde herab gefallenen Menschen angesehen worden sein." (X/32/69)

Also hält Agathodämon es mit der Unabhängigkeit und Selbstgenügsamkeit des Diogenes, die er mit den Tugenden des Pythagoras verbindet (X/32/72).

In der „Wasserkufe" zeichnen die Hauptfiguren Seneschall und Seneschallin sich durch großen Reichtum aus. Zugleich erlangen sie durch strenge Askeserituale Unabhängigkeit von ihrer Bedürfnisnatur und beschränken den Verbrauch von Konsumgütern auf das Notwendigste.

cc) Sittliche Unabhängigkeit

Schließlich sind die Regeln festzulegen, nach denen gelebt wird.

Individueller und gesellschaftlicher Daseinszweck ist für Wieland die sittliche und kulturelle Vervollkommnung des Menschen, die er durch weitgehende Freiheit bzw. Autonomie erreicht. Agathodämon formuliert dies programmatisch:

„Von nun an mußte ich, so zu sagen, mein eigenes Werk sein. Ich selbst mußte die wesentliche Form meiner Natur ausbilden, den Zweck meines Lebens fortsetzen, und in allem meinen Tun und Lassen mein eigner Oberherr, Gesetzgeber und Richter sein." (X/32/71)

Die Hauptmaxime des Handelns lautet:

Sei „so frei und tätig, so groß und gut, als du durch dich selbst sein kannst" (X/32/71).

Auch in der „Wasserkufe" dienen die asketischen Übungen, denen sich die

Handelnden freiwillig unterwerfen, der sittlichen Vervollkommnung. Sie ist, wie auch der „Aristipp" deutlich macht, stets Aufgabe des einzelnen („durch dich selbst") und nicht des Staates oder der Kirche.

Im Vorbericht zum „Hexameron" ist der - äußere - Zweck der Selbstgesetzgebung vergleichsweise anspruchsloser: Die Personen der zusammengekommenen Gesellschaft sollen der Reihe nach ein Märchen oder eine Anekdote erzählen, um die „beschwerlichste aller bösen Feen, die Langeweile von sich abzuhalten" (XII/38/4). Hierbei befolgen die Beteiligten ein von Wunibald vorgeschlagenes Gesetz, wonach „sogenannte moralische Erzählungen" und alles Übernatürliche und Wunderbare „ein für alle Mal ausgeschlossen sein sollen" (XII/38/7).

Die böse Fee der Langeweile wird dadurch verjagt, daß Feen in den Erzählungen nicht mehr vorkommen. Diese paradoxe Figur begegnet uns auch in der „Wasserkufe". Das einzige Wunder, das der weltabgewandte Klausner erlebt, bereitet die Erfahrung vor, daß der richtige Weg kein transzendentaler ist, sondern von diesseitigen Akteuren bestimmt wird.

Während der im „Hexameron" beschriebene Vorgang der ästhetischen Regelbildung den parlamentarischen Entscheidungsprozeß auf die Privatsphäre überträgt, geht es in den einzelnen Episoden darum, bei größtmöglicher gesellschaftlicher Freiheit zu möglichster individueller Vollkommenheit zu gelangen. Der Staat reguliert nicht mehr sämtliche Daseinsbereiche des Bürgers. Seine Gesetzgebung gewährleistet lediglich den rechtlichen Rahmen einer staatszweckneutralen gesellschaftlichen Sphäre, in der der einzelne als sein eigener Gesetzgeber nach sittlicher Vervollkommnung strebt.

Wie die ästhetischen, sind auch die moralischen Axiome, die zur Anwendung kommen, nicht zwingend vorgegeben. Sie wurzeln zwar in der Natur des Menschen, sich seiner Bestimmung gemäß zur Humanität zu entwickeln. Aber sie haben sich in der Wirklichkeit vernünftig räsonnie-

216

render und handelnder Privatleute zu bewähren[86]. In diesem Kontext erwägen und vollziehen Mondor und Raimund den Partnertausch mit Clarisse und Selinde gemäß Angebot und Nachfrage, bevor sie erkennen, daß Monogamie und Ehe auf Lebenszeit vernünftigere Formen des Zusammenlebens sind bzw. größeren praktischen Nutzen haben als wechselnde Partnerschaften.

Die auf diese Weise zur Geltung kommende - insoweit konventionelle - Moral der spätaufklärerischen Erzählung Wielands wird ungleich subtiler vermittelt als die unglaubwürdigen empfindsamen und moralinsauren Vorläufer des Genres, namentlich von Starke und Gessner. Deren Arbeiten sind für Wieland so entbehrlich wie das Wunderbare, das in der entzauberten Welt der Spätaufklärung ebenfalls keinen Gebrauchswert und damit keinen Platz hat. Der profanen und rationalen Sittlichkeit im privaten und gesellschaftlichen Bereich entspricht der politische Humanismus der staatlichen Sphäre. So kann Wieland seine letzte Dichtung mit den Worten schließen, daß die Schuld der Hauptpersonen

„nur an ihnen selbst liegen müßte, wenn sie mit ihrem Lose nicht zufrieden wären." (XII/38/321)

Sie sind so „frei und tätig, so groß und gut", als sie durch sich selbst sein können, während ihnen die liberale Staatsorganisation für ihre kulturelle und wirtschaftliche Entfaltung als autonome Individuen den geeigneten rechtlichen Rahmen zur Verfügung stellt.

---

86 In diesem Verständnis konnte Wieland über seinen „Agathon" an Reinhold schreiben: „Mich beschäftigt seit 14 Tagen die Revision des Agathon; aus welchem ich mit angenehmer Surprise ersehe, daß ich schon vor 25 Jahren eine Art von Kantischer Philosophie in herba im Schoß meiner Seele herum trug", Brief vom 18.9.1793, zit. nach Starners, Bd. 2, S. 318.

III. Schlußbemerkung

Das Kunst-, aber auch das Politikverständnis des Spätaufklärers Wieland machte schon im 19. Jahrhundert „keinen Staat mehr".

Sein Werk war neben der Weimarer Klassik, aber auch neben der Romantik verblaßt. Im Gegensatz zu Goethe, dessen apolitisch-„reiner" Kunstbegriff sich im Bildungsbewußtsein des Bürgertums durchsetzte, hatte Wieland an dem aufklärerisch-vorklassischen Ideal des „aut prodesse volunt aut delectare poetae" festgehalten. Der praktische Nutzen von Dichtung bestand für den Aufklärer gerade auch in der literarischen Auseinandersetzung mit politischen und gesellschaftlichen Zeitfragen. Dieses Kunstverständnis stieß auf die „klassischen" Vorbehalte des biedermeierlichen „Geschmacks- und Gesellschaftshauses"[87], die bis heute die positive Entwicklungslinie einer sich gesellschaftlich engagierenden Kunst und Literatur beeinträchtigen, wie sie das Werk Wielands tradiert.

Der kritisch-rationale Kern des von Wieland vertretenen Liberalismus löste sich teils in der romantisch-organologischen Überhöhung des Staats, teils in einer Apologie des Bestehenden nach Maßgabe der idealistischen Philosophie auf. Das preußisch-deutsche Bürgertum ging nach der gescheiterten Revolution von 1848 den Verfassungskompromiß von 1850 ein und entwickelte in der Folgezeit ein neofeudales Selbstverständnis. Beides läßt sich als der Versuch des wirtschaftlich erfolgreichen Bürgertums verstehen, die damals massiv zutage tretenden gesellschaftlichen Gegensätze der sich in Deutschland etablierenden Industriegesellschaft ideologisch aufzufangen.

Ein Jahrhundert nach dem Erscheinen des „Hexameron von Rosenhain" bewertet Vogt den politischen Humanismus Wielands nur noch als eine weichliche Verquickung von Politik und Moral[88], der es Nietzsches Her-

---

[87] Oben B II, 5, S. 120 (Fußnote 198).
[88] Vogt, S. 97.

218

renmoral und das Ideal der Mitleidslosigkeit entgegenzusetzen gelte. Der rechtsstaatliche Idealismus des Spätaufklärers mit seinem Bemühen um förmliche und materiale Gerechtigkeit hatte den rassistischen „Grundauffassungen vom Volkstum und Staat"[89] zu weichen; das „suum cuique" fand sich als Ergebnis einer geschichtlich beispiellosen Umwertung aller Werte auf dem Tor des Konzentrationslagers Buchenwald wieder.

Wer vor diesem Hintergrund aus Richard Alewyns Diktum, der Weg nach Weimar führe über Buchenwald[90], den Umkehrschluß zieht, wird jedenfalls feststellen, daß der Weg hier an Wieland vorbeigeht. Sein Werk steht stellvertretend für eine andere geistesgeschichtliche Tradition. Das liberale Substrat seiner politischen Anschauungen weist ihn als einen der wenigen namhaften literarischen Vordenker des freiheitlichen Rechtsstaats in Deutschland aus.

---

[89] Müller, S. 42.
[90] Alewyn, Klassiker in finsteren Zeiten: „Zwischen uns und Weimar liegt Buchenwald. Darum kommen wir nun einmal nicht herum. (...) Es gibt nur Goethe und Hitler, die Humanität und die Bestialität. Es kann, zumindest für die heute lebenden Generationen, nicht zwei Deutschlands geben", zit. nach Voßkamp, Kontinuität und Diskontinuität. Zur deutschen Literaturwissenschaft im Dritten Reich (1985), S. 157.

D. Ergebnis

I. Das Staats- und Rechtsdenken Wielands

1. Spätabsolutistischer Ausgangspunkt

Der „Goldne Spiegel" von 1772 markiert Wielands Eintritt in die Staats-
und Rechtsdiskussion des 18. Jahrhunderts. In der literarischen Tradition
der Fürstenerziehung stehend, entwirft das Werk im Kernstück einen
monarchisch regierten Idealstaat, der zwar gewaltenteilig-konstitutionell
ausgestaltet, im übrigen aber an der Theorie des aufgeklärten Absolutismus orientiert ist.

Der staatstheoretischen Konzeption Wielands liegt in Übereinstimmung
mit den politischen Theorien von Hobbes, Locke, Pufendorf und Wolff
die Annahme zugrunde, daß Menschen sich, um ihren kriegerischen
Naturzustand zu beenden, zu einem „bürgerlichen Verein" zusammen-
schließen. Dieser Begriff bezeichnet in den frühen Schriften Wielands
keine spezifische Gesellschaftsformation innerhalb der Gesamtgesell-
schaft, sondern das politische Gemeinwesen an sich. Folglich geht es Wieland nur noch um die Frage, wer diese „bürgerliche Gesellschaft" am
besten regiert. Im Ergebnis spricht er sich für die konstitutionell-
monarchische Regierungsform mit stark gewaltenmonistischer Tendenz
aus, in der der Regent sowohl die gesetzgebende als auch die vollziehende
Gewalt dominiert. Die durch den wohlfahrtsstaatlichen Staatszweck fest-
gelegten Grenzen politischer Machtausübung lassen bei Wieland keinen
Raum für staatszweckneutrale Daseinsbereiche entstehen, es wird keine
funktionelle Trennung von Staat und Gesellschaft durchgeführt.

Der monarchische Idealstaat Wielands ruht im wesentlichen auf zwei
Grundlagen: Der Begrenzung und Kontrolle politischer Herrschaft durch
das Prinzip der Gewaltenteilung zwischen König, Adel und Volk bei
gleichzeitigem Wertekonsens aller Herrschaftsunterworfenen. Der durch

den Fürsten repräsentierte Staat reguliert das bürgerliche Leben nach Maßgabe des absolutistischen Polizei- und Wohlfahrtsgedankens. Er hat den einzelnen zur bürgerlichen Lebensführung zu erziehen und unterwirft sämtliche Daseinsbereiche der Bevölkerung hoheitlicher Kontrolle. Das Recht macht den einzelnen zum Objekt der staatlichen Fürsorge und läßt weitgehende Eingriffe in Eigentum, Beruf, Ehe und Familie zu. Dem Staat ist zwar natürliches Recht vorgelagert, dessen Durchsetzung die staatliche Gesetzgebung zur Aufgabe hat. Der Herrschaftsunterworfene hat sich aber „aus Notwendigkeit" auch Gesetzen zu unterwerfen, die nicht in Einklang mit den Naturrechten stehen. Erst wenn durch sie schweres Unrecht verwirklicht wird, steht ihm ein Widerstandsrecht zu. Da die Anerkennung bzw. Geltung von Gesetzen aber nichtsdestoweniger die „natürliche Folge der freien Überzeugung des Volkes von ihrer einleuchtenden Vernunftmäßigkeit" ist, bedingen Vernunft und Sittlichkeit den Staat, und nicht der Staat Vernunft und Sittlichkeit. In diesem Sinne ist für Wieland, der keinem historischen Relativismus anhängt, jeder Staat sterblich.

Politische Herrschaft ist auch bei fehlender institutioneller Sicherung durch die Betonung der Pflichtenseite des jeweiligen politischen Herrschaftsträgers begrenzt. Die ethische Selbstbeschränkung des Herrschers wird naturrechtlich durch den Zweck des Staates vorgegeben, das Gemeinwohlkonforme zu verwirklichen. Aus der genauen Bestimmung des staatlichen Aufgabenbereichs folgt somit notwendig auch die Begrenzung einer personalen absolutistischen Herrschaftsgewalt.

Wielands Verständnis von Staat und Recht wurzelt in einem klassischaristotelischen Politikverständnis und seinen Bezügen zu Ethik und Empirie. Es fußt - insoweit noch mit den spekulativen Naturrechtslehren der Aufklärung übereinstimmend - auf der erkenntnistheoretischen Prämisse, daß sich aus der empirischen Natur des Menschen allgemeinverbindliche Verhaltensnormen ableiten lassen. Allerdings legitimiert Wieland auf dieser Grundlage das Prinzip monarchischer Souveränität im „Göttlichen

Recht der Obrigkeit" als natur- und folglich zugleich gottgegebenes Herrschaftsrecht des Stärkeren ohne sozialvertragliche Einschränkungen. Mit
diesem Denken begibt er sich in diametralen Gegensatz zu den spekulativen Naturrechtstheorien der rationalistischen Metaphysik, denen zufolge
politische Herrschaft auf einem wechselseitig verpflichtenden Gesellschaftsvertrag gründet. Wieland erkennt darin nicht den herrschaftskritischen Versuch, den Zweck politischer Herrschaft rational von interessen-
gebundenen und -gespaltenen Individuen mit gleichen Rechten abzuleiten,
um so politische Herrschaft zu beschränken. Vielmehr wendet er gegen
die herrschaftskritische Gesellschaftsvertragstheorie das abwegige empirische Argument ein, daß kein vertragschließendes Urvolk den für eine
derart differenzierte Regelung erforderlichen Entwicklungsstand habe
besitzen können.

2. Herausbildung der liberalen Staats- und Rechtsauffassung

Im Verlauf seiner Auseinandersetzung mit Staat und Recht wendet Wieland sich von der politischen Theorie des aufgeklärten Absolutismus ab.
Seine Publizistik und Dichtung stellt sich bereits seit den 1780er Jahren in
den Dienst des politisch aufgeklärten Liberalismus, der die Umgestaltung
der Staats- und Rechtsordnung nach Maßgabe des bürgerlichen Individualismus und der kapitalistischen Wirtschaftsverfassung bei gleichzeitiger
funktioneller Trennung von Staat und Gesellschaft fordert.

Der Übergang seines Denkens zur liberalen Staats- und Rechtstheorie
wird durch den Essay „Das Geheimnis des Kosmopoliten-Ordens" (1788)
markiert. Während im „Göttlichen Recht der Obrigkeit" noch eine naturrechtliche Begründung der bestehenden Herrschaftsverhältnisse im Vordergrund steht, wird nun die - ebenfalls naturrechtlich begründete - kritische Absetzung vom Staat vollzogen. Wieland entdeckt über die Formation der Geheimgesellschaft und die Idee des Weltbürgertums gewisser-

maßen einen staatsfernen repressionsfreien gesellschaftlichen Raum. Der Staat wird nicht mehr als bürgerlicher Verein mit der bürgerlichen Gesellschaft in eins gesetzt; Staat und Gesellschaft treten sich vielmehr gegenüber. Ausgangspunkt für dieses Denken bleibt das individualistische Menschenbild der Aufklärung, das von einem beständigen Vervollkommnungsstreben des einzelnen ausgeht. Allerdings setzt sich bei Wieland die Erkenntnis durch, daß der aufgeklärt-absolutistische Feudalstaat den Fortgang der Kultur zur Humanität′ eher behindert als befördert. Infolgedessen stellen sich nunmehr die Geheimgesellschaft der Kosmopoliten und das in der Gelehrtenrepublik zusammengeschlossene Weltbürgertum selbstlos in den Dienst dieser universellen Aufgabe. Als autonome gesellschaftliche Formationen füllen sie staatszweckneutrale Daseinsbereiche aus. Zugleich werden sie zur kritisch-moralischen Instanz und beginnen, die überkommene staatliche Ordnung von einem vorgeblich neutralen Standpunkt überparteilicher Humanität aus kritisch zu hinterfragen.

Weil das im Dienst der Humanität stehende kritische Räsonnement der bürgerlichen Öffentlichkeit zensurbedingten Einschränkungen unterliegt, beginnt Wieland im „Geheimnis des Kosmopoliten-Ordens" die „Grenzen der Wirksamkeit des Staates" (Humboldt) über das Recht auf freie Meinungsäußerung zu bestimmen. Die so vollzogene funktionelle Trennung von Staat und Gesellschaft bezweckt nach den klassischen liberalen Vorstellungen Wielands keine Entpolitisierung der Gesellschaft durch den Rückzug in die Privatsphäre. Vielmehr sind die staatszweckneutralen Daseinsbereiche, in denen sich das Individuum eigenverantwortlich entfalten kann, durch institutionalisierte Kontrollorgane und Teilhaberechte aller Herrschaftsunterworfenen an der politischen Willensbildung zu sichern.

Die Institutionalisierung und Ausbalancierung politischer Herrschaft ist in den Verfassungsentwürfen Wielands zwar gewaltenteilig ausgestaltet, jedoch nicht im Sinne einer funktionellen Gewaltenteilung zwischen Legislative, Exekutive und Judikative. Sie erfolgt vielmehr nach Maßgabe

der aristotelischen, später von Montesquieu weiterentwickelten Mischverfassung, in der die politische Herrschaft im Staat zwischen Adel bzw.
städtischem Patriziat, Bürgertum und Volk verteilt wird. Die Bedeutung
der Judikative als eigene staatliche Gewalt wird von Wieland nicht explizit
erörtert.

Obwohl Wieland sich in seinen späten Schriften für eine „Aristo-
Demokratie" ausspricht, lehnt er jede numerische parlamentarische
Repräsentation und Volkssouveränität nach dem Vorbild der revolutionären französischen Demokratie ab. Die entscheidende Leistung der politischen Kultur des Abendlandes, durch den Parlamentsgedanken oppositionelle Kräfte in den Prozeß der politischen Willensbildung und Entscheidungsfindung einzubeziehen, wird von Wieland nicht nachvollzogen. Sein
Konzept eines idealen Staatswesens ist - jedenfalls auf staatsorganisatori-
scher Ebene - nicht geeignet, weltanschaulich gegenläufige Strömungen
innerhalb einer Gesellschaft zum Ausgleich zu bringen. Infolgedessen
lösen sich die einzelnen Staatsformen in seinem der antiken Staatszyklen-
lehre entstammenden Verständnis mit innerer Zwangsläufigkeit ab.

Durch seine Gleichsetzung von parlamentarischer Repräsentation mit
unerwünschter Volksherrschaft bzw. Vielherrscherei neutralisiert er auch
die dem Bürgertum über den Parlamentarismus gegebenen Möglichkeiten
politischer Partizipation. Während durch die geforderte Freiheit vom
Staat die Absetzung vom Absolutismus gelingt, bedeutet die Negation des
demokratischen Partizipationsmodells zugleich einen weitgehenden eige-
en, d. h. bürgerlichen Verzicht auf die Freiheit zum Staat. Der Ausgren-
zung der freiheitsbeschränkenden wohlfahrts- und polizeistaatlichen Elemente des feudalistischen Obrigkeitsstaates auf der einen Seite entspricht
der weitgehende Verzicht seiner Staatskunst auf soziale und demokratisch-
parlamentarische Elemente andererseits. Da die politische Entscheidungsfindung nicht an den Willen eines parlamentarischen Gesetzgebers gebunden werden darf, sondern in den Händen der monarchischen Exekutive
ruht, versucht Wieland, das daraus entstehende Politikdefizit durch eine

Institutionalisierung der vom Bürgertum getragenen öffentlichen Meinung als Ort der allgemeinen Vernunft auszugleichen. Da Gesetze vernünftig sein müssen und Maßstab der Vernunft die öffentliche Meinung ist, wirkt sie mittelbar gesetzgebend.

Die Bedeutung weiterer Sicherungsmechanismen, etwa von Abwehrrechten der (bürgerlichen) Gesellschaft gegenüber dem (absolutistischen) Staat, wird von Wieland zwar erkannt, ihre verfassungsmäßige Verankerung aber noch nicht diskutiert. Allerdings ist seinen Ausführungen zur Meinungsfreiheit ein Bekenntnis zur modernen Gewaltenteilung immanent. Denn es soll der ordentlichen Gerichtsbarkeit überlassen bleiben, über Straftaten zu urteilen, die durch Publikationen begangen werden, und nicht etwa der staatlichen Exekutive durch Vorzensur.

Entgegen verbreiteter Einschätzung in der Forschungsliteratur ist Wielands Staats- und Rechtsverständnis weder unparteiisch noch systemkonform. Sein Eintreten für die Trennung von Staat und Gesellschaft bedeutet auch keine Entpolitisierung der Gesellschaft, kein Ausweichen in die Innerlichkeit als Folge der aufgezwungenen politischen Abstinenz des Bürgertums im Absolutismus. Es trägt vielmehr dem Bedürfnis einer aufgeklärten und politische Mündigkeit erstrebenden Gesellschaft nach Eigenverantwortung Rechnung, die sie in den staatszweckneutralen Daseinsbereichen übernimmt. Wieland distanziert sich zugleich von den vereinseitigenden Tendenzen der mechanistischen Staatslehre der Aufklärung durch eine Aufwertung des Gefühls als Erkenntnisquelle und unterwirft die organologische Staatslehre der Romantik einer grundsätzlichen Kritik.

Vor diesem Hintergrund präsentiert sich Wieland als literarischer Vertreter des politischen Humanismus westeuropäischer Prägung, der sich für die ungestörte kulturelle und materielle Entwicklung politisch mündiger Bürger einsetzt. Das einseitige Herausstellen seiner politisch reaktionären und konterrevolutionären Facetten verdeckt die offenkundige Distanz des Wieland'schen Staats- und Rechtsdenkens zu jeder absolutistischen und antiindividualistischen politischen Ideologie. Vom Boden des voridealisti-

225

schen Rationalismus aus erkennt er als soziale Realität nur das Individuum
und seine Interessen an und wendet sich gegen romantische und traditionalistische Begründungsversuche politischer Herrschaft.

Andererseits führt Wielands Abkehr vom aufgeklärten Absolutismus
zugleich zu einer Zurückdrängung wohlfahrts- bzw. sozialstaatlicher Elemente der Staatsorganisation, wie sie im „Goldnen Spiegel" noch vertreten werden. Die besitzindividualistische Interpretation des „suum cuique",
Gerechtigkeit sei, jedem das Seine „nicht zu geben (denn das hat er schon)
sondern zu lassen", mochte für das damalige Besitz- und Bildungsbürger-
tum zutreffen; die breiten besitzlosen Klassen schließt sie indessen von der
Verwirklichung der Gerechtigkeit aus.

II. Die literarische Umsetzung des Staats- und Rechtsdenkens

Im Gegensatz zur vorwiegend erkenntniskritischen Publizistik Wielands
liegt die besondere Erkenntnisqualität der untersuchten Dichtungen darin,
daß im Medium der Dichtung die gesellschaftlichen Auswirkungen des
jeweiligen Staats- und Rechtsverständnisses gleichsam „in vitro" erprobt
werden können.

Die Einheit von gesellschaftlicher Transformation und struktureller
Transformation der Künste führt in den Dichtungen Wielands zu einem
literarischen Figurationswechsel. Während Wieland in seiner Publizistik
lediglich die bekannten Formen politischer Herrschaft gegeneinander
abwägt, ohne zu einer politischen Form der Selbstbestimmung zu finden,
wird in den Dichtungen die antiabsolutistische Wendung unseres Autors
von einer veränderten ästhetischen Konzeption seiner Werke in Gestalt
eines motivischen Gegenübertretens von Staat und Gesellschaft begleitet.

1. Literarische Figurationen vor der Französischen Revolution

In den spätabsolutistischen Dichtungen „Der goldne Spiegel" und „Schach Lolo" sind bürgerliches Denken und Moral noch ausschließlich auf den Zusammenhang höfischer Repräsentanz bezogen. Eine durch die Publizistik (oder von Briefen) vermittelte politische Öffentlichkeit räsonnierender Privatleute existiert nicht. Mangels anderer Einflußmöglichkeiten kann der bürgerliche Hofphilosoph im „Goldnen Spiegel" lediglich vom Herrscher geduldet über die Vorzüge eines wohleingerichteten Staates nach Maßgabe der bürgerlichen Rechtsauffassung dozieren.

Die im Kontext der Literatur behandelten politischen Konflikte entstehen aus dem Aufeinanderprallen von staatlich-absolutistischem Unrecht und bürgerlicher Moral. Sie lassen sich - wie in „Schach Lolo" - nur durch einen Akt poetischer Gerechtigkeit lösen oder führen zu Anarchie und Bürgerkrieg.

2. Literarischer Figurationswechsel als Folge des gewandelten Staats- und Rechtsdenkens Wielands

Die fehlenden politischen Einflußmöglichkeiten des Bürgertums werden in den späteren Dichtungen Wielands durch die Schaffung eines von seinen Handlungsträgern eigenverantwortlich gestalteten, staatsfreien Raumes ausgeglichen. Die politische Handlung wird durch ihre Verlegung aus dem höfisch-feudalen in den familialen und gesellschaftlichen Zusammenhang „entstaatlicht". Zugleich erfährt die Öffentlichkeit einen grundlegenden Strukturwandel dergestalt, daß die höfische durch die bürgerliche Öffentlichkeit abgelöst wird.

Wieland schildert Sujets, die dem Bedürfnis seiner Protagonisten nach autonomer Gestaltung einzelner Daseinsbereiche genügen. Die funktionelle Trennung von Staat und Gesellschaft läßt einen gesellschaftlichen

Raum herrschaftsfreier Kommunikation entstehen, in dem räsonnierende Privatleute ihre Lebensverhältnisse nach eigenen Regeln gestalten. Im „Stein der Weisen" lernt König Mark die Reize eines „politikfreien" Lebens kennen und wechselt daraufhin von der höfischen Öffentlichkeit in die bürgerliche Privatheit. In der „Wasserkufe" werden die bürgerlichen Grundsätze vom Repräsentanten der bestehenden politischen Ordnung bereits im häuslich-familialen Bereich gelebt und von hier aus in den öffentlichen Raum transportiert. Im „Aristipp" wird die Abschirmung der Gesellschaft vom Staat in den Briefen räsonnierender Privatleute theoretisch untermauert. Im „Hexameron von Rosenhain" verschmelzen bürgerliche und adlige Lebenswelt schließlich im staatsfernen und selbstgesetzgebenden Binnenraum der bürgerlichen Gesellschaft.

Zwar verlangt es das Staatsverständnis Wielands nach wie vor, daß sich alle der Herrschaft eines einzigen zu unterwerfen haben. Im fiktionalen gesellschaftlichen Raum hingegen bestehen Freiheit und Gleichheit. Hier unterwerfen sich die bürgerlichen Protagonisten seiner Romane und Erzählungen in einem staatsfernen Raum Gesetzen, die sie zuvor gemeinsam aufgestellt haben. Wenn es aber in einem solchen Raum möglich ist, nach einer Meinungskontroverse zu einer verbindlichen Entscheidung zu kommen, die von allen Beteiligten anerkannt wird, so muß sich dieses Prinzip grundsätzlich auch auf den Bereich der politischen Entscheidungsfindung übertragen lassen. Dies scheint Wieland jedenfalls unbewußt erkannt zu haben, so daß sich die Sujets seiner späten literarischen Werke um den Komplex der Selbstgesetzgebung und damit der Identität von Herrschern und Beherrschten drehen.

Anders als in den „vorrevolutionären" Schriften Wielands zu Recht und Staat entwickeln sich die Konflikte vielfach nicht mehr aus dem Gegenübertreten von staatlichem (Un-)Recht und bürgerlicher Moral. Vielmehr geraten jetzt die Protagonisten mit den von ihnen selbst gesetzten Regeln in Konflikt und heben diesen Konflikt durch neue autonome Setzungen auf.

228

Die Gesetze oder Regeln der Handlungsträger sind - einem parlamentarischen Entscheidungsprozeß vergleichbar - teils Ergebnis einer vorangegangenen Meinungskontroverse der Protagonisten; teils wird französisches Revolutionsrecht in freier Übereinkunft auf die eigenen Verhältnisse angewendet. Damit verwirklicht Wieland in dem fiktionalen staatsfreien Binnenraum der bürgerlichen Gesellschaft die Identität von Herrschern und Beherrschten.

E. Literaturverzeichnis:

I. Werk- und Einzelausgaben:

1. C. M. Wieland

Christoph Martin Wieland, Der Goldne Spiegel, 2 Bde., 1. Aufl., Leipzig 1772.

ders., Das Hexameron von Rosenhain, hg. und mit Zeilenkommentar versehen von Peter Goldammer, Berlin u.a. 1984.

ders., Politische Schriften, insbesondere zur Französischen Revolution, 3 Bde, hg. von Jan Philipp Reemtsma, Hans und Johanna Radspieler, Nördlingen 1988.

ders., Sämmtliche Werke, hg. v. der Hamburger Stiftung zur Förderung von Wissenschaft und Kultur in Zusammenarbeit mit dem Wieland-Archiv, Biberach/Riß, und Dr. Hans Radspieler (Hamburger Reprintausgabe), 14 Bde., 2. Aufl., Hamburg 1984.

2. Andere Primärquellen

Aristoteles, Nikomachische Ethik, hg. v. Günther Bien, Hamburg 1972.

Thomas Hobbes, Leviathan, herausgegeben und eingeleitet von Iring Fetscher, Frankfurt/M. 1984.

Immanuel Kant, Kritik der reinen Vernunft, hg. v. Karl Kehrbach, 2. Aufl., Leipzig 1878.

Friedrich Gottlieb Klopstock, Die deutsche Gelehrten-Republik. Werke und Briefe hg. v. Horst Groenemeyer (u. a.), Berlin (u. a.) 1975.

Lessings Werke in sechs Bänden. Eingeleitet und herausgegeben von Robert Riemann, Leipzig o. J.

John Locke, Zwei Abhandlungen über die Regierung, herausgegeben und eingeleitet von Walter Euchner, Frankfurt/M. 1977.

(Wilhelm Friedrich von Meyern) Dya-Na-Sore oder die Wanderer. Eine

Geschichte aus dem Sam-skritt übersetzt. 3 Teile. Nachdruck der Ausgabe von 1787-91, mit einem Nachwort von Günter de Bruyn, Frankfurt 1979.

Montesquieu, Vom Geist der Gesetze. Eingeleitet, ausgewählt und übersetzt von Kurt Weigand, Stuttgart 1984.

(Johann Gottwerth Müller) Komische Romane aus den Papieren des braunen Mannes und des Verfassers des Siegfried von Lindenberg. Bde. 1 - 2: Die Herren von Waldheim, eine komische Geschichte, Göttingen 1785, Bde. 3 - 6: Emmerich, eine komische Geschichte, Göttingen 1786.

Max Weber, Die protestantische Ethik und der Geist des Kapitalismus, in: Gesammelte Aufsätze zur Religionssoziologie (1920), Bd. 1, 9. Aufl., Tübingen 1988.

II. Biographien:

Irmela Brender, Christoph Martin Wieland. Rowohlts Monographien, begründet von Kurt Kusenberg, hg. v. Wolfgang Müller, Reinbek bei Hamburg 1990.

J(ohann) G(ottfried) Gruber, C. M. Wielands Leben (Leipzig 1827), Hamburger Reprintausgabe, 2. Aufl., Hamburg 1984.

Friedrich Sengle, Wieland. Mit 23 Bildern und Beilagen, Stuttgart 1949.

Thomas C. Starnes, Christoph Martin Wieland. Leben und Werk, 3 Bde. Sigmaringen 1987.

III. Forschungsliteratur:

Zwi Batscha, Die Kontroverse zwischen Christoph Martin Wieland und Martin Ehlers. Ein Zwiespalt im deutschen Frühliberalismus, in: X. Jahrbuch des Instituts für deutsche Geschichte der Universität Tel-Aviv, Tel-Aviv 1981.

Gottfried Günther/Heidi Zeilinger, Wieland-Bibliographie, Berlin u.a. 1983

Ludwig Hirzel, Wielands Beziehungen zu den deutschen Romantikern. Untersuchungen zur neueren Sprach- und Literaturgeschichte, Bern 1904 (Nachdruck Hildesheim 1974).

Thomas Höhle, Revolution, Bürgerkrieg und neue Verfassung in Cyrene. Betrachtungen zu Wielands „Aristipp" und den Nachspielen der Französischen Revolution, in: „Sie, und nicht Wir". Die Französische Revolution und ihre Wirkungen auf das Reich, hg. v. A. Herzig, I. Stephan und H. G. Winter, Hamburg 1989, Bd. 2, S. 591 ff.

Herbert Jaumann, Politische Vernunft, anthropologischer Vorbehalt, dichterische Fiktion. Zu Wielands Kritik des Politischen, in: Modern Language Notes 99/1984, S. 461 ff.

Harald v. Koskull, Wielands Aufsätze über die Französische Revolution, (Phil. Diss. München 1901) Riga 1901.

Martin Leinert, Wieland als Politiker, Phil. Diss. Leipzig 1920 (Handschrift).

John A. McCarthy, Die gefesselte Muse? Wieland und die Pressefreiheit, Modern Language Notes Bd. 99, Baltimore 1984, S. 437 ff.

Klaus Manger, Klassizismus und Aufklärung. Das Beispiel des späten Wieland, Frankfurt 1991.

Fritz Martini, Christoph Martin Wieland: Meine Antworten. Aufsätze über die Französische Revolution 1789-1793, hg. und mit einen Nachwort versehen v. F. Martini, Marbach am Neckar 1983.

James A. McNeely, Historical Relativism in Wieland's Concept of the Ideal State, Modern Language Quarterly XXII, Seattle 3/1961, S. 269 ff.

Thomas Metscher, Die Revolution in der Form der Kunst. Deutsche Klassik im europäischen Kontext, in: „Sie, und nicht Wir". Die Französische Revolution und ihre Wirkungen auf das Reich, hg. v. A. Herzig, I. Stephan und H. G. Winter, Hamburg 1989, Bd. 2, S. 567 ff.

Jan-Dirk Müller, Wielands späte Romane. Untersuchungen zur Erzählweise und zur erzählten Wirklichkeit, München 1971.

Alfred E. Ratz, Ausgangspunkt und Dialektik der gesellschaftlichen Ansichten C. M. Wielands, in: Seminar VII/1, New York (u. a.) 1971, S. 14 ff.

ders., Freiheit des Individuums und Gesellschaftsordnung bei Christoph Martin Wieland. Ein Beitrag zur Weimarer Klassik, Bern u.a. 1974.

Irmtraut Sahmland, Christoph Martin Wieland und die deutsche Nation - Zwischen Patriotismus, Kosmopolitismus und Griechentum, 1990.

Klaus Schaefer, Das Problem der sozial-politischen Konzeption in Wielands „Geschichte des Agathon" (1766/67). Ein Beitrag zur Untersuchung des idealen Menschenbildes in der deutschen Aufklärung, in: Weimarer Beiträge Bd. 16, Weimar 1970, S. 171 ff.

Peter Schneider, Jurisprudenz, Utopie und Rhetorik, in: Archiv für Rechts- und Sozialphilosphie (ARSP), Beiheft 44, hg. v. R. Alexy u. a., Stuttgart 1991, S. 337 ff.

Roman Schnur, Tradition und Fortschritt im Rechtsdenken Christoph Martin Wielands, in: Tradition und Fortschritt im Recht, Festschrift der Tübinger Juristenfakultät, hg. v. J. Gernhuber, Tübingen 1977, S. 91 ff.

Hans Werner Seiffert, Zu einigen Fragen der Wieland-Rezeption und Wieland-Forschung, MLN 3/99, Baltimore 1984, S. 425 ff.

Bernhard Seuffert, Wielands Berufung nach Weimar, in: Vierteljahresschrift für Literaturgeschichte, hg. v. B. Seuffert u.a., Bd. 1, Weimar 1888, S. 342-435.

Walter Siegers, Menschheit, Staat und Nation bei Wieland, Phil. Diss. München 1929, Alfeld-Leine 1930.

Cornelius Sommer, Christoph Martin Wieland, Stuttgart 1971.

Karin Stoll, Christoph Martin Wieland. Journalistik und Kritik-Bedingungen und Maßstab politischen und ästhetischen Räsonnements im „Teutschen Merkur" vor der Französischen Revolution, Bonn 1978.

Horst Thomé, Utopische Exkurse. Thesen zu Wielands „Aristipp und einige seiner Zeitgenossen", in: Modern Language Notes, Band 99, Baltimore 1984, S. 503 ff.

Oskar Vogt, „Der goldene Spiegel" und Wielands politische Ansichten, Berlin 1904.

Bernd Weyergraf, Der skeptische Bürger. Wielands Schriften zur Französischen Revolution. Stuttgart 1972.

W. Daniel Wilson, Intellekt und Herrschaft. Wielands „Goldner Spiegel", Joseph II.und das Ideal eines kritischen Mäzenats im aufgeklärten Absolutismus, in: Modern Language Notes 99/1984, S. 479 ff.

Hans Würzner, C. M. Wieland. Versuch einer politischen Deutung, Diss. phil. Heidelberg 1957 (Maschinenschrift).

IV. Weiterführende Literatur:

Hans Herbert v. Arnim, Staatslehre der Bundesrepublik Deutschland, München 1984.

ders., Ist Staatslehre möglich? Juristenzeitung (JZ) 4/1989, S. 158 ff.

Berding, Französische Revolution und sozialer Protest in Deutschland, in: „Sie, und nicht Wir". Die Französische Revolution und ihre Wirkungen auf das Reich, hg. v. A. Herzig, I. Stephan und H. G. Winter, Hamburg 1989, Bd. 2, S. 415 ff.

Karl Biedermann, Deutschland im 18. Jahrhundert, herausgegeben und eingeleitet von Wolfgang Emmerich, Frankfurt/M. u.a. 1979.

Ernst-Wolfgang Böckenförde, Die Entstehung des Staates als Vorgang der Säkularisation, in: Säkularisation und Utopie, Ebracher Studien, Stuttgart (u.a.) 1967, S. 94 ff.

ders., Der Rechtsbegriff in seiner geschichtlichen Entwicklung, in: Archiv für Begriffsgeschichte, XII/XIII 1968, S. 145 ff.

ders. (Hg.), Staat und Gesellschaft, Darmstadt 1976.

Hans Boldt, Einführung in die Verfassungsgeschichte, Düsseldorf 1984.

Dieter Borchmeyer, Die Verschwörung von Weimar. Vor zweihundert Jahren: Goethes und Schillers Bündnis gegen ihre Zeit, in: Frankfurter Allgemeinen Zeitung Nr. 99 v. 27.8.1994 (Tiefdruckbeilage).

Richard Brinkmann, Deutsche Frühromantik und Französische Revolution, in: ders., Deutsche Literatur und Französische Revolution, Göttingen 1974, S. 172 ff.

Peter Bürger (Hg.), Zum Funktionswandel der Literatur, Frankfurt/M. 1983

234

Gustav Bychowski, Platonische Liebe und die Suche nach der Schönheit. Das Drama Winckelmanns, Psyche 9/1966, S. 700 ff.

Werner Conze, Staat und Gesellschaft in der frührevolutionären Epoche Deutschlands, in: Historische Zeitschrift 186, München (u.a.) 1958, S. 1ff.

Otto Dann/John Dinwiddy (Hg.), Nationalism in the Age of the French Revolution, London (u.a.) 1988.

Hermann Diels, Die Fragmente der Vorsokratiker, hg. v. Walter Kranz, 9. Aufl., Berlin 1959/60.

Ulf Ehrlich, Recht-Sprache-Dichtung. Eine Titelzusammenstellung, 2. Aufl., Bamberg 1987.

Christian Enzensberger, Literatur und Interesse, Frankfurt 1978.

Hans Fehr, Das Recht in der Dichtung, Bern o. J. (1930).

Dieter Grimm, Recht und Staat der bürgerlichen Gesellschaft, Frankfurt/M. 1987.

Jürgen Habermas, Strukturwandel der Öffentlichkeit. Untersuchungen zu einer Kategorie der bürgerlichen Gesellschaft (1962), 17. Aufl., Darmstadt (u.a) 1987.

Peter Haeberle, Begegnungen zwischen Staatsrechtslehre und Literatur, in: Archiv des öffentlichen Rechts 115/1990, S. 83 ff.

Fritz Hartung, Deutsche Verfassungsgeschichte. Vom 15. Jahrhundert bis zur Gegenwart (1914), 9. Aufl., Stuttgart 1969.

Hermann Heller, Staatslehre (1934), 6. Aufl., Tübingen 1984.

Arno Herzig, Unterschichtenprotest in Deutschland 1790-1870, Göttingen 1988.

Norbert Hoerster (Hg.), Recht und Moral. Texte zur Rechtsphilosophie, Stuttgart 1987.

Ernst Rudolf Huber, Deutsche Verfassungsgeschichte seit 1789, Bd. 1: Reform und Restauration 1789-1830, 2. Aufl., Stuttgart (u. a.) 1967.

Karl-Heinz Ilting, Art. Naturrecht, in: Geschichtliche Grundbegriffe.

Lexikon zur politisch sozialen Sprache, hg. v. Otto Brunner u. a., Bd. 4, Stuttgart 1978.

Max Imboden, Die Staatsformen. Versuch einer psychologischen Deutung staatsrechtlicher Dogmen, Basel (u. a.) 1959.

Georg Jellinek, Ausgewählte Reden und Schriften, Bd. 1, Berlin 1911.

Hans Kelsen, Was ist Gerechtigkeit? 2. Aufl., Wien 1975.

Georg Kiesel, „Bei Hof, bei Höll". Untersuchungen zur literarischen Hofkritik von Sebastian Brant bis Friedrich Schiller, Darmstadt 1979.

Kurt Kluxen, Die geistesgeschichtlichen Grundlagen des englischen Parlamentarismus, in: ders. (Hg.), Parlamentarismus, 3. Aufl. Köln 1971.

Manfred Kluge/Rudolf Radler (Hg.), Hauptwerke der deutschen Literatur. Einzeldarstellungen und Interpretatonen, München 1974.

Reinhart Koselleck, Kritik und Krise. Eine Studie zur Pathogenese der bürgerlichen Welt (1959), Frankfurt 1973.

ders., Staat und Souveränität, in: Geschichtliche Grundbegriffe. Lexikon zur politisch sozialen Sprache, hg. von Otto Brunner, u.a., Bd. 6, S. 47 ff.

Martin Kriele, Einführung in die Staatslehre, Reinbek 1975.

Ekkehart Krippendorf, „Wie die Großen mit den Menschen spielen". Goethes Politik, Frankfurt/M. 1988.

Christian Graf von Krockow, Staat, Gesellschaft, Freiheitswahrung, in: E.-W. Böckenförde (Hg.), Staat und Gesellschaft, Darmstadt 1976, S. 482 ff.

Georg Lenz (Hg.), Deutsches Staatsdenken im 18. Jahrhundert, Neuwied 1965.

Georg Lucàcs, Fortschritt und Reaktion in der deutschen Literatur, Berlin 1947

ders., Die Zerstörung der Vernunft, Neuwied 1962.

Klaus Lüderssen, Produktive Spiegelungen. Recht und Kriminalität in der Literatur, Frankfurt/M. 1991.

236

Fritz Loos/Hans Ludwig Schreiber, Art. Recht-Gerechtigkeit, in: Geschichtliche Grundbegriffe, Lexikon zur politisch sozialen Sprache, hg. v. Otto Brunner u. a., Bd. 5, Stuttgart 1984.

Ernest Mandel, Ein schöner Mord. Sozialgeschichte des Kriminalromans, Frankfurt/M. 1987.

Rene Marcic, Geschichte der Rechtsphilosophie, Wien 1971.

Gert Mattenklott/Klaus R. Scherpe, Demokratisch-revolutionäre Literatur in Deutschland: Jakobinismus, Kronberg/Ts. 1975.

Eckhardt Meyer-Krentler, Erdichtete Verwandtschaft. Inzestmotiv, Aufklärungsmoral, Strafrecht in Goethes „Die Geschwister", in: Literatur für Leser, Frankfurt 1982, S. 230-249.

ders., „Die verkaufte Braut". Juristische und literarische Wirklichkeitssicht im 18. und frühen 19. Jahrhundert, in: Lessing Yearbook XVI, Detroit 1984, S. 95-123.

Georg Müller, Recht und Staat in unserer Dichtung. Flüchtige Bilder für nachdenkliche Leute, Hannover (u.a.) 1924.

Heinz Müller-Dietz, Die Kreise der Dichter und der Juristen. Zur historischen Beziehung zwischen literarischem und juristischem Diskurs, in: diskussion deutsch 21, Frankfurt (u. a.) 1990, S. 241 ff.

Helmuth Plessner, Die verspätete Nation. Über die politische Verführbarkeit bürgerlichen Geistes (1959), Frankfurt 1974.

Gustav Radbruch, Vorschule der Rechtsphilosophie. Nachschrift einer Vorlesung, hg. v. Harald Schubert (u.a.), Heidelberg (u.a.) 1948.

Karl Reichert, Utopie und Staatsroman. Ein Forschungsbericht, in: Deutsche Vierteljahresschrift für Literaturwissenschaft und Geistesgeschichte, hg. v. Richard Brinkmann (u.a.), Stuttgart, 39/1965, S. 259 ff.

Georg Reuchlein, Das Problem der Zurechnungsfähigkeit bei E. T. A. Hofmann und Georg Büchner. Zum Verhältnis von Literatur, Psychiatrie und Justiz im frühen 19. Jahrhundert (Phil. Diss. München 1984), Frankfurt/M. 1985.

Reinhard Rürup, Deutschland im 19. Jahrhundert 1815-1871, Göttingen 1984.

Ulrich Scheuner, Staatsbild und politische Form in der romantischen Anschauung in Deutschland, in: Romantik in Deutschland, Sonderband der Deutschen Vierteljahresschrift für Literatur und Geistesgeschichte 52/1978, S. 70 ff.

Bernhard Schlink, Gotthold Ephraim Lessing - bürgerliches Denken über Recht, Staat und Politik am Vorabend der bürgerlichen Gesellschaft, in: Neue Juristische Wochenschrift 21/1983, S. 1137 ff.

Carl Schmitt, Verfassungslehre, 6. Aufl. (1928), Nachdruck Berlin 1983.

Rüdiger Scholz, Die beschädigte Seele des großen Mannes. Goethes „Faust" und die bürgerliche Gesellschaft (1982), 2. Aufl., Rheinfelden 1993.

ders., Die Parteilichkeit fiktionaler Literatur, in: ders./Klaus Bogdal (Hgg.), Literaturtheorie und Geschichte, Wiesbaden 1996, S. 216 ff.

Wulf Segebrecht, E. T. A. Hoffmanns Auffassung vom Richteramt und Dichterberuf. Mit unbekannten Zeugnissen aus Hoffmanns juristischer Tätigkeit, in: Jahrbuch der deutschen Schillergesellschaft, 1967, S. 63 ff.

Michael Stolleis, Geschichte des öffentlichen Rechts in Deutschland. 1. Band: Reichspublizistik und Polizeywissenschaft 1600-1800, München 1988.

Alfred Verdroß, Abendländische Rechtsphilosophie. Ihre Grundlagen und Hauptprobleme in geschichtlicher Schau, 2. Aufl., Wien 1963.

Rudolf Vierhaus, Artikel „Liberalismus", in: Geschichtliche Grundbegriffe. Historisches Lexikon zur politisch-sozialen Sprache in Deutschland, hg. von Otto Brunner u. a., Bd. 3 (1982), S. 741 ff.

Silvio Vietta, Frühromantik und Aufklärung, in: ders. (Hg.), Die literarische Frühromantik, Göttingen 1983, S. 7 ff.

Wilhelm Voßkamp, Kontinuität und Diskontinuität. Zur deutschen Literaturwissenschaft im Dritten Reich, in: P. Lundgreen (Hg.), Wissenschaft im Dritten Reich, Frankfurt 1985, S. 140 ff.

Wolfgang Waldstein, Ist das „Suum cuique eine Leerformel?", in: Festschrift für A. Verdross, Berlin 1980, S. 285 ff.

Hans-Ulrich Wehler, Deutsche Gesellschaftsgeschichte, Bd. 1: Vom Feudalismus des Alten Reichs bis zur Defensiven Modernisierung der Reformära 1700-1815, 2. Aufl. München 1989.

Gerhard Wehr (Hg.), Rosenkreuzerische Manifeste, Schaffhausen 1980.

Franz Wieacker, Privatrechtsgeschichte der Neuzeit, unter besonderer Berücksichtigung der deutschen Entwicklung, 2. Aufl., Göttingen 1967.

ders., Aufstieg, Blüte und Krisis der Kodifikationsidee, Festschrift für G. Boehmer, Tübingen 1954, S. 34 ff.

Eugen Wohlhaupter, Dichterjuristen, 3 Bde., hg. v. Horst Gerhard Seifert, Tübingen 1953/55/57.

Erik Wolf, Große Rechtsdenker der deutschen Geistesgeschichte (1939), 4. Aufl., Tübingen 1963.

ders., Vom Wesen des Rechts in deutscher Dichtung, Frankfurt/M. 1946.

Reinhold Zippelius, Geschichte der Staatsideen (1971), 9. Aufl., München 1994.

ders., Das Wesen des Rechts. Eine Einführung in die Rechtsphilosophie, 5. Aufl., München 1997.

If you have any concerns about our products,
you can contact us via
ProductSafety@tiergarten.com.

In case Publisher – established outside the EU,
the EU authorised representative is
Springer Nature Customer Service Center GmbH,
Europaplatz 3, 69115 Heidelberg, Germany.

Printed by [Books on Demand]
in Norderstedt, Germany.